JN444678

# *Epilepsy and Social Welfare*
# 뇌전증 장애인과 사회복지

–뇌전증 장애인에 대한 사회복지적 이해와 접근–

저자 송 자 경

최 신 의 학 사

# 머리말

뇌전증은 흔히 사회적 질병(social disease)이라고 일컬어진다. 이것은 뇌전증장애인의 심리사회적 어려움과 장애를 수반하는 사회적 조건에 대한 이해 없이는 올바른 치료가 불가능하다는 것을 의미한다.

우리나라에서는 2003년도부터 뇌전증도 장애로 간주되어 장애인 등록이 가능해졌으며, 2010년 5월에는 한국뇌전증학회와 한국뇌전증협회의 "간질 이름 바꾸기 프로젝트"에 의하여 낙인감을 갖고 있는 간질(癎疾)의 의학적 명칭을 뇌전증(腦電症)으로 변경하여 사용하게 되었다. 그리고 뇌전증 장애인들의 운전 등 사회적 문제에 대한 연구조사와 함께 이에 대한 대책마련 등 구체적인 사회적 노력을 기울이고 있어 사회변화의 전망을 밝히고 있다. 그러나 아직도 일반인들은 물론 관계 전문인들조차 삶의 현장에서 다양한 장애와 어려움을 경험하는 뇌전증 장애인들에 대한 포괄적인 이해와 지식은 매우 부족하고, 이들의 삶에 대해 전체적으로 이해할 수 있는 자료는 매우 제한되어 있는 실정이다.

필자의 뇌전증 장애인들과의 만남은 원주기독병원에서 의료사회복지사로 일하던 시절로서, 이들이 가진 문제들에 대해 임상사회복지를 실천하는 오랜 기간 동안의 현장경험이 있었다. 이후 대학교에서 뇌전증 장애인들의 다양한 문제들에 대한 심도 있는 연구과정의 기회를 갖고 이 책을 마련하게 되었다.

이 책은 뇌전증 장애인들이 갖고 있는 문제들을 이해하는데 있어 환자와 가족, 그리고 사회환경에 대해 생태체계적 시각을 견지하면서, 이에 대한 사회복지적 대안을 마련하고자 하는 목적을 갖고 기술하였다. 따라서 의료 및 사회복지 관련 전문인들은 물론, 뇌전증 장애인과 가족, 그리고 일반인들에게도 포괄적인 지식과 안내를 제공할 수 있으리라고 생각한다.

오랜 임상경험과 함께 다양한 연구들을 기반으로 뇌전증 장애인의 삶과 어려움에 대해 충실히 기술하고자 애썼지만 여전히 부족함과 아쉬움으로 남는 부분들이 있다. 그동안 조사연구의 현장에서 함께 하신 뇌전증을 가진 분들과 가족들에게 감사드리며, 여러모로 도움을 주신 관계 의료인들과 사회복지 전문인들에게도 짧은 지면을 빌어 감사와 함께 심심한 사의를 표한다. 끝으로 출판의 기회를 주신 최신의학사 출판사에 감사의 마음을 전한다.

이 책이 나오게 되기까지 세세한 도우심으로 함께 하여주신 하나님께 깊은 감사를 드립니다.

# 책의 구성

이 책은 뇌전증을 갖고 있는 사람들, 가족 및 그리고 사회환경에 대한 포괄적인 이해 및 시각을 제시하고자 마련하였다.

제 1장은 뇌전증에 대한 전체적인 이해를 도모하기 위해 뇌전증의 개념, 뇌전증의 역학, 진단 및 치료, 그리고 뇌전증 치료의 역사적 발전에 대해 기술하였다.

제 2장은 한국의 뇌전증 문제에 대한 이해와 함께 우리나라에서 현대의학적 개념의 진료를 시작한 장미회의 활동, 그리고 뇌전증 환자의 실태 및 분포를 살펴보았다.

제 3장은 뇌전증 환자가 경험하는 다양한 문제들과 삶의 실태를 알아보고, 삶의 문제 영역에 대해 기술하였다.

제 4장은 뇌전증 환자의 자기관리 개념에 대해 살펴보고, 발작의 유인, 뇌전증발작과 스트레스와의 관계 및 그리고 뇌전증 자기관리 교육프로그램에 대해 기술하였다.

제 5장은 아동기 뇌전증의 특성 및 뇌전증 자녀의 양육문제와 우리나라 뇌전증 자녀에 대한 양육실태를 살펴보고, 가족에 대한 사회복지서비스와 대책을 기술하였다.

제 6장은 청소년 뇌전증 환자의 심리사회적 특성과 문제, 그리고 뇌전증에 대한 적응경험을 살펴보고, 청소년들의 문제에 대한 사회복지 대안에 대해 기술하였다.

제 7장은 뇌전증 환자 가족의 특성과 스트레스 및 경험을 이해하고, 가족의 적응적 자질로서의 탄력성에 대한 이해와 함께 이를 강화하기위한 사회복지 개입에 대해 기술하였다.

제 8장은 뇌전증에 대한 사회적 낙인의 개념과 낙인이 뇌전증 환자에게 미

치는 영향을 살펴보고, 낙인의 해소방법, 그리고 우리나라 일반인들의 뇌전증에 대한 인식과 태도에 대해 기술하였다.

제 9장은 뇌전증 환자의 삶의 문제 및 사회복지서비스 욕구를 살펴보고, 팀 접근과 사회복지 실천, 그리고 뇌전증 환자의 사회심리적 문제해결을 위한 사회복지서비스에 대해 기술하였다.

제 10장은 뇌전증을 장애의 범주에서 이해하고, 뇌전증 장애인의 결혼, 직업, 운전 등 사회생활 현황을 살펴보고, 사회복지의 정책적 대안에 대해 기술하였다.

# Contents

# Contents

# 제 1 장 뇌전증의 이해

뇌전증은 어떤 연령에도, 어떤 민족에게도, 그리고 어떤 사람에게도 올 수 있는 만성 신경계질환으로 뇌세포의 이상방전에 의한 뇌전성 발작(epileptic seizure)이 반복적으로 나타나는 것을 주요 특징으로 하고 있다. 뇌전증이 현대 의학적으로 규명되기 전 오래된 과거에는 신의 천벌이나 저주의 개념으로 인식되어 뇌전증을 갖고 있는 사람들은 사회적으로 소외되거나 배척되는 일이 빈번하였다. 18세기에 이르러 다양한 항경련제의 개발과 수술치료법 등 현대의학의 획기적인 발전에 힘입어 뇌전증은 치유될 수 있는 질환이라는 개념하에 적극적으로 치료하게 되었다. 본 장에서는 정의 및 원인, 분류 등 뇌전증의 개념과 역학, 진단 및 치료, 그리고 뇌전증치료 역사에 대해 살펴본다.

## 1. 뇌전증

뇌전증(epilepsy)은 인류역사에서 가장 오래된 질병의 하나로서 첫 기록은 B.C. 5000년경에 세워진 메소포타미아의 석비에서 찾아볼 수 있다. B.C. 400년 히포크라테스에 의해 '뇌전증은 자연현상에서 발견될 수 있는 어떤 원인에 의하여 발생하는 뇌의 질환'이라고 정의함으로서 비로소 현대 뇌전증 개념의 바탕을 이루게 되었다.

그러나 오래된 과거로부터 뇌전증은 악마의 저주 등 초자연적인 원인에 의해 초래된다는 믿음이 지배적으로 이로 인해 환자들은 사회에서 배척되었고, 멸시의 대상이 되었다. 실제로 이러한 사회적 낙인(social stigma)의 자취는 현재까지도 모든 사회에서 찾아 볼 수 있다. 뇌전증의 발생으로 직업을 상실하기도 하고, 동료들로부터 외면을 당하기도 하며, 이혼을 당하는 일 등은 최근에도 빈번히 발생하고 있다. 대부분의 환자들은 뇌전증의 사실에 수치심을 갖고, 이를 숨김으로서 치료의 기회를 놓치기도 하고, 무속적인 방법이나 민간요법을 이용하여 치료해보고자 하는 경우도 많이 있다.

뇌전증의 유병률은 세계 인구의 0.5~2% 정도이며, 우리나라에서는 약 30~50만 명의 환자가 있는 것으로 추정되며, 매년 새로 발생하는 환자 수는 2만 명 이상으로 추산되고 있다(이병인, 2003).

뇌전증은 뇌세포의 갑작스럽고 비정상적인 흥분으로 인해 발작증세가 반복하여 나타나는 것에서부터 다양한 의학적, 심리사회학적 특성을 내포하고 있는 만성적인 장애이다. 뇌전증의 핵심을 이루는 증상은 뇌전성 발작(epileptic seizure)으로, 뇌전증에 대한 진단이 있게 되면 일차적으로 항경련제를 사용하여 약물치료를 하게 되는데, 항경련제를 사용하는 환자들의 약 70~80%는 발작이 잘 조절되고 있다. 환자들은 발작이 있을 때를 제외하면 정상적인 사회생활이 가능하게 되므로 장기간에 따르는 약물관리와 함께 발작의 유발요인을 피하는 것을 포함한 철저한 자기관리를 수행해야 할 것이 요구되고 있다.

최근 여러 종류의 약물기전을 가진 새로운 항경련제들이 소개되고, 난치성 뇌전증을 대상으로 하는 수술적 치료 등 여러 형태의 치료법이 시도되고 있어 뇌전증 치료의 전망을 밝게 해주고 있다. 앞으로의 과제는 뇌전증에 대한 사회적 편견과 낙인의 문제에 대한 보다 많은 관심을 갖고 이를 개선해 나가는 사회적 노력을 하여야 한다.

## 2. 뇌전증의 원인 및 분류

뇌전증은 뇌전성 발작을 주된 증상으로 하는 병으로, 일시적으로 과도한 전기적 흥분 상태가 발생하여 뇌신경세포 기능에 장애가 오는 것이 뇌전증 발작이다. 즉, 뇌전성 발작은 생리학적으로 갑작스럽고 무질서한 대뇌피질세포의 이상 흥분상태라고 정의 된다. 뇌전증, 발작, 그리고 경련이라는 용어는 많은 경우 혼용하여 사용하고 있지만 이를 구별하여 설명하면 다음과 같다.

- 뇌전증(epilepsy)은 뇌전성 발작(epileptic seizure)이 지속적으로 재발되는 상태이다.
- 발작(seizure)이란 질환명이 아니라 하나의 증상을 지칭하는 말로, 그 원인이 어디에 있던지 간에 모든 종류의 발작을 일컫는데 사용한다.

• 경련(convulsion)은 근육의 수축을 의미한다. 즉 발작 중에서 근육의 강한 수축으로 표현되는 발작을 경련, 또는 경련성 발작(convulsive seizure)이라고 한다. 발작 중에는 경련성 발작 이외에 비 경련성 발작(non-convulsive seizure)도 있다.

### 1) 뇌전증의 원인

뇌전증은 원인의 유무에 따라 원인을 알 수 있는 증후성(症候性) 뇌전증과 원인이 불확실한 특발성(特發性) 뇌전증으로 구분된다(주경채, 1993; 황경태, 2006).

증후성 뇌전증(symptomatic epilepsy)은 다른 병의 하나의 증상으로 나타나는 뇌전증을 말하며, 기질성 뇌전증이라고 부르기도 한다. 뇌전증의 약 50% 정도에서 원인을 알 수 있는데, 뇌전증의 원인이 되는 질환들을 편의상 뇌질환과 전신성 질환으로 나눌 수 있다. 뇌질환에는 선천적 뇌 결손, 뇌막염, 뇌종양, 뇌혈관 질환, 뇌 외상, 뇌 기생충 등으로 뇌 조직에 험집이 생기면 그 험집 주위 뇌세포는 불안정하고 과민한 상태에 높여져서 뇌전증발작의 원인이 된다. 전신성 질환으로 심장이나 혈관질환 중에서 뇌전증발작의 원인이 되기도 한다.

특발성 뇌전증(idiopethic epilepsy)은 뇌전증의 원인이 될 만한 다른 병이 없이 발작만이 주요 증상이 되는 경우를 말하며, 원발성, 또는 대사성 뇌전증이라고도 한다. 뇌전증 환자의 50%가 특발성 뇌전증이 있다고 보는데, 이는 대부분의 뇌전증 환자에게서 그 원인을 규명해 낼 수가 없음을 의미한다. 뇌에 강한 자극을 가하게 되면 누구나 발작을 일으킬 수가 있는데, 이러한 자극에 대하여 감수성이 높아 뇌전증발작을 쉽게 일으키는 소인을 지닌 사람도 있다. 이 감수성은 가계에 따라 높고 낮은 경향이 있는데, 뇌전증 환자의 가까운 친척에서 빈도가 높은 경향을 나타내므로 선천적 원인에 있어서 유전적인 요소가 선행된다고 본다. 유전적으로 발병하는 뇌전증은 드물며, 대부분의 뇌전증은 유전이 되지 않는다. 부모가 뇌전증일 때 자녀가 뇌전증을 가질 확률은 4% 정도이다.

• 연령대별로 가장 많이 나타나는 뇌전증의 원인은 다음과 같다.

신생아의 경우 출산시 두부외상이나 산소 부족에 의한 뇌손상, 또는 뇌염이나 뇌막염, 선천성기형 등이 뇌전증의 원인이 될 수 있다. 소아는 열성경련, 뇌염 및 뇌성마비 등이며, 청소년기에는 원인을 잘 알 수 없는 특발성 뇌전증이나 외상성 뇌손상에 의한 경우가 많다. 성인에서 발생하는 뇌전증은 전체 환자의 10% 내외로 특발성 뇌전증보다는 뇌손상이나 뇌질환의 이차적인 원인에 의한 증후성 뇌전증인 경우가 많다(황경태, 2006).

## 2) 뇌전증의 분류

뇌전증의 국제 분류법은 1981년에 제정되어 현재 세계 각국에서 사용되고 있다. 이 분류법은 공통적으로 발생하는 임상 양상 및 징후를 종합한 증후군의 분류법이다. 이 분류법에서는 발작의 임상증상과 뇌파소견에 의거하여 부분발작과 전신발작으로 대별하고 있다(Commission on Classification and Terminology, International League Against epilepsy, 1981) 〈표 1〉.

뇌전성 발작은 뇌전증병소의 전기적 흥분상태에 의해 나타나므로 변병의 위치와 흥분상태가 주위의 뇌세포로 파급되는 범위에 따라 다양한 양상으로 발작 형태가 나타나게 된다.

발작이 뇌의 어느 한 부위에 국한되어 시작되면 부분발작, 뇌의 양쪽에서 동시에 시작되면 전신발작이라고 한다. 발작형태에 따른 뇌전증의 분류는 약물선택의 기본적 자료가 되며, 뇌전증치료의 예후를 예측하는 데에도 도움이 된다.

### (1) 부분발작

부분발작(partial seizure)은 발작을 시작하면서 전조(aura)[1] 증상을 경험하게 된다. 전조란 실제 뇌전증이 이미 시작되었지만, 타인에게는 관찰되지 않는 환자 자신만 느끼는 발작 증상을 의미한다. 이러한 전조증상의 예를 들면, 공포감, 배속에서 괴상한 느낌이나 구역질, 눈앞이 깜깜해지는 느낌, 어지러운 느낌, 이상한 소리가 들

1) 발작 직전 수초, 혹은 수분 전에 감각, 운동, 정신, 내장의 증조들을 통하여 발작이 임박함을 주관적으로 환자가 느끼는데, 전조는 발작자체의 첫 부분이거나 독립적인 minor attack이다. 환자의 거의 50%에서 어떤 종류의 전조를 경험한다. 이 전조는 발작이 일어날 것을 예고해 줌으로서 발작에 대비하게 할 수 있다.

리거나, 섬광이 보이거나, 주위 물체가 낯설어 보이거나, 주위의 물체가 전에 본 것과 같이 친근하게 느껴지는 등 다양하게 나타난다. 환자에 따라 어느 한 가지 혹은 여러가지 복합적인 전조 증상을 호소하게 된다. 부분발작의 다른 경우, 몸 한쪽 팔, 얼굴, 다리가 저린 느낌이나 부분 경련으로 나타나기도 한다. 부분발작은 의식의 혼탁 여부에 따라 크게 단순부분발작과 복합부분발작(정신운동성발작)으로 나눌 수 있다.

#### ‖ 단순부분발작 ‖

단순부분발작(simple partial seizure)은 특정한 기능을 담당하는 뇌의 한 부분에서 국소적으로 일어나는 발작이다. 한쪽 팔이나 얼굴 또는 몸통의 일부에 경련이 일거나 이상 감각을 갑자기 느끼게 되는데 때로는 이러한 증상이 주위로 퍼지는 수도 있다. 발작이 일어나는 동안 환자는 의식이 있으나 전신 발작으로 발전하면서 의식이 없어질 수도 있다.

#### ‖ 복합부분발작 ‖

복합부분발작(complex partial seizure)은 의식장애를 동반한다. 의식장애란 외부로부터의 자극에 반응하지 않고 외부와 접촉도 하지 않으며, 또한 발작을 하는 동안에 일어난 일을 기억해내지 못하는 상태를 일컫는다. 측두엽의 병변에 의해 발생하는 경우가 많으나 전두엽 등 다른 뇌 부위의 장애에 기인되는 경우도 있다. 흔히 전조(aura) 증상을 느낀다. 또한 입술을 핥거나 깨물기도 하며 입맛을 다시고 침을 삼키는 등의 자동증(自動症, automatism)을 보인다.

### (2) 전신발작

전신발작(generalized seizure)은 대뇌 전체에서 동시에 발작이 시작되며, 임상적으로는 신체 좌우 모두에서 일시에 시작되고 의식소실을 동반하여 뇌파검사시 양쪽 대뇌에서 전반적으로 뇌전증파가 나타난다. 전신발작의 유형에는 결신발작, 근간대성발작, 강직-간대발작, 무긴장성발작 등이 있다.

#### ‖ 결신발작 ‖

결신발작(absence seizure)은 소발작(petit mal)이라고도 한다. 환자는 잠깐 동안 의식소실을 보이는 것이 특징이다. 잘 발생하는 연령은 주로 5~7세이고 보통 사춘기가 되면 사라지게 된다. 잠깐 동안(보통 수 초 동안) 의식소실을 나타내며, 보통 눈을 깜박이거나 멍하게 앞을 응시한다. 이러한 증상은 심할 경우 하루 수 십 차례까지 오는 수가 있다. 발작이 끝난 후에는 언제 발작이 있었냐는 듯이 발작을 하기 전 하던 행동을 곧 다시 계속한다.

### ‖ 근간대성 발작 ‖

근간대성 발작(myoclonic seizure)은 사지나 몸통 근육이 1~3초 동안 순간적으로 수축을 일으키는 것이 특징이다. 이때 환자는 갑자기 머리를 약간 앞으로 숙이기도 하고, 상지를 들어올리기도 하며, 하지에 발작이 일어나면 쓰러지게 된다. 또한 눈꺼풀과 얼굴의 근육에 경련이 일어나는 경우도 있다. 하루에 한번, 또는 몇 번씩 연속하여 일어날 수 있다. 특히 잠에서 깨었을 때 자주 발생하고, 광(光) 자극으로 쉽게 유발된다.

### ‖ 강직-간대 발작 ‖

강직-간대 발작(tonic-clonic seizure)은 가장 흔한 발작형태로서 대발작(grand mal)이라고도 한다. 뇌 부위에서 발생한 이상방전이 전신화 하기 전 부분발작을 전조(aura)라고 하는데, 대발작은 전조가 선행하거나 돌연히 시작한다. 발작은 강직상태로 시작하여 전신의 근육이 지속적으로 수축되며, 서있으면 그대로 바닥에 쓰러지게 된다. 10~30초 동안 일시적으로 호흡이 억제되어 얼굴에 청색증이 나타나기도 하며, 혀를 깨물기도 하며, 경련 중 소변을 보는 경우도 있다. 경련 시간은 일반적으로 수분 정도 지속된다.

### ‖ 무긴장성 발작 ‖

무긴장성 발작(atonic seizure)은 갑자기 전신의 근긴장이 소실되는 발작으로 1초에서 수초동안 지속된다. 서있으면 쓰러지지만 발작이 끝난 후에는 의식의 장애 없이 곧 일어난다. 머리를 갑자기 앞으로 떨어뜨린다거나 졸릴 때처럼 무릎이 가볍게 꺾이는 경우도 있으며, 근간대성 발작이 있은 후 곧 이어 발생하는 경우도 있다. 이러한 발작은 하루에도 여러 번 반복되어 나타나며, 특히 아침에 또는 잠에서 깨어난 후에 흔히 발생한다.

이외에도 미분류형 발작이 있는데, 임상자료가 불충분하여 분류가 불가능하거나 위에 기술한 여러 가지 발작의 유형에 포함시킬 수 없는 발작들을 말한다.

〈표 1〉 간질발작의 국제분류(1981)

1. 부분발작(partial seizure)
  1) 단순부분발작(simple partial seizure) : 의식변화 없음
    ① 운동성 ② 감각성 ③ 자율신경성 ④ 정신성
  2) 복합부분발작(complex partial seizure) : 의식변화 있음
    ① 단순부분발작 후 진행된 의식저하
      ⓐ 1)의 ①-④와 같은 증상 후에 초래된 의식저하
      ⓑ 자동증이 없는 경우
    ② 의식저하로 시작된 발작
      ⓐ 의식저하만 있는 경우
      ⓑ 자동증이 있는 경우
  3) 부분발작으로 시작된 대발작(secondary generalized seizure)
    ① 단순부분발작 후 대발작이 초래된 경우
    ② 복합부분발작 후 대발작이 초래된 경우
    ③ 단순부분발작이 복합부분발작을 거쳐서 대발작으로 이행된 경우
2. 전신발작(generalized seizure)
  1) 소발작(absence seizures)
    ① 정형의 소발작(typical absence)
    ② 비정형의 소발작(atypical absence)
  2) 근간대성발작(myoclonic seizure)
  3) 간대성발작(clonic seizure)
  4) 강직성발작(tonic seizure)
  5) 강직-간대 발작(tonic-clonic seizure)
  6) 무긴장성 발작(atonic seizure)
3. 분류불능의 발작(unclassified seizure)

출처: 이병인(2003). 간질의 역학 및 분류. 대한의사협회지, 46, p.272.

### ‖ 발작시 간호 ‖

소발작이 있는 경우는 특별한 간호를 필요로 하지 않지만, 대발작이 일어났을 경우의 처치 방법은 다음과 같다.

발작이 일어나는 순간의 환자의 경우 환자를 바닥에 눕히고, 가구나 기타 딱딱한 물건 또는 위험한 기계 등에서 멀리 떨어지게 한다. 조용하며 냉정을 잃지 않아야 한다. 어린이의 경우 발작이 끝나더라도 주위에 있는 어른들의 긴장과 우려를 느끼고 놀라기 쉽다. 발작 중 혀를 깨물거나 질식이 안 되도록 고개를 돌려준다. 그러나 환자를 움직이지 못하게 손, 발을 꽉 잡거나 주물러 주는 것은 오히려 해롭다. 또 넥타이 같은 것을 매고 있으면 느슨하게 풀어 주는 것이 좋다. 환자에게 물을 끼얹거나 입에 약이나 드링크제를 따라 넣지 않는다. 잠잘 때 주로 발작이 있는 환자의 경우 푹신한 베개를 베고 자도록 한다. 구급차를 불러야 하는 경우는 경련이 10분 이내로 끝나지 않을 때, 경련이 반복적으로 계속될 때, 머리 부위에 손상이 있을 때 등이다.

## 3. 뇌전증의 역학, 진단 및 치료

### 1) 뇌전증의 역학(epidemiology)

#### (1) 발생률과 유병률

뇌전증의 발생률(incidence)은 연구자 또는 지역에 따라서 인구 10만 명당 11명에서 230명까지 매우 다양하게 보고되고 있다. 특히 후진국이나 개발도상국에서 보고된 발생률은 대부분 10만 명당 100명이상으로 비교적 높게 나타나는 반면 선진국의 경우에는 40~70명 정도로 비교적 낮게 보고되어 있다.

미국 Mayo 병원의 보고에 따르면, 연 10만 명당 44명이었으며, 남자는 49명, 여자는 41명으로 남자에서의 발생률이 더 높았다.

연령에 따른 발생률은 1세 미만에 높다가 급격히 떨어져서 20세부터 낮은 상태에 있다가 60세부터 다시 증가하는 양봉의 분포를 보이고 있다(그림 1). 과거에는 1세 미만인 경우가 가장 높았으나, 최근에는 75세 이상에서 가장 높은 것으로 보고되고 있다. 이는 의학발전으로 인한 평균 수명의 증가로 노인 연령층의 분포가 크게 증가함에 기인한다. 노년기 뇌전증의 주요 원인은 뇌혈관질환(약 40% 이상)과 다른 퇴행성 뇌질환이며, 이와 연계되어 현대사회의 노인 연령층에서 가장 빈도가 높은 3대 신경계 질병으로는 뇌졸중, 치매와 뇌전증이 꼽히고 있다.

뇌전증 발작의 유형별 발생률은 부분발작이 10만 명당 25명, 전신발작이 17명이었으며, 유형이 불분명한 경우는 2명이었다. 원인별 발생률은 원인이 규명되지 않았던 경우인 특발성 뇌전증은 29명, 원인이 밝혀진 증후성 뇌전증은 15명이었다(이병인, 2003).

뇌전증의 유병률(prevalence) 역시 발생률과 마찬가지로 다양한 보고들이 있다. 대부분의 연구들은 활동성 뇌전증(active epilepsy: 과거 2년 동안에 발작이 있었던 경우)의 유병률이 인구 1,000명당 4~10명으로 보고하고 있다.

연령에 따른 유병률은 10세 미만에서는 1,000명당 2.7명이다가 서서히 증가하여 20대 이후부터는 6.8명으로 유지되다가 75세 이상에서는 15명으로 급격하게 증가하는 양상을 보인다. 발작의 유형에 따른 유병률은 부분발작이 1,000명당 4명, 전신발작이 2.3명, 유형이 불분명한 경우가 0.5명이었다. 발작의 원인이 미상인 경우는 76%이고, 원인이 밝혀진 경우에서는 뇌혈관질환 6%, 발생학적 질환 5%, 두부외상 5%, 중추신경계 감염 4%, 뇌종양이 2%, 퇴행성 뇌질환이 1%, 기타가 1%이었다.

누적발생률(cummulative incidence)은 일단 뇌전증이 발생했던 사람들을 모두 합쳐서 일생동안에 뇌전증이 발생할 가능성을 나타내는 지표이다. Hauser 등은 80세까지의 누적 발생률이 4%라고 보고하였는데, 이는 인구의 4%가 일생 중에 뇌전증을 경험한다는 것을 의미한다. 누적발생률이 유병률보다도 훨씬 높게 나타났다는 사실은 뇌전증이 발생했던 환자들의 상당수가 완치를 경험한다는 것을 의미한다(이병인, 2003).

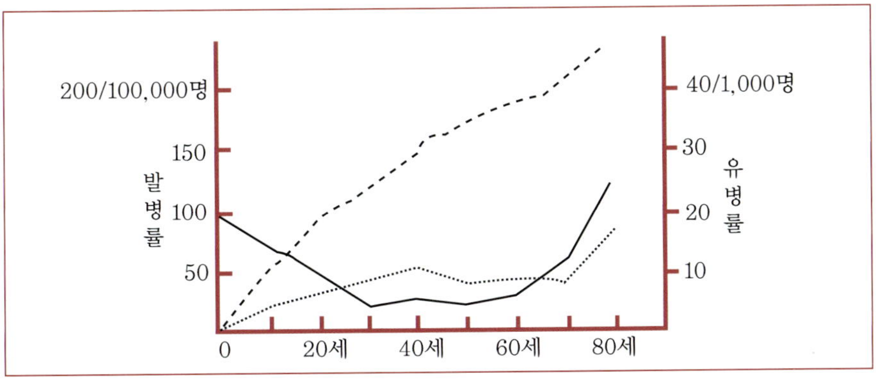


그림 1. 연령에 따른 간질의 발생률( — ), 유병률(···), 누적발생률(---)

출처: 이병인(2003). 간질의 역학 및 분류. 대한 의사협회지. p. 274.

### (2) 위험요인

뇌전증 발작은 뇌피질 세포의 기능 이상에 의해 발생하는 증상이므로 신경세포의 기능 이상을 초래할 수 있는 여러가지 뇌의 병리적 변화, 뇌손상, 또는 유전적 요인들이 위험요인(risk factors)으로 작용하게 된다.

즉, 뇌전증은 증상 복합체로서, 많은 조건들이 위험 요인으로 알려져 있다. 연령, 지리적 조건, 선천적, 발달적, 그리고 유전적 조건이 어린시기에 일어나는 뇌전증과 연관된다. 뇌손상, 뇌의 중추신경계 감염, 그리고 종양은 어떤 연령에서든지 발작을 일으킬 수 있다. 뇌혈관 질환은 나이든 사람들에게 흔히 일어나는 위험요인이다. 기생충 감염은 가장 대표적으로 뇌전증을 예방할 수 있는 요인으로, 중추신경계 감염 이후에 뇌전증의 발생 위험도가 약 3배 정도 증가한다.

뇌전증의 가족력도 다른 위험요인의 영향을 증가시킨다. 뇌전증은 다른 신경계질병들과 마찬가지로 유전적 소인과 환경적 소인의 상호작용에 의해 발생하는 질병으로 간주된다. Hauser 등의 연구에 의하면 어머니가 뇌전증을 가졌을 경우에 자녀가 25세가 될 때까지 발작이 일어날 가능성은 8.7%, 아버지가 뇌전증인 경우에는 2.4%, 일반인인 경우에서는 1.6%로서 어머니가 뇌전증일 경우 특히 가능성이 높은 것으로 보고하고 있다(이병인, 2003).

• 뇌전증의 유발인자

간혹 뇌전증을 일으키는 위험요인(원인)과 유발인자(誘因)를 혼동하는 경우가 있다. 유발인자는 잠재적으로 뇌전증을 나타내기 쉽게 하는 상태를 의미하며, 이에는 수면부족, 과로, 정신적 스트레스, 고열, 과음, 월경, 임신 및 출산 등이 있다(황경태, 2006).

### (3) 자연 경과 및 예후

상당수의 뇌전증 환자들은 시간이 지나면서 치유를 경험하게 된다. 예후(prognosis)에 대한 것으로 뇌전증의 관해율(remission rate)은 약 60%로 알려진다.

618명의 뇌전증 환자를 20년간 추적 조사한 연구결과에서는 초진 후 10년 동안 전체의 65%가 5년 발작 관해율을 보였다. 환자의 50%는 항경련제 사용을 중지한 상태에서도 발작증세가 전혀 없었고, 20%는 항경련제 복용 하에서 발작이 없어졌으며, 나머지 30%는 항경련제를 사용한 약물요법이 효과가 없었다(Annergers, 외, 1999).

뇌전증의 예후는 원인에 따라서 차이가 있다. 특발성 뇌전증의 경우 5년 이상의 발작관해율이 75%이었던 반면 뇌손상의 기왕력이 있었던 증후성 뇌전증의 경우 61%였다. 어린시기에 시작된 뇌전증, 원인질환이 없는 경우, 뇌파소견이 양호한 경우, 신경학적 검사 상 정상인 경우, 발작의 소실 이전 뇌전증의 횟수가 적은 경우 등이 뇌전증의 소실에 유리한 것으로 알려져 있다.

뇌전증 환자의 사망률(mortality ratio)은 일반 대중에 비하여 약 2~3배 정도 높은 것으로 보고되고 있다. 사망률은 뇌전증의 진단 후 처음 1년 동안에 가장 높다가 시간이 경과할수록 서서히 감소되며, 증후성 뇌전증의 경우가 특발성 뇌전증보다 더 높다. 뇌전증 환자들의 사망률은 뇌전증 뿐만 아니라 항경련제 또는 기타 항경련 치료와 뇌전증을 일으키는 중추성 병변들에 의해 영향을 받는데, 사망원인은 종양(26%), 폐렴(25%), 심혈관질환(24%), 발작과 관련된 원인(12%), 원인불명의 급사(6%), 사고(3%) 등으로 보고되었다. 이러한 결과는 사망원인의 약 10~20%가 발작과 관련되어 있음을 의미한다(이병인, 2003).

### (4) 인지기능

뇌전증은 여러 측면에서 학습에 영향을 미칠 수 있다. 중요한 인지장애는 기억력 손상으로 주의집중문제와 사소한 것을 잘 잊어버리는 것에서부터 의식의 혼탁과 소재의식상실에 까지 이를 수 있다.

발작은 학습에 영향을 미칠 수 있는데, 주의를 감소시키거나 단기간의 정보저장 및 주의집중을 방해하는 것에서 비롯할 수 있다. 빈번하거나 통제되지 않는 발작은 일정한 시간동안 의식이 없기 때문에 새로운 정보의 학습에 손상을 준다. 수면 시 발작은 기억력의 통합을 방해하고, 언어적 기능에 손상을 줄 수 있다. 어린아이들의 인지손상은 교육과정과 향후 작업 기회에 제한을 가져오게 된다.

인지손상은 다양한 항경련제의 부작용으로 올 수 있다. 항경련제는 학습문제, 행동변화, 기억력 손상과 연관되며, 특히 약제 중 페노바르비탈(phenobarbital)은 행동문제와 기억력 손상을 유발할 수 있다(de Boer 외, 2008).

### (5) 정신 및 행동문제

뇌전증은 사회적 차별과 관련된 만성적 장애로 의식이 없어지거나, 넘어져 다치거나, 또는 다른 사람들에게 발작이 노출되어 당황함을 경험하기도 한다. 따라서 뇌전증은 일반인들이 갖고 있는 부정적 인식이나 정서 및 기분장애와도 연관된다. 뇌전증 환자의 정신적 및 심리적 장애의 중요성에 대해 일반적으로 잘 인식되지 않으며, 따라서 잘 치료되지 않았는데, 정신장애와 행동문제들은 발작 그 자체보다는 뇌전증 환자의 삶의 질에 보다 큰 영향을 미친다.

〈표 2〉는 뇌전증 환자와 일반인 사이의 정신장애의 분포에 대한 비교이다. 우울, 불안, 정신병, 그리고 주의력결핍 과잉행동장애는 뇌전증 환자에게 흔히 나타나는 것으로, 일반인들보다 정신장애의 높은 분포이다.

〈표 2〉 뇌전증 환자와 일반인사이의 정신장애의 분포 비교

| | 뇌전증 환자 | 일반인 |
|---|---|---|
| 우울(depression) | 11~60% | 우울증(Dysthymia) 3.3%<br>우울 4.9~17% |
| 정신병 | 2~9% | 정신분열증(Schizophrenia) 1%<br>정신분열형 장애(Schizophreniform disorder) 0.2% |
| 주의력 결핍 과잉행동장애(ADHD) | 12~37% | 4~12% |
| 불안장애 | 15~25% | 5~7% |
| 사회공포증 | 15~20% | 10~12% |
| 공포장애(panic disorder) | 5~21% | 0.5~3% |

출처: de Boer 외(2008), The global burden and stigma of epilepsy, Epilepsy & Behavior, 12, p.543.

## 2) 뇌전증의 진단

뇌전증은 특별한 유발요인 없이 뇌전성 발작이 2회 이상 재발되었을 때 뇌전증이라는 진단을 내릴 수 있다. 뇌전증의 진단은 임상증상과 뇌파검사에 의해서 결정되는데, 뇌전성 발작과 함께 뇌파검사에서 발작간뇌전증양전위(IEDs: interical epileptiform discharges)가 나타나면 뇌전증으로 확진할 수 있다.

첫 발작이 있었던 환자들에서 항경련제 치료의 시행여부는 세밀한 임상소견과 검사결과에 따라 좌우된다. 단순히 발작이 있었다고 해서 뇌전증이라는 진단을 내리고 항경련제 치료를 치행하는 것은 환자에게 커다란 불이익을 초래할 수 있다. 영유아기에 흔히 발생하는 열성 경련의 경우, 알코올 중독자에서 금단증상으로 발생하는 발작, 고혈당시에 발생하는 발작 등에서는 이러한 발작이 유발요인이 일단 해소되면 발작이 재발되지 않기 때문에 뇌전증의 진단을 내릴 수 없다. 그러나 단 한번 발작이 일어난다고 하여도 발작의 형태가 전형적이고 또한 뇌파에 확실한 뇌전성 이상파가 나타나는 경우에는 뇌전증으로 진단하여 치료를 시작할 수 있다.

뇌전증은 일단 진단이 되면 최소 3년 이상 투약치료를 하여야 한다. 그리고 과격한 운동과 지나친 과로나 음주를 피하며, 충분한 수면을 취하여야 한다. 뇌전증을

진단하기는 항상 용이하지는 않지만 병력, 그리고 뇌파소견, 신경학적 진찰, 지능의 정도, 병발된 질환의 여부 등 여러 요인을 분석함으로써 환자의 상태의 파악이 가능하다. 최근에는 뇌파검사 이외에도 전산화단층촬영(CT), 핵자기공명영상(MRI), 양전자방출단층촬영(PET), 단일광자방출 전산화 단층촬영(SPECT) 등 진단방법으로 발작을 일으키는 정확한 병소의 부위와 상태를 알아내고 있다(황경태, 2006).

• 뇌전증 환자의 병력

뇌전증 환자의 병력은 뇌전증의 원인을 찾아내는데 도움이 된다. 뇌전증 환자는 자신의 발작을 잘 기억하지 못하므로 발작을 목격한 가족이나 주위사람들이 말하는 것을 잘 듣고, 이에 대한 구체적인 질문으로 병력을 보충한다(황경태, 2006).

• 가족력: 부모 중 한사람이 뇌전증일 경우 그 자손이 뇌전증일 위험성은 약 4%정도로서, 일반인의 경우 0.5~1%에 비해 높게 보고되고 있다. 따라서 뇌전증에 대한 가족력에 대해 파악하여야 한다.

• 과거력: 발작의 원인이 되는 선행질환이 명백한 경우, 예를 들면, 주산기(周産期)의 이상, 뇌염 또는 뇌막염, 뇌외상 등이 확실히 있는 경우는 기질성 뇌전증을 의심한다.

• 발작과 관련된 증상: 발작이 처음 일어난 연령 및 증상은 예후와 관련된 중요한 요인이다. 발병후의 발작증상과 임상경과, 그리고 지금까지 어떤 종류의 항경련제로 치료하였는지 조사하는 것이 중요하다. 특정약물에 의한 알레르기 반응, 약물중독, 또는 다량의 항경련제로 치료효과가 없었던 약물이 있었는지의 여부를 확인하고 보다 효과적인 치료법을 찾아낼 수 있다.

• 발작이외의 증상: 정신 신경학적 증상과 함께 미세한 신경학적 이상소견의 유무에 관해서도 파악한다. 손끝놀림의 정교함, 언어발달, 어느 쪽 손을 주로 쓰는지, 학교생활에서의 교우관계 및 수업태도, 가정생활, 직장에서의 대인관계 등에 대한 것도 파악한다.

• 발작증상의 문진

- 언제(발작시 깨어 있었는지, 아니면 자고 있었는지 여부)
- 어디서(학교, 집, 놀이터 등)
- 어떻게(걸어가다가, 놀고 있다가, 어떤 증상으로 시작하여 진전되어 갔는지)
- 얼마동안 지속되었는지

- 의식장애는 있었는지(의식이 발작이 끝날 때까지 유지되었는지, 아니면 도중에 흐려졌는지, 또는 처음부터 의식을 잃었는지)
- 발작시 동반되는 증상이 있었는지(발성, 배뇨, 배변 등)
- 발작 후 증상(수면, 두통, 구토 등)

### 3) 뇌전증의 치료

뇌전증의 치료는 크게 약물치료와 수술치료로 나누어볼 수 있다. 치료의 목표는 발작을 방지하거나 빈도와 강도를 감소시킴으로서 예측불허의 발작이 가져오는 갑작스러운 사태를 방지하고 위험한 상태로부터 환자를 보호하며, 개인의 삶의 질을 높이기 위한 것이다.

통상적으로 약물치료가 가장 선행되는 중요한 치료이며, 가장 효과적인 방법이라고 할 수 있는데, 수 년 이상 장기적 치료가 필요하다. 중요한 점은 발작의 조절과 동시에, 환자들이 정상적인 생활을 유지할 수 있도록 기억력이나 인지상태에 지장을 주지 않는 약제를 선택해야 한다. 항경련제의 복용만으로 60%의 환자들은 발작없이 정상생활을 할 수 있으며 20%의 환자들은 수개월에 한 번 정도의 드문 발작을 보인다. 약물치료에 실패하는 20%정도의 난치성 뇌전증[2]은 수술적 치료를 고려하게 된다. 수술치료는 일반적으로 뇌전증 병소가 특정부위에 모여 있다면 부위에 따라서 차이가 있지만 완치율은 대체로 60~80% 이상이다.

뇌전증은 발병초기에 치료를 시작해야 치료가 잘되는데, 병을 숨기고 치료를 늦게 시작하면 상당수는 치료가 되지 않게 되고, 반복되는 발작이 대뇌를 손상시켜서 지능저하, 인지기능 저하 등을 가져와서 장애가 더욱 심하게 될 수가 있다.

뇌손상이 있거나 뇌전증을 일으키는 다른 질환을 겸한 경우에 치료에 대한 완치율이 떨어지게 된다. 그리고 장기간 투약을 중단하거나 투약을 하면서 금기하여야 할 사항을 지키지 못한 경우 재발의 위험이 뒤따르며, 심한 경우 뇌전증지속상태에 빠지게 된다. 이와 같이 뇌전성 발작이 30분이상 계속 되거나 또는 의식이 회복되지 않은 채 발작이 반복되는 상태를 뇌전성 중첩증(status epilepticus)이라고 한다. 이러한 전신성 경련이 지속될 경우는 응급으로 치료하지 않으면 생명에도 지장을 초

2) 어느 정도의 치료에도 불구하고 얼마나 자주 경련을 하는 경우에 난치성 뇌전증이라고 할 것인지에 대한 일반적인 정의는 없지만, 적절한 약물을 충분한 용량으로 사용함에도 불구하고 적어도 2년 동안 한 달에 한 번의 경련을 하는 경우를 난치성 뇌전증이라고 한다(Huttenlocher 외, 1990).

래할 수 있다. 그러므로 약물을 투여하면서 주기적인 진찰과 혈액검사, 약물혈중농도 등을 측정하면서 투약의 양을 조절하여야 한다(이상건, 1998).

## 4. 뇌전증의 역사

뇌전증은 인류의 역사와 더불어 시작된 질병으로, 인간세계가 눈에 보이지 않는 영혼에 의하여 지배된다고 믿고 있던 시대에 뇌전성 발작 역시 부정한 사람이 마귀에 홀리거나 저주 받은 것으로 해석되었다. 따라서 그 치료에 있어서도 주술적인 방법에 의한 것이었다.

뇌전증의 역사는 기원전, 중세시대, 르네상스 및 근대, 그리고 20세기 현대로 구분할 수 있다.

### 1) 기원전

뇌전증에 대한 최초의 기록은 B.C. 2080년 경 함무라비(Hammurabi)법전에서 발견된다. 뇌전증의 영어인 epilepsy는 고대 그리스어인 epilambanein에서 나온 말로서, 공격하다, 장악하다, 붙잡다의 의미가 내포되어 있다. 고대에 뇌전증은 신에게 붙잡혔거나 버림을 받은 것으로 여겼기 때문에 신이 내린 질환이라고 여겨졌다.

B.C. 1600년 이집트에서는 뇌전증 환자로 생각되는 환자에 대한 증례에 대한 기록이 있다. 발작은 전구증상(aura)으로 시작하여 넘어지며, 강직(tonic)기에 이어서 간대(clonic)기에 이르면 그때부터 악마나 유령이 몸에서 밖으로 나간다고 기술하고 있다. 이것은 뇌전증의 현상학을 잘 설명하고 있는 것으로 유령은 야간에 준동하므로 야간의 발작은 유령에 의한 것이라고 생각하였다. 현재 대영박물관에 보관중인 B.C. 500년 바빌로니아인의 석판에 기재된 Sakkiku라는 진단의학 교과서에 뇌전증은 악마나 유령에 의하여 발생하는 것이며, 뇌전증 증상 등을 자세하게 기술하였다(황경태, 2006). 중국에서는 B.C. 770-221년 사이에 기술된 '황제내경'에 전신성 발작에 대한 기술이 있다(김재문, 1994).

B.C. 400년경 희랍의사인 히포크라테스(Hippocrates)는 그 당시 사람들이 뇌전증을 신들린 병으로 믿었던 시기에, 이러한 믿음에 반대하여 뇌전증은 확실한 원인이 있다고 주장하였다. 그는 "On the Sacred Disease"라는 저서에서 '뇌전증은 자연현상에서 발견될 수 있는 어떤 원인에 의하여 발생하는 뇌의 질환'이라고 정의하여

뇌전증은 신의 힘이나 악령의 저주로 인한 것이 아니고 유전성의 뇌 기능장애와 관련이 있다는 과학적인 사고의 가설을 발표하여 처음으로 뇌전증의 원인을 뇌에 국한시켰다.

### 2) 중세시대

A.D. 100년경 갈렌(Galen)은 뇌전증은 체액의 장애에 의한 것으로 뇌에서 기인하는 원인불명, 심장에서 기인되는 것, 뇌 이외의 몸의 여러 부위에서 기인되는 것 등 3가지로 원인적 분류를 하였다. 이후 이런 근거에 의한 식이요법과 같은 과학적인 치료를 시도하였으나 여전히 미신적인 요소를 벗어나지 못한 방법들이었다. 로마시대의 쎌수스의 저서에는 이미 뇌전증치료에 엄격한 음식조절과 금주, 소작법 등의 치료가 권장되었다. 사람의 피가 뇌전증 치료에 효능이 있다고 생각하여 환자들에게 쓰러진 검투사의 피를 먹이거나 두개골 가루, 작약, 겨우살이, 마늘, 양파를 처방하기도 하였으며, 뇌에서 과도한 체액과 나쁜 기운을 제거 한다는 생각에서 머리에 구멍을 뚫어 수술하는 방법(trephining)과 소작법(cauterization)등을 시행하였다(황경태, 2006). 이러한 치료방법들은 대부분 효과가 없어 뇌전증은 외부의 힘이나 악령에 사로잡히는 질환이며, 부정한 질병이라고 믿었다. 한때는 뇌전증은 전염되는 것으로 알려져 있기도 하였다. A.D. 610년경 중국에서는 뇌전증을 다섯가지 유형으로 분류하여 뇌전증의 원인이 음기와 양기의 부조화라고 생각하였다.

### 3) 르네상스 및 근대

뇌전증에 대한 질병의 개념은 14~16세기의 르네상스와 더불어 이루어졌다. 이시기의 의사들은 뇌손상 등의 급성적인 경련 혹은 만성적인 뇌전증과 어떤 연관성이 있음을 추구했다. 그리고 매독, 천연두, 홍역 등 기타 열성질환과 관련해서 발생하는 발작을 관찰하여 증후성 뇌전증(symptomatic epilepsy)의 개념을 세우게 되었다. 이시기에 이르면서 뇌전증에 대한 미신적인 사고에서 점차로 벗어나게 되었다.

1705년 푸파르(Poupart)에 의해 갑자기 동작을 중단하고 눈을 뜬 채 조금도 움직이지 않는 상태로 있다가 제 정신이 나면 다시 발작 전에 하던 동작이나 일을 시작하게 되며 그간에 동작을 중지했다고 생각하지 않은 예가 보고되었다. 이에 대해 1770년 티소(Tissot)에 의해 소발작(petit mal)의 개념을 갖게 되었다(이병윤, 1968). 또한 이 시기에 부분(partial), 그리고 결신(absence)이라는 용어를 처음 도입하여, 뇌전증을 대발작(grand mal), 소발작(petit mal), 결신발작(absence)으로 뇌전증을 분류하였다.

1825년 부셰(Bouchet) 등은 뇌전증이 원인에 대한 역학조사를 시행하였고, 해마경화증에 대한 최초의 기록을 남겼는데, 이것은 오늘날 측두엽 뇌전증의 병소를 가르킨다.

1827년 영국의 브라이트(Bright)는 'Jacksonian epilepsy' 라고 불리우는 국소성 뇌전증의 유형을 기술하였다. 1859년 잭슨(Jackson)은 뇌전증을 "회백질의 일과성이며, 갑작스럽고, 과도하게 빠르고, 국소적인 전기적 방전에 기인한다"고 정의하여 뇌세포의 전기적 방전에 의해 침범된 회백질 부위에 따라 여러 가지 증상을 나타내는 뇌질환이라는 현대적인 개념을 처음으로 기술하였다. 이는 전조증상의 의미와 발작부위에 따른 임상상과 전기적 전파를 통한 뇌의 각 부위의 기능을 밝힘으로서 뇌의 기능적 해부학의 토대가 되었다.

1886년에는 영국의 호스레이(Horsely)가 외상성 뇌전증의 수술치료인 "대뇌피질절제수술"을 시행함으로써 외과적 치료의 효시가 되었다. 그리고 약물의 혈중농도측정이 가능해짐으로서 항경련제의 체내 대사, 약물간의 상호작용을 이해할 수 있게 되었고, 약물 동태학적으로도 발전하게 되었다.

### 4) 20세기 현대

뇌전증의 치료에서 가장 큰 발전은 20세기에 이루어졌다. 1912년 호트만(Hautmann)이 페노발비탈(phenobarbital)을 뇌전증에 대한 치료 약제로 처음 도입하여 약물치료의 기틀이 마련되었다. 항경련제로 일반적으로 사용되기 시작한 것은 그보다 약 10년 후부터 사용되기 시작하였으며, 이후 약 50~60년간 부로마이드(bromide)가 유일한 항경련제로 사용되었다. 1921년 월더(Wilder)가 케톤식이요법[3]을 도입 치료하였다.

1929년에는 뇌파기록장치가 고안되어 뇌전증의 진단뿐만 아니라 뇌전증을 신경생리학적 관점에서 이해하는데 크게 공헌하였으며, 이때부터 뇌전증의 진단 및 치료에 획기적인 시대가 열리게 되었다. 약물치료 이외에 외과적인 치료에서도 미주신경 자극법을 비롯한 다양한 수술기법이 도입되었는데, 1940-1950년대에는 펜휠

3) 케톤식이요법은 기존의 약물치료에 잘 반응하지 않는 일부 난치성 간질에서 시도되는 치료법으로 신체내에 칼로리와 지방이 매우 높은 케톤증(ketosis)이라고 불리우는 상태를 만드는 것이다.

드(Penfield)에 의한 수술치료의 발전 및 뇌전증에서의 뇌 피질의 기능해부학에 관한 연구가 있었다.

1962년에는 카바마제핀(carbamazepine), 발프로익산(valproic acid) 등 다양한 항경련제의 개발로 뇌전증치료의 진보에 큰 발전을 가져왔다. 1977년에 억제성 신경전달물질인 gamma-vinyl GABA가 개발된 후, 20년 동안 괄목할 만한 치료약물이 개발되었다. 가바펜틴(gabapentin), 라모트리진(lamotrigine), 펠바메이트(felbamate) 등이 최근 미국에서 사용이 허가된 새로운 약제이다.

뇌전증의 분류는 히포크라테스 시대부터 분류되어 왔지만, 1962년 잔즈(Janz)는 뇌전증발작 분류의 발판을 마련하였으며, 이에 기초하여 국제항뇌전증연맹(International League Against Epilepsy: ILAE)에서 뇌전증발작의 분류(1981년)와 뇌전증 및 뇌전증증후군의 분류(1989년)를 발표하였다. 최근에는 많은 학자들이 동물모델을 이용하여 뇌전증의 발생기전에 대한 과학적인 연구를 활발히 진행하고 있으며, 해부학적, 생리학적 및 생화학적 기전들이 점차 밝혀지고 있다. 또한 새로운 항경련제 개발과 더불어 수술적 치료 등 여러 형태의 치료법이 시도되고 있다.

## >>참고문헌<<


이병인(2003). 간질의 역학 및 분류. 대한의사협회지, 46, 269-278.

이병윤(1968). 간질심포지움: 간질의 역사. 신경정신의학, 2(2), 33-35.

이상건(1998). 간질의 약물요법. 대한의사협회지, 41(8), 871-880.

주경채(1993). 홀로 쓰러지는 사람들. 하나의학사.

황경태(2006). 간질의 모든 것. 최신의학사.

Annergers, J. F., Hauser W. A., & Elveback, L. R. (1999). Remission of seizures and relapse in paticnts with cpilcpsy. *Epilcpsia*, 20, 729-737.

Commission on Classfication and Terminology of the International League Against Epilepsy. (1981). Proposal for revised clinical and electroencephalographic classification of epileptic seizure. *Epilepsia*, 22, 489-501.

de Boer, H. M., Mula, M., & Sander, J. W. (2008), The global burden and stigma of epilepsy, *Epilepsy & Behavior*, 12, 540-546.

Vickrey, B. G., Hays, R. D., Hermann, B. P., Bladin, P. F. & Batzel, L. W. (1993). Outcomes with respect to quality of life. Surgical treatment of the epilepsies. *New York: Raven Press*, 623-635.

# 제 2 장 한국의 뇌전증 환자 현황

우리나라에서 뇌전증 환자들에 대한 현대의학적 진료는 1960년대 중반부터 시작된 전국적인 이동 진료반 형태의 장미회 운동[1]에서 비롯되었다. 당시 환자들은 뇌전증을 불치의 병으로 오인하고, 사회의 그늘에 숨어서 치료받기조차 거부하거나 주저하였다. 1980년대부터 다양한 항경련제가 사용되기 시작하였고, 난치성 환자에 대한 수술치료 등 괄목한 발전이 이루어지고 있다. 본 장에서는 한국의 뇌전증 환자 진료와 장미회의 활동, 그리고 뇌전증 환자의 실태 및 분포에 대해 살펴보았다.

## 1. 한국의 뇌전증 문제

최근 우리나라의 국가적인 보건의료 정책의 방향은 뇌전증을 비롯한 만성질환 및 퇴행성질환으로 이동하는 추세이다. 뇌전증은 만성 신경계 질환으로 2003년 7월부터 우리나라에서도 법적장애에 포함되어 보건 및 장애 관련복지정책의 중요한 대상이 되었다.

뇌전증은 오랫동안 오해와 무지에 기인하여 우리사회에서도 방치되어왔던 질환으로, 우리나라에서 현대의학적인 개념을 갖고 치료한 것은 1960년대 중반 이동진료반(mobile clinic) 형태로 시작된 장미회 운동(rose club movement)에서 비롯하였다고 할 수 있다. 당시 장미회를 통해 전국에서

---

1) 장미회 운동: 1963년 인천기독병원 무의촌 이동진료반 형태로 시작된 간질환자만을 위한 진료활동으로 장미회라는 이름으로 1970년대와 1980년대에 걸쳐 전국적 규모의 진료활동으로 확산되었다.

약 8만 명에 달하는 뇌전증 환자들이 항경련제를 사용하여 뇌전증을 치료하였다.

1980년대에 이르러 전 국민건강보험제도의 실시와 함께 의료서비스의 질 향상을 추구하는 사회적 변화가운데 뇌전증 환자치료에 있어서도 양질의 의료를 제공하기 위한 의료계의 다양한 노력과 함께 변화가 수반되었다. 1980년대 후반기부터 뇌전증전문크리닉 및 각종 뇌전증전문진료프로그램 등이 활성화되기 시작하였고, 최근 여러 종류의 약물기전을 가진 새로운 항경련제가 소개되고, 난치성 뇌전증을 대상으로 하는 수술치료가 확산됨으로써 뇌전증의 치료 수준은 선진국에 비교하여도 손색이 없을 정도로 발전하였다.

그러나 과거 치유될 수 없는 만성질환으로부터 치유되는 질병으로 간질의 개념을 바꾸게 된 현대에 이르러서도 뇌전증에 대한 오해와 편견이 사회 속에 자리하고 있는 가운데 환자들은 심리사회적 적응문제를 비롯 학업, 결혼, 그리고 직업 등 다양한 삶의 영역에서 불리와 어려움을 경험하고 있다. 대부분의 뇌전증 환자들은 사회의 낙인을 인식한 가운데 질병을 사회적으로 노출하기를 꺼려하고 있다.

이러한 사회적 측면으로 인하여 우리나라 전체 뇌전증 장애인들의 실태 및 전체적 인구 규모의 파악에는 어려움이 따르며, 이러한 점들은 사회복지서비스와 복지정책의 수립에도 어려움을 갖게 하는 요소이다. 사회에 깊숙이 잠재되어 있는 뇌전증에 대한 편견은 시급히 시정되어야 과제로서, 뇌전증 장애인의 삶의 질을 향상시키고, 건강한 사회의 일원으로 통합하여 살아갈 수 있도록 사회적 대책이 모색되어야 한다.

## 2. 한국의 뇌전증 진료와 장미회

### 1) 뇌전증 치료 배경과 장미회

한국에서 서양의학에 의한 뇌전증치료는 6.25이후 선교사 모임에 의하여 주도되었다. 당시 환자들은 뇌전증을 불치의 병으로 오인하고, 사회의 그늘에 숨어서 치료받기조차 거부하거나 주저하였다. 환자들의 형편은 뇌전증이라는 병과 가난과 고독이라는 삼중고(三重苦)에 시달리고 있었으며, 치료할 곳이나 방법을 알지 못하고, 하늘이 준 병, 고칠 수 없는 병이라는 개념으로 포기상태에서 그대로 방치되고 있었다. 또한 병을 고쳐 보고자 하는 시도로서 굿 등, 온갖 미신적이고 주술적인 방법과 각양각색의 사약들이 은밀하게 사용되기도 하였다.

우리나라에서 뇌전증 환자에 대한 현대의학적 개념의 진료는 로빈슨(Lenna

Belle Robinson) 선교사의 주도로 시작된 장미회의 전국적인 규모의 진료활동에서 찾아볼 수 있다. 1963년 인천기독병원의 무의촌 진료반에 의해 발견된 뇌전증을 갖고 있는 한 소녀를 히단토인이라는 약을 사용하여 치료한 것이 계기가 되었다. 이 소녀는 1964년 인천시 간석동에서 14명의 환자 모임을 갖고, 치료문제에 대해 로빈슨 선교사와 의논하였다. 그 이듬해인 1965년 로빈슨은 의료계와 종교계의 지지를 받아 뇌전증 환자의 진료만을 위한 이동 진료 반을 만들게 되었다.

장미회는 "가시 돋친 장미가지에도 아름다운 꽃이 피듯이 뇌전증 환자도 고난을 극복하여 치료하면 아름다운 생을 누릴 수 있다"는 성경 말씀에 의거한 것이다. 당시 뇌전증 환자에 대한 사회적 이해의 부족은 물론 의사들의 관심조차 매우 부족하였다. 박충서(1968)는 '우리나라 간질실태조사'라는 연구를 통하여 결핵이나 나병에 뒤지지 않게 흔한 간질환자에 대해서는 계몽도 선전도 없고, 치료 면에 있어서도 하등의 국가적인 개입이나 대책이 없음을 지적하였다.

1960년대에 시작된 장미회 운동은 뇌전증을 앓던 한 소녀의 현대의학적 치료를 통하여 포기할 수밖에 없었던 생명에서 새로운 삶을 찾은데 대한 감격으로 시작되었으며, 극히 인도주의적인 견지에서 의료인, 종교인, 사회복지계의 관심과 참여로 1970년대는 민간분문에서 전국적 규모의 뇌전증 환자들에 대한 치료사업으로 전개되기 시작하였다.

초기에는 인천기독병원과 경기도 지역을 중심으로 이동진료반(epilepsy mobile clinic) 형태로 사회경제적으로 취약한 계층에까지 파고들어 활동하였다. 1979년에 이르러 전국에 157개의 장미회가 설립되었고, 약 8만 명에 달하는 환자들이 등록하는 거대한 민간조직으로 성장하게 되었다. 당시 장미회 진료는 이동진료반, 또는 전국 각 지역의 병의원을 중심으로 위탁진료의 형태로 운영되었다. 1960년대부터 1990년대 중반까지 전국적인 규모로 활발하게 수행된 장미회 진료 활동을 각 장미회를 중심으로 간략히 살펴보면 다음과 같다.

### >>인천장미회<<

인천장미회는 1966년 4월 1일 로빈슨 선교사를 주축으로 하여 인천기독병원에서 장미회 진료활동을 시작하였다. 서울과 인천지역은 매월 1회씩 그리고 경기도, 충청도, 경북, 전북지역은 매 3개월마다, 그리고 경남과 전남은 매 6개월마다 정기적으로 순회진료를 실시하였다. 의사 및 간호사의 전문 인력을 두고 61개 진료지역에서 장미회, 병의원, 보건소, 교회, 사회관 등의 시설을 이용하여 진료하였다. 1980년대에는 연 인원 약 63,000명에 이르는 환자들 진료하였는데, 신경외과 전문의 강우식 박사가 환자의 진료를 담당하였다.

로빈슨(Lenna Belle Robinson)은 사우스타코다 주 Egan에서 다섯 형제 중 장녀로 태어났다. 그녀는 21세에 간호대학을 졸업한 이후 물리치료와 방사선치료 등 의료전문가로서 다양한 훈련을 받고 생활하다가 59세에 한국에 의료선교사로 오게 되었다. 당시 그녀는 편안하게 노년을 편히 쉴 수 있는 여건이 되었지만, 피키스탄 선교사에게 한 장의 편지를 받고 의료선교사로서 미지의 땅 한국에 왔다. 가시 있는 장미가 아름다운 것처럼, 간질환자도 훌륭한 삶을 영위할 수 있다는 슬로건으로 장미회 진료를 하였다. 간질약 투약을 통해 발작에서 자유로워졌다는 소식이 퍼지면서 12명으로 시작한 장미회 진료는 많은 환자들이 모여들게 되었다. 하지만 병원으로 올 수 없는 많은 사람들이 있다는 것을 알고, 로빈슨은 전국 곳곳의 교회와 지역보건센터에서 장미회 진료를 시작하였다. 소속선교회는 차량은 제공하면서도 사업을 할 수 있는 예산이 없었다. 그녀는 당시 1000달러 상당의 자신의 연금으로 약품을 구입하여 간질사업을 계속하였다. 1983년 당시 전국에 53개 진료소를 운영하였으며, 5만 여명에게 진료하였다(1983 연합통신, 월간화보 세계). 로빈슨은 91세에 미국으로 귀국하기까지 인천을 거점으로 장미회 사업을 계속하였으며, 많은 간질환자에게 건강과 소망을 선물하였다.

1994년 도미한 Lenna Belle은 700여 명 이상의 선교사들에게 편지를 썼고, 그들의 사역이 담긴 비디오테이프를 수집하며, 문서선교와 기도사역에 힘썼다. 1995년 Brooks-Howell 채플로 옮겨져 St. Paul United Methodist Church에서 여생을 다하였다(장미회, 2009).

### >>감리교 장미회(서울장미회)<<

감리교장미회는 1964년 인천시 간석동에서 24명의 뇌전증 환자와 당시 뇌전증을 앓고 있었던 유재춘 목사를 중심으로 '간질 환자회'로 발족하였다. 그 이듬해인 1965년 유재춘 목사는 자신이 목회하던 인천 간석감리교회에 대한간질선교회를 조직하여 자신이 복용하는 약을 나누어주고 신앙으로 고난을 이겨내도록 격려하면서 사역을 시작하였다. 이 사역은 당시 인천기독병원에서 활동하던 로빈슨 선교사를 만나면서 사업이 활성화되었다. 사업초기 유재춘 목사는 정원에 핀 장미를 바라보던 중 사도바울의 '육체의 가시'를 생각하고, 뇌전증 환자도 고난을 승화하여 훌륭한 삶을 영위하기를 바라는 마음에서 장미회라는 명칭을 사용하게 되었다. 금호복음병원, 정동교회, 사회관 등 서울의 5개 지역을 중심으로 40여 년간 뇌전증 환자 발굴과 계몽, 복지, 구료에 두고 사업을 수행하였으며, 기독교적 상담과 단기수용시설에서의 재활 및 직업요법을 중요 사업으로 하였다. 감리교 장미회는 1998년에는 사단법인 장미회로 통합되었다.

## >>원주기독병원 장미회<<

원주기독병원 장미회는 1967년 인천기독병원 선교사 로빈슨이 강원지방의 뇌전증 환자의 진료를 요청해 옴에 따라 1969년 5회에 걸쳐 뇌전증 환자들의 모임을 갖고, 이듬해인 1970년부터 의사, 간호사, 사회복지사 등의 진료팀을 구성하여 년 간 2회씩 강원지역 내 12개 지역보건소를 중심으로 순회진료를 시작하였다. 당시 라트 의사, 김대훈 사회복지사 등이 환자의 진료를 위하여 헌신적으로 노력하였다. 이후 의료선교사 손덕수(Ruth Saunders)가 주축이 되어 강원지역 16개 지역을 진료하였는데, 이동진료사업은 1998년까지 약 30여년에 걸쳐 수행하였다. 병원 내 사회사업과에서는 장미회보를 발간하였으며, 빈곤한 환자에게 무료로 약을 지급하였고, 환자 및 가족들을 대상으로 재활상담, 집단상담, 가족상담, 사례관리 등 다양한 프로그램과 사회복지서비스를 제공하였다.

장미크럽 순회진료는 손덕수 (R. Saunders) 선생님께서 손수 운전하시는 차에 의사 및 간호사들의 진료팀들과 함께 뒷 트렁크에 항경련제를 가득 싣고 병원 몇몇 직원들의 기도와 배웅을 받으며 강원도의 때 묻지 않은 순박한 농촌과 아름다운 산골의 구석구석을 누비며 시작된다. 오래지 않아 간질환자들이 준비해온 보자기에 정성스럽게 싸가는 약 보따리의 소중함과 부모들의 굵고 진한 주름살의 의미, 그리고 거친 손가락들 사이로 내어 미는 약값 몇 푼의 정성들을 이해할 수 있게 되었다.

몸을 찌르는 가시를 고쳐달라고 3번 주님께 갈구했던 사도바울에게 "내 은혜가 네게 족하도다"(고린도후서 12장 7절~10절) 라고 대답하셨던 주님은 오늘날 간질발작이라는 가시를 지니고 고통스럽게 살아가고 있는 간질환자들에게도 말씀하고 계신 것이다. 간질발작으로 인한 고통스런 삶을 능히 극복해 나갈 수 있는 하나님의 은혜-. 이들에게 힘을 갖고 생활해 나갈 수 있도록 하기위해서, 그리고 주님 안에서의 영원하고 가치 있는 삶을 향해 나아갈 수 있도록 하기 위해서는 신의 존재는 절실하게 필요했다.

80년대에 접어들면서 장미크럽 순회진료는 보통 하루에 100여명의 환자를 진료하였는데, 하루에 두 곳의 보건소를 진료하는 날도 있었다. 보건소 마다 이른 아침부터 꾸역꾸역 모여드는 많은 환자와 보호자들, 환자들은 간질이라는 병에 시달리고 누추한 모습이었고, 부모들의 얼굴은 깊은 주름살로 굵게 패인 얼굴모습을 하고 있었다. 우리 진료 팀은 보건소의 직원들과 인사를 나누고 나면, 이들 속으로 뚫고 들어가 진료할 차비를 갖추고 장미크럽 회원증을 제시하도록 하여 접수하고, 병원 의무기록지를 찾아 의사의 진료를 거치게 한 후, 상담과 투약을 하는 일련의 과정을 거친다.

간질을 앓던 어린아동은 어느덧 청년이 되어 배우자 문제로 심리적 갈등을 경험하고 있다. 자신과 같은 간질이 있는 사람에게 시집오면 결국 배우자가 고생만 하게 될 것이므로 아예 결혼 같은 것은 포기해야 하겠노라고...

송자경(1992), 원주기독병원 장미회 역사 중에서, 장미회보.

## >>부산장미회<<

부산장미회는 1970년 1월 31일 인천장미회의 창립자 로빈슨의 권유와 협조로 부산기독의사회 장기려 박사를 비롯 의사 및 간호사, 그리고 당시 사회복지협회 회장(김운초) 등 사회복지사들이 협동하여 부산간질협회를 조직하였다. 1972년 3월 장미회 기금모금 자선음악회를 개최하였다. 그리고 의사 및 사회복지사 등 7명으로 구성된 진료팀이 협력하여 부산기독사회관을 중심으로 부산지역 및 인근 지역에 거주하는 뇌전증 환자들을 진료하였다. 부산장미회보를 발간하였으며, 뇌전증 환자의 진료와 함께 사회재활을 목표로 상담, 환자들의 모임과 집단상담을 실시하였고, 빈곤 가정의 자녀에게 학비를 보조하는 등 사회복지사업을 수행하였다.

## >>사단법인 장미회<<

1971년 6월 서울기독의사회(초대회장 김명호 박사)는 미국 개혁선교부의 후원으로 뇌전증 환자의 진료와 선교를 시작하였다. 1974년에는 서울기독의사회 중심으로 사단법인 조직을 발기하였으며, 그해 11월 보건복지부에서 사단법인 인가를 통해 사단법인 장미회를 설립하였다. 사단법인 장미회는 전국 각지 45곳에 위탁진료소를 두고 뇌전증 환자를 진료하였다. 2대 회장 박종철 박사는 80-90년대의 뇌전증 환자 진료, 연구, 대외협력 등에서 중요한 발전을 이끌었다. 1998년에는 인천장미회 및 감리교(서울) 장미회를 사단법인 장미회로 통합하였다. 1999년부터는 3대 회장인 신상철 박사가 맡아 운영하고 있다. 현재 사단법인 장미회는 위탁진료소 36개를 운영하고 있으며, 네팔, 중국 연변, 몽골, 우즈베키스탄 등에 의료선교, 그리고 2006년도부터는 북한에 뇌전증 환자의 보건진료사업을 지원하고 있다.

장미회는 뇌전증을 가진 환자를 위한 진료와 선교의 기치아래 환자들에게 질병을 부담 없이 노출시키고 손쉽게 치료할 수 있도록 기회를 조성하였다. 그러나 극히 소수의 인력으로 년 간 12만 명이라는 많은 환자들을 진료하고 있었는데, 의사 1인이 1일에 500~700명의 환자를 진료하는 곳도 있었으며, 비전문 인력에 의해 진료되는 곳도 있었다(강우식 외, 1979).

1960년대부터 전국의 장미회를 중심으로 수행되었던 민간부문의 뇌전증 환자 치료활동은 1980년대에 이르러 전 국민대상 의료보험제도의 실시, 의료전달체계의 확립, 그리고 통신의 발달과 도로 및 교통망 확충 등 급격한 근대화 및 산업화가 진행되면서 병원단위의 뇌전증 환자를 위한 전문적인 진료가 시작되었다. 환자들은 건강보험증, 또는 의료보호카드 등을 갖고 병원을 방문하였고, 병원의 의료진들은 뇌파검사(EEG), 뇌 단층촬영(C-T scanning) 등을 거친 후 적절한 항경련제의 선택과 사용을 하도록 권고하였다.

의료서비스의 질 향상에 대한 사회적 요구 및 진료환경의 변화에 따라 각 대학병원의 뇌전증센터의 개설 등 양질의 의료서비스 제공을 위한 노력을 해오고 있다. 여러 가지 검사를 통한 과학적인 진단과 함께 다양한 항경련제를 사용한 약물치료 및 수술요법을 사용하여 뇌전증치료에 획기적 발전을 이루어 나가고 있다.

### 2) 한국의 뇌전증진료 연혁

한국에서 뇌전증 환자에 대한 현대의학적 진료활동은 1960년대부터 시작되었는데 1963년 인천기독병원의 무의촌 진료에서 발견된 뇌전증 환자를 페니토인을 사용하여 치료한 것이 계기가 되었다. 1964년 인천에서 유재춘 목사를 중심으로 '간질 환자회' 가 결성되었고, 다음해에는 명칭을 '장미회' 로 바꾸었다.

1965년 인천기독병원에서는 미국인 의료선교사 Lenna Belle Robinson과 함께 뇌전증 환자만을 위한 이동진료를 시작하게 되었다.

1966년 4월 1일 인천기독병원, 연세의대, 국립중앙의료원 및 수도육군병원의 의료진들과 종교인 및 사회사업계의 적극적인 지원으로 뇌전증 이동진료반을 결성하고 뇌전증 환자만을 치료하게 되었다.

1968년 5월 31일 대한간질협회(Korean Epilepsy Association)가 설립되었고, 초대 회장에는 이주걸박사가 선출되었다. 1969년 5월 31일에는 국립중앙의료원에서 국내 처음으로 간질심포지움이 개최되었는데, 약 100명의 회원이 참석하였다.

1970년에는 원주기독병원과 부산기독사회관에서 장미회 진료를 시작하였다. 원주기독병원은 강원도 지역을 대상으로 이동진료를 하였고, 부산기독사회관 장미회는 의료계와 사회복지계의 지원으로 부산인근지역 뇌전증 환자를 대상으로 진료활동을 시작하였다.

1974년 12월에는 대한간질협회는 국제간질협회(IBE)와 공동으로 제 1회 국제뇌전증워크숍을 연세대학교 의과대학에서 개최하였다.

또한 1979년 9월, 네덜란드의 암스텔담에서 개최된 국제간질협회의 참석을 계기로 국제간질협회에 정식으로 가입하였다.

1982년에는 대한신경과학회가 설립되면서 신경계질환에 대한 종합병원 차원에서 뇌전증에 대한 전문 진료 활동이 시작되었다. 1989년 연세의대에서는 뇌전증 전문클리닉과 뇌전증 수술 프로그램을 시작하였으며, 1990년대에 들어서면서 이러한 뇌전증 전문 진료가 여러 대학병원들로 파급되고, 뇌전증 전문의들의 수가 급격히 증가하게 되어 뇌전증에 대한 의학적 발전과 지식의 교류의 필요성이 크게 대두되었다. 1993년에는 소아 신경학회가 창립되어 소아 뇌전증에 대한 학문적인 활동이 좀 더 세분화되었다.

1990년대에 들어서면서 국제간질연맹(ILAE)에서는 아시아 지역 뇌전증 퇴치운동에 지대한 관심을 표명하기 시작하였다. 이에 대응하기 위해 연세의대의 정상섭 교수를 중심으로 신경과, 신경외과, 소아신경과 및 정신과 전문의들이 간질학회 설립위원회를 조직하였다. 1996년 4월 26일 모임을 갖고 뇌전증의 치료, 연구 및 교육에 관여하는 회원 상호간의 학술교류 및 친목을 도모하여 학문적 발전을 촉진하기 위하여 대한간질학회가 발족하였다. 1996년에는 아시아 대양주(AOEO) 창립총회 및 학술대회를 우리나라에서 개최하였다.

우리나라에서는 법정 장애인의 범주를 2003년 7월 1일부터 호흡기 장애, 간장애, 안면장애, 요루·장루장애, 간질 장애를 추가하여 뇌전증을 갖고 있는 경우 장애인 등록이 가능하여 장애인 혜택을 받을 수 있는 토대를 마련하였다.

2007년 4월 장애인 차별금지법이 제정되었으며, 2006년 12월 UN 장애인권리협약이 만장일치로 채택됨에 따라 뇌전증 장애인에 대한 사회적 차별의 문제도 점검하고, 정당한 사회참여 및 기회를 제공하는 것에 대한 적극적 검토를 할 수 있는 계기가 마련되었다.

2010년 5월 대한간질학회(회장: 김흥동)와 한국간질협회는 “간질 이름 바꾸기 프로젝트”에 의하여 유관학회 및 대한의사협회의 용어심의위원회의 검토를 거쳐 간질(癎疾)이라는 의학적 용어를 뇌전증(腦電症)으로 변경하여 사용하기로 결정하였다. 뇌전증은 ‘뇌에서 발생하는 전기적 이상상태’를 뜻하는 의미를 담고 있어 간질환자에 대한 사회적 편견과 차별을 불식시키고 합리적이고 과학적인 이해를 증진시키는데 기여할 것으로 판단된다.

현재 대한뇌전증학회에서는 년 차적인 학술대회를 개최하고 있으며, 국제뇌전증학회 등 각종 국제대회의 유치로 뇌전증학의 발전을 이끌고 있다. 그리고 뇌전증 환자의 운전문제 등 실제적인 법적 제도의 개선 및 대책 마련을 위해 노력하고 있으며, 사회적 배려를 위한 활동을 다각적인 측면에서 기울이고 있다.

## 3. 한국의 뇌전증 환자 실태

### 1) 추정수 및 장애등록율 변화추이

뇌전증 환자 추정수 및 장애등록율 변화추이는 2005년도와 2011년도를 기준으로 살펴보면, 2005년도의 등록 환자 수는 6,032명, 등록율은 40.9%였다. 2011년에는 등록 환자 수 9,772명, 등록율은 66.5%로 증가하였다〈표 1〉.

〈표 1〉 뇌전증 환자 추정수 및 장애등록율 변화추이

| 2005년 | | | 2011년 | | |
|---|---|---|---|---|---|
| 등록 뇌전증 환자 | 추정인원 | 등록율 | 등록 뇌전증 환자 | 추정인원 | 등록율 |
| 6,032명 | 14,756명 | 40.90% | 9,772명 | 14,701명 | 66.50% |

자료: 1) 2010년 4/4분기 현재 등록장애인 수(보건복지부)

2) 등록율 = (등록장애인수 / 2011년 장애인실태조사 추정 장애인수) x 100

출처: 한국보건사회연구원, 2011년 장애인 실태조사, p. 6, 표 4 재구성.

### 2) 출현율 · 발생시기 · 원인

뇌전증 장애의 출현율은 인구 1,000명당 0.43건이었다. 연령별로는 40대 이후부터 70대까지는 연령이 높아질수록 출현율도 높았다.

뇌전증 장애의 발생 시기는 20대 이전에 발생한 비율이 전체의 61.0%를 자치하였다. 10대가 38.2%로 가장 많았고, 그 다음은 20대 17.5%, 1~4세 12.4% 등의 순이었다.

뇌전증 장애의 발생원인은 후천적 질환에 의한 발생이 49.6%로 가장 많았다.

그리고 장애발생 원인을 알 수 없는 원인불명도 26.9%, 사고로 인한 발생은 20.4%였다. 또한 선천적 원인은 2.3%였고, 저 산소증 등과 같은 출생시 원인은 0.8%였다〈표 2〉.

〈표 2〉 뇌전증 장애 출현율, 발생시기, 원인

| 구 분 | | 남 자 | 여 자 | 전 체 |
|---|---|---|---|---|
| 출현 율(1/1,000, 건) | 0~9세 | 0.09 | - | 0.04 |
| | 10~19세 | 0.00 | 0.80 | 0.38 |
| | 20~29세 | 0.4 | 0.34 | 0.37 |
| | 30~39세 | 0.4 | 0.65 | 0.32 |
| | 40~49세 | 0.46 | 0.73 | 0.60 |
| | 50~59세 | 1.10 | 0.30 | 0.69 |
| | 60~69세 | 0.53 | 1.01 | 0.78 |
| | 70~79세 | 0.22 | - | 0.09 |
| | 80세 이상 | 0.00 | - | 0.00 |
| | 계 | 0.35 | 0.50 | 0.43 |
| | 전국 추정수(명) | 8,228 | 12,185 | 20,413 |
| | (N) | (20) | (29) | (49) |
| 발생 시기(%) | 만 1~4세 | 1.40 | 21.0 | 12.4 |
| | 만 5~9세 | 5.90 | 13.9 | 10.4 |
| | 만 10~19세 | 45.7 | 32.3 | 38.2 |
| | 만 20~29세 | 34.8 | 4.10 | 17.5 |
| | 만 30~39세 | 4.0 | 15.8 | 10.6 |
| | 만 40~49세 | 0.0 | 1.3 | 0.70 |
| | 만 50~59세 | 8.3 | 11.5 | 10.1 |
| | 계 | 100.0 | 100.0 | 100.0 |
| | 전국 추정수(명) | 7,940 | 10,227 | 18,167 |
| 발생 원인(%) | 선천적 원인 | - | 3.9 | 2.3 |
| | 출생시 원인 | - | 1.3 | 0.8 |
| | 후천적 질환 | 54.8 | 46.2 | 49.6 |
| | 사고 | 30.4 | 13.6 | 20.4 |
| | 원인불명 | 14.8 | 35.1 | 26.9 |
| | 계 | 100.0 | 100.0 | 100.0 |
| | 전국 추정수(명) | 8,228 | 12,185 | 20,413 |

출처: 한국보건사회연구원, 2011년 장애인 실태조사, p. 196~198, 표 6-15-1, 6-15-3, 6-15-5 재구성.

### 3) 뇌전증 환자의 교육 · 결혼상태 · 직업

뇌전증 환자 384명과 일반인 1,540명을 비교분석한 자료에 따르면, 뇌전증 환자들은 일반인들과 비교되는 교육수준을 보였는데, 환자의 35.6%, 일반인들은 57.5%가 고등학교 이상이었다. 우리나라 일반인들이 19~23세에 대학에 들어가는 것을 가정하면(한국통계연보, 2007), 대학교육은 뇌전증 환자 44.2%, 일반인들은 84.6%로서 교육수준은 일반인의 절반정도였다.

한국에서 첫 결혼연령은 남자 31.1세, 여자 28.1세로서, 28세에 도달하게 되면 결혼한다는 가정 하에 28세 이상 되는 사람들의 결혼상태를 비교하였다. 미혼 뇌전증 환자는 26.4%로서, 일반인들 10.2%보다 미혼률은 2.6배 높았다. 이혼율은 14.7%로서 일반인들 5.2%보다 높았다. 그리고 재혼하지 않은 환자들(10.3%)은 일반인들(3.3%)보다 3배 높았다.

28세 이상 일반인들은 37.5%가 직업을 갖고 있지 않은 반면, 뇌전증 환자들은 62.9%가 직업을 갖고 있지 않아 실업률은 일반인에 비해 1.7배에 이르렀고, 취업률은 37.1%로서 일반인의 절반수준이었다〈표 3〉.

〈표 3〉 뇌전증 환자의 교육, 결혼상태, 직업(일반인과의 비교)

| 구분 | | 뇌전증 환자 | | 일반인 | |
|---|---|---|---|---|---|
| | | 명 | % | 명 | % |
| 연령 | 18~28 | 95 | 24.7 | 404 | 26.2 |
| | 29~39 | 102 | 26.6 | 408 | 26.5 |
| | 40~49 | 105 | 27.3 | 368 | 23.9 |
| | 50~65 | 82 | 21.4 | 360 | 23.4 |
| 성별 | 남 | 189 | 49.2 | 743 | 48.3 |
| | 여 | 195 | 50.8 | 796 | 51.7 |
| 교육 수준 | 고등학교 이하 | 58 | 55.8 | 69 | 15.4 |
| | 대학 이상 | 46 | 44.2 | 378 | 84.6 |
| 결혼상태 | 미혼 | 72 | 26.4 | 110 | 10.2 |
| | 결혼 | 173 | 63.4 | 937 | 86.5 |
| | 이혼 | 28 | 10.3 | 36 | 3.3 |
| 직업 | 있음 | 104 | 37.1 | 683 | 62.5 |
| | 없음 | 176 | 62.9 | 410 | 37.5 |

출처: Yoo, Jae-Kook. 외(2009). Familiarity with, understanding of, and attitudes toward epilepsy among people with epilepsy and healthy controls in south Korea. Epilepsy & Behavior, 16, p. 261. 재구성.

### 4) 뇌전증 환자의 취업률 · 고용특성

뇌전증 환자의 취업률은 51.7%, 실업률은 48.2%로서 전체장애에 비교하여 상대적으로 낮은 취업률, 그리고 높은 실업률을 보였다〈표 4〉.

〈표 4〉 뇌전증 환자의 취업률

| 구 분 | 15세 이상 인구 | 경제활동인구 | | | 비경제 활동 인구 | 경제 활동 참가율(%) | 취업 률(%) | 실업 률(%) | 인구 대비 취업 자비율(%) |
|---|---|---|---|---|---|---|---|---|---|
| | | 계 | 취업 | 실업 | | | | | |
| 간질장애 | 14,151 | 4,002 | 2,071 | 1,931 | 10,149 | 28.2 | 51.7 | 48.2 | 14.6 |
| 전체장애 | 2,036,788 | 903,269 | 694,955 | 208,314 | 1,133,519 | 44.3 | 76.9 | 23.0 | 34.1 |

출처: 변용찬(2008). 2008년도 대한 간질학회 제 13차 학술대회 초록집, 대한간질학회. p. 90, 표 15, 16 재구성.

한 조사에 나타난 뇌전증 환자의 고용특성에서 환자의 46.7%가 취업하고 있었다. 고용형태는 타 고용형태(건설용역, 보험, 특수고용직 등)가 39.2%로 가장 높았으며, 상시고용과 자영업이 뒤를 이었다. 현재 직장에 취업과정에서 42.6%가 뇌전증 장애를 공개하였다.

업무 중 발작을 경험한 경우는 35.3%였고, 발작으로 부당한 대우를 경험하는 경우도 14.0%였다. 부당한 대우의 구체적 내용은 문제가 있는 사람처럼 보거나, 치료하고 나오라며 퇴직이 강요된 경우도 있었다. 월 평균 소득은 100만원 미만이 37.9%였다〈표 5〉.

〈표 5〉 뇌전증 장애인의 과거 고용경험 및 현재 고용특성

| 구 분 | | 과거고용경험 | | 현재고용현황 | |
|---|---|---|---|---|---|
| | | 빈도 | % | 빈도 | % |
| 고용경험/고용상태 | 있음 | 89 | 73 | 57 | 46.7 |
| | 없음 | 28 | 23 | 58 | 47.5 |
| | 무응답 | 5 | 4.1 | 7 | 5.7 |
| | 계 | 122 | 100 | 122 | 100 |
| 고용형태 | 상시고용 | 41 | 51.25 | 21 | 28.4 |
| | 시간제고용 | 20 | 25 | 7 | 9.5 |

| | 자영업 | 11 | 13.75 | 17 | 23 |
|---|---|---|---|---|---|
| | 기타 | 8 | 10 | 29 | 39.2 |
| | 계 | 80 | 100 | 74 | 100 |
| 취업과정 중 장애공개여부 | 공개 | 27 | 32.1 | 23 | 42.6 |
| | 비공개 | 57 | 67.9 | 31 | 57.4 |
| | 계 | 84 | 100 | 54 | 100 |
| 업무 중 발작경험 | 있음 | 58 | 65.9 | 18 | 35.3 |
| | 없음 | 30 | 34.1 | 33 | 64.7 |
| | 계 | 88 | 100 | 51 | 100 |
| 발작으로 인한 부당한 대우 | 있음 | 35 | 45.5 | 6 | 14.3 |
| | 없음 | 42 | 54.5 | 36 | 85.7 |
| | 계 | 77 | 100 | 42 | 100 |
| 월평균 소득 | 100만원미만 | 32 | 41 | 22 | 37.9 |
| | 100만-199만 | 20 | 25.6 | 17 | 29.3 |
| | 200-299만 | 12 | 15.4 | 9 | 15.5 |
| | 300만 이상 | 14 | 17.9 | 10 | 17.2 |
| | 계 | 78 | 100 | 58 | 100 |
| | 평균(만원) | 123.38 | | 134.30 | |

출처: 박미숙(2010). 간질장애인의 사회참여 영향 요인에 관한 연구, 한국장애인복지학, 13, p.79.

### 5) 뇌전증 환자의 경제상태

뇌전증 환자가 인식하는 주관적 소속계층은 하층으로 인식하는 비율이 79.1%로서 전체장애 68.5%보다 높은 비율이었다. 상층으로 인식하는 비율은 0.6%에 불과하였다.

국민기초생활보장의 일반수급 가구 비율은 42.1%로서 전체장애의 일반수급 가구 비율 16.2%에 비해 상대적으로 높았다. 지난 1개월 평균 가구 수입액은 215.3만원으로, 전체장애 198.0만원보다 약간 높았다.

반면, 지난 1개월 평균 개인 수입액은 45.7만원으로 전체장애 81.1만원보다 매우 낮았다〈표 6〉.

〈표 6〉 뇌전증 환자 경제상태

| 구 분 | | 전체 장애(%) | 뇌전증 장애(%) |
|---|---|---|---|
| 주관적 소속계층 | 하층 | 68.5 | 79.1 |
| | 중층 | 30.6 | 20.3 |
| | 상층 | 0.9 | 0.6 |
| | 계 | 100.0 | 100.0 |
| 국민기초생활보장 수급 여부 및 형태 | 아니오 | 83.0 | 56.0 |
| | 일반수급가구 | 16.2 | 42.1 |
| | 조건부수급가구 | 0.7 | 1.9 |
| | 의료 · 교육 · 자활특례 | 0.0 | 0.0 |
| | 계 | 100.0 | 100.0 |
| 지난 1개월 평균 총 가구 수입액 | 50만원 미만 | 10.5 | 10.9 |
| | 50~99만원 | 20.9 | 18.5 |
| | 100~149만원 | 15.3 | 21.5 |
| | 150~199만원 | 13.1 | 28.1 |
| | 200~249만원 | 11.3 | 4.4 |
| | 250~299만원 | 6.9 | 4.1 |
| | 300~349만원 | 7.5 | 7.2 |
| | 350~399만원 | 3.9 | 2.3 |
| | 400~499만원 | 4.9 | 2.4 |
| | 500만원 이상 | 5.7 | 0.6 |
| | 계 | 100.0 | 100.0 |
| | 평균(만원) | 198 | 215.3 |
| 지난 1개월 평균 개인 수입액 | 50만원 미만 | 54.1 | 75.8 |
| | 50~99만원 | 18.7 | 8.5 |
| | 100~149만원 | 9.8 | 10.4 |
| | 150~199만원 | 6.0 | 4.7 |
| | 200~249만원 | 4.1 | 0.0 |
| | 250~299만원 | 2.2 | 0.0 |
| | 300~349만원 | 2.2 | 0.0 |
| | 350~399만원 | 0.7 | 0.0 |
| | 400~499만원 | 1.1 | 0.6 |
| | 500만원 이상 | 1.3 | 0.0 |
| | 계 | 100.0 | 100.0 |
| | 평균(만원) | 81.2 | 45.7 |

출처: 한국보건사회연구원, 2011년 장애인 실태조사, p. 386-388, 표 7-11-1~4 재구성.

## 4. 한국의 뇌전증 환자 분포

한국의 뇌전증 환자 분포는 국민건강보험(National Health Insurance: NHI)의 뇌전증의 진단 하에 항경련제를 처방받은 환자들을 분석한 자료에 따르면 다음과 같다.

2007년 한 해 동안, 119,722명이 발작장애(뇌전증)의 진단 하에 항경련제를 사용하였다. 성별로는 남성이 여성보다 모든 연령 군에서 높은 비율이었다. 연령별로는 남성이 30대와 40대에서 가장 낮았으며, 50대 이후부터는 증가하였다. 반면 여성은 40대부터 일정한 분포를 보였다.

모든 연령 군에서 낮은 경제적 상태에 있는 사람들의 분포가 많았다. 특히 의료부조(medical aid)를 받는 사람들은 뇌전증 환자의 14.0%인 16,713명이었다. 이는 전체 인구가운데 의료부조를 받는 사람들이 3.73%인것과 비교하여 크게 높은 비율이다.

뇌전증 환자는 인구 1,000명당 9.02명이 의료부조 대상자였고, 2.15명은 건강보험(health insurance) 이용자였다〈표 7〉.

〈표 7〉 나이, 성, 경제적 상태에 따른 뇌전증 환자 분포(인구 1,000명당)

| 연 령 | 합 계 | 성 | | 의료보장체계 | |
|---|---|---|---|---|---|
| | | 남자 | 여자 | 건강보험 | 의료부조 |
| 0~9 | 2.57 | 2.71 | 2.43 | 2.68 | 7.71 |
| 10~19 | 2.77 | 2.98 | 2.53 | 2.89 | 6.37 |
| 20~29 | 2.48 | 2.70 | 2.24 | 2.53 | 20.44 |
| 30~39 | 2.25 | 2.42 | 2.07 | 2.2 | 22.88 |
| 40~49 | 2.23 | 2.46 | 1.99 | 2.02 | 16.72 |
| 50~59 | 2.25 | 2.52 | 1.97 | 2.16 | 12.47 |
| 60~69 | 2.41 | 2.89 | 1.98 | 2.49 | 6.01 |
| 70≤ | 2.45 | 3.17 | 2.02 | 2.37 | 3.19 |
| 계 | 2.41 | 2.66 | 2.16 | 2.15 | 9.02 |

출처: Lee, Seo-Young 외(2012). Prevalence of treated epilepsy in Korea based on National Health Insurance data. J The Korean Med Sci, 27, p. 287.

뇌전증 환자의 지역별 분포는 제주지역에서 가장 높고, 울산에서 가장 낮은 분포이다. 제주지역 다음으로 높은 분포는 전남, 전북, 강원, 충남, 광주 순이었다. 지방이 도시보다 높은 분포를 보였다(4.55/1,000) 〈도표 1〉.

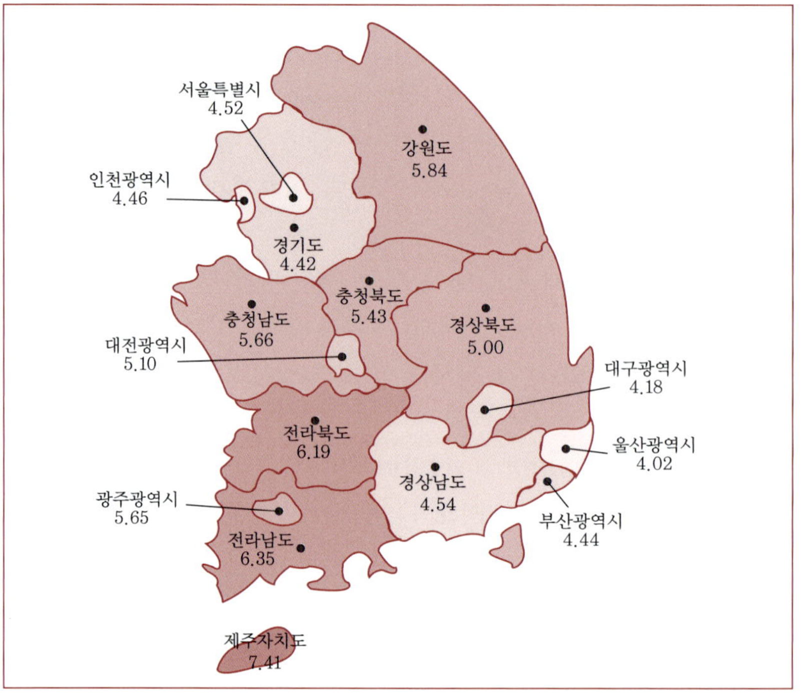


도표 1. 뇌전증 환자의 지역별 분포. 각 지역에서 인구 1,000명당 뇌전증 환자의 분포임.

출처: Lee, Seo-Young 외(2012). Prevalence of treated epilepsy in Korea based on National Health Insurance data. J The Korean Med Sci, 27, p. 287.

의료비용은 입원 및 외래, 약국 등 치료문제와 관련된 비용으로, 2007년 뇌전증 환자 전체 의료비용은 US$183,376,382으로 전체 의료비 지출의 0.46%였다. 환자 개인별 년 간 비용은 US$759이었다. 뇌전증 환자들의 의료비용은 의료부조 대상자들이 건강보험 이용자보다 높았는데, 특히 입원비용에서 높았다〈표 8〉.

<표 8> 년간 뇌전증 환자의 의료비용

| 년 간 비용(US$) | | 입원 | 외래 | 약국 | 합계 |
|---|---|---|---|---|---|
| 건강보험 | 전체 | 36,772,275 | 31,439,476 | 56,639,566 | 124,851,318 |
| | 환자 개인별 | 191 | 162 | 293 | 646 |
| 의료부조 | 전체 | 35,996,593 | 17,694,165 | 4,834,306 | 58,525,064 |
| | 환자 개인별 | 740 | 364 | 99 | 1203 |
| 합 계 | 전체 | 72,768.87 | 49,133,641 | 61,473,872 | 183,376,382 |
| | 환자 개인별 | 301 | 203 | 254 | 759 |

출처: Lee, Seo-Young 외(2012). Prevalence of treated epilepsy in Korea based on National Health Insurance data. J The Korean Med Sci, 27, p. 288.

한국의 뇌전증 환자에 대한 보건비 지출의 직접비용은 0.27%로서, 영국, 미국에 비교하여 가장 낮은 비용을 보였다. 또한 GDP 대비 뇌전증 환자에 대한 직접비용은 3.46%로서, 영국, 미국에 비교하여 가장 낮은 수준이었다<표 9>.

<표 9> 국가 간 뇌전증 환자 의료비용의 비교

| 항 목 | 한국 | 영국 | 미국 |
|---|---|---|---|
| 평가년도 | 2007 | 1990 | 2004 |
| 간질 환자에 대한 직접비용(thousand US$) | 183,376 | 262,728 | 9,488,530 |
| 간질 환자에 대한 직접비용/보건지출(%) | 0.27 | 0.47 | 0.52 |
| 간질 환자에 대한 직접비용(US$) | 749 | 614 | 4,523 |
| 간질 환자 개인에 대한 직접비용/GDP(%) | 3.46 | 3.76 | 11.6 |

출처: Lee, Seo-Young 외(2012). Prevalence of treated epilepsy in Korea based on National Health Insurance data. J The Korean Med Sci, 27, p. 288.

한국의 뇌전증 환자 의료비용은 특히 의료부조를 받은 환자들에게서 높은 비용을 보였는데, 이것은 심각한 환자(severe cases)들의 높은 분포, 또는 이들 가운데 의료서비스를 과잉 사용하는 환자들의 높은 분포가 있음을 시사한다.

## >>참고문헌<<


강우식 · Lenna Belle Rofinson · 강석봉(1979). 한국의 간질문제. 대한의학협회지, 22(8), 593-598.

박미숙(2010). 간질장애인의 사회참여 영향 요인에 관한 연구. 한국장애인복지학, 13, 67-89.

박충서(1968). 우리나라의 간질실태조사-I. 대한의학협회지, 11, 7, 568-572.

변용찬(2008). 간질 인을 위한 사회복지정책의 현황과 방향. 대한간질학회 제 13차 학술대회 초록집. 대한간질학회, 81-107.

한국보건사회연구원. 2011년 장애인 실태조사, 정책보고서 2011-82.

송자경(1982). 간질환자의 특성과 의료사회사업적 접근의 필요성에 대한 연구. 이화여자대학교 사회사업학과 석사학위논문.

송자경(1992). 원주기독병원 장미크럽의 역사(2). 장미회보, 16, 14-16.

장미회-새누리 좋은 사람들(2009). 로빈슨 선교사 소개, 사단법인 장미회.

Lee, Seo-Young, Jung, Ki-Young, Lee, II Keun, Yi, Sang do, Cho, Yong Won Kim, Dong Wook, Hwang, Seung-Sik, Kim, Sejin & The Korean Epilepsy Society. (2012). Prevalence of treated epilepsy in Korea based on National Health Insurance data. *J The Korean Med Sci*, 27, 285-290.

Yoo, Jae-Kook., Jung, Ki-Young, Park, Kun-Woo. Lee, Dae-Hie., Lee, Sang Kun., Lee, Il Keun., Cho, Yong Won., & Kim, Myeong-Kyu. (2009). Familiarity with, understanding of, and attitudes toward epilepsy among people with epilepsy and healthy controls in south Korea. *Epilepsy & Behavior*, 16, 260-267.

# 제 3 장 뇌전증 환자의 삶과 문제

뇌전증은 반복적인 발작 뿐 아니라 다양한 의학적 사회심리적 특성을 내포하고 있는 만성적인 장애로서, 뇌전증 환자들은 발작의 치료문제 외에도 다양한 심리사회적 문제들을 경험한다. 실업, 재정적 어려움, 사회적 고립, 발작에 대한 두려움, 불안과 우울, 낮은 자아존중감, 낙인, 외적소재에 의한 통제(external locus of control)[1] 등이다(Mirnics 외, 2001). 따라서 뇌전증 환자들에게 의학적 치료 및 사회심리적 문제의 해결과 삶의 질 향상은 환자의 전체적 치료에 있어서 매우 중요하다. 본 장에서는 뇌전증 환자의 삶의 질(quality of life), 그리고 우리나라 환자들의 삶의 실태와 다양한 삶의 문제 영역에 대해 살펴본다.

## 1. 뇌전증 환자

뇌전증국제연합(ILAE)에서 뇌전증은 대뇌피질에서 갑자기 발생한 과잉의 전기방전으로 인해 발작, 즉 움직임, 느낌 또는 의식의 장애가 반복적으로 일어나는 질환으로 정의하였는데, 발작의 불예측성에 초점을 두고 기술하고 있다.

1) 내 · 외 통제 소재로 설명되는 개인의 신념은 자신의 행동의 결과 혹은 사건의 원인이 자신의 내적요소, 즉 능력, 노력, 의지, 정서, 동기 등에 의한 것으로 지각하는지, 혹은 자신의 통제나 의지 밖의 힘 즉, 운, 사회적 상황, 과제의 곤란도, 타인의 도움 등으로 지각하는 지의 여부에 관한 것이다. 전자는 내적 통제소재(internal locus of control), 후자는 외적 통제소재(external locus of control)와 관련된다.

뇌전증은 전세계인구의 1%에 달하는 분포를 지닌 만성적 질환으로, 매년 10만 명당 24명이 유럽에서 뇌전증으로 손상을 받고, 북부 미국에서는 10만 명당 53명이 뇌전증으로 손상을 받고 있다. 발전도상국은 산업화된 나라들보다 뇌전증의 빈도가 10만 명당 190명 까지 높게 나타난다. 대부분의 환자들은 약물치료로서 발작이 비교적 잘 조절되지만, 5~10%의 환자들은 고질적인 약물치료를 하며, 수술은 이들에게 필요한 것으로 간주된다(Quintas 외, 2012).

뇌전증은 때때로 마비를 동반하거나 갑자기 의식을 소실하면서 신체적 손상을 받기도 하지만, 평상시에는 대부분 신체 외형적으로 특별한 증상을 보이지는 않는다. 비록 발작이 드물게 짧은 기간 동안 발생한다고 해도 발작과 관련된 일상생활의 제한과 그 외의 여러 문제들은 뇌전증 환자들의 삶을 방해한다. 환자의 대부분은 자신이 환자라는 강박관념에서 벗어나지 못하며, 항상 발작의 가능성을 생각하고 생활해야 하며 사고유발이나 상해의 가능성 등으로 인해 작업이나 운동 등의 활동에도 제약을 받는다(김문엽 외 1997). 세계보건기구(WHO)에서는 뇌전증 환자들은 시민권과 인권(human right)에서 제한을 경험한다고 지적하였다. 뇌전증은 일상적인 삶에서 심리적 · 사회적 문제들과 밀접하게 연관되어 삶의 질에도 중요한 영향을 미친다.

뇌전증 환자들이 경험하는 구체적인 문제들로는 실업, 재정적 어려움, 사회적 고립, 발작에 대한 두려움, 불안과 우울, 낮은 자아존중감, 낙인, 외적소재에 의한 통제 등이다(Mirnics 외, 2001). 뇌전증 환자의 취업률, 결혼률 등은 일반인에 비해 매우 낮은 수치이다. 그리고 실업률, 미혼율 등은 매우 높은 수치를 보이고 있음은 뇌전증 환자의 삶에 심각한 어려움이 있음을 반영한다. 이러한 문제들의 대부분은 많은 경우 질병자체로 인한 문제라기보다는 질병에 대한 차별과 오해로 비롯하게 되는 것으로, 환자의 삶의 질에 부정적 영향을 미치고, 광범위한 사회심리적 문제들을 야기시킨다.

## 2. 뇌전증 환자의 삶의 질

삶의 질(quality of life)은 일상생활의 활동에서 얻는 만족감과 관계되는 주관적인 가치판단으로 신체적, 사회적, 심리적, 직업적 안녕에 대한 만족의 복합적인 개념으로 정의된다(Fallowfield, 1990). 삶의 질은 초기에는 주로 물질적 여유와 관련된 것으로 인식되었으나 60년대 후반이후 삶의 질은 정치적, 사회적 의미까지 포함하는 개념으로 확대되어 개인적 자유, 여가, 감정, 기쁨까지도 포함하기에 이르렀다.

뇌전증 환자들은 신체적인 질병으로 고통 받을 뿐만 아니라 심리적 위축, 그리고 사회적으로도 고립되어 행복한 생활을 영위하지 못하는 경우가 많다. 대부분의 환자들의 삶의 질은 낮은 것으로 보고되는데, 증상을 은폐하려는 경향을 갖고, 다른 사람들과의 관계에서 거리를 두고, 소외감, 열등감을 느끼며, 낮은 자아개념을 갖고, 사회적 · 심리적 안녕이 저하되어 있다(Hartshorn 외, 1994). Baker(1995)는 2년 동안 발작이 잘 조절된 환자에게 낙인, 정서적 고통, 자존감 및 자신감을 포함한 걱정이 잔존함을 발견하였는데, 그 이유는 발작이 재발하지 않는다고 결코 확신할 수 없으며, 불확실함을 지닌 삶이 심각한 심리적 부적응을 초래한다고 하였다. 뇌전증이 환자의 삶에 미치는 영향으로는 운전, 독립성의 문제, 직업문제, 사회적인 곤혹스러움, 약물의존 등의 순으로 영향을 미쳤다(Gilliam 외, 1997).

아동기에 발생한 뇌전증을 35년간 추적한 연구에서는 뇌전증 환자들이 정상인에 비해 교육정도, 직업능력, 결혼률이 낮았고, 삶을 통제할 수 있는 능력이 현저하게 저하되었고, 생활에 만족하지 않았다(Jalava 외, 1997). 환자들이 일상생활에서 느끼는 문제점들은 학교생활 적응의 어려움, 교육의 중단, 직업기회의 제한, 직업 불만족, 운전면허 제한, 음주의 제한, 타인에게 의존, 신체적 활동 제한, 대인관계의 어려움, 결혼, 경제적인 문제, 정서적 불안정 등으로(Wirrell 외, 1997), 특히 정서적 적응이나 발작에 대한 적응, 그리고 재정상태 등은 심각한 문제였다(Cofield 외, 1984).

뇌전증 환자의 삶의 질에 영향을 미치는 요인에 대해 Trimble 등(1994)은 의학적, 사회적, 심리적 요인으로 구분하여 설명하였다. 의학적 요인은 발작 발생빈도, 약물복용이며, 사회적 요인은 낙인, 가족역동(과잉보호 등), 직업문제, 운전 등 법적 제한이라고 하였다. 그리고 심리적 요인은 인지기능장애, 지능감소, 정신증적 문제라고 하였다.

뇌전증 환자의 다양한 사회심리적 문제들을 측정하기 위해 WPSI(The Washington Psychosocial Seizure Inventory)라는 도구가 개발되었는데, 이것은 뇌전증 환자의 적응문제를 8개의 영역으로 구분하고 있다. 즉, 가족환경, 정서적 적응, 대인관계적응, 직업적 적응, 경제적 상태, 발작에 대한 적응, 투약 및 의료적 관리이다(Dodrill 외, 1980). Chaplin 등(1990)이 개발한 심리사회적 적응척도인 EPSES(Epilepsy Psycho-Social Effect Scale)는 14개 영역에서 뇌전증 환자의 심리사회적 적응을 측정하도록 되어있다. 이를 사용한 연구에서 환자의 91%가 최소한 한 개의 영역에서 심리사회적 적응의 어려움이 있었다. 심각한 적응문제는 발작의 두려움, 직장에서 비난의 두려움, 발작을 받아들이는 태도, 미래에 대한 자신감, 약물이행 등의 순이었다(Chaplin 외, 1992).

우리나라의 뇌전증 환자들도 전반적으로 다양한 사회심리적 적응 문제를 경험하고 있다. 특히 발작 자체나 사회적인 비난에 대한 두려움을 가지고 있고, 사회적 고립감, 규칙적으로 약물을 복용해야 하는 것, 기력이 저하되는 것에 대한 적응의 어려움이 있다(문성미, 2000).

뇌전증 환자의 삶의 질 평가도구로는 QOLAS(Quality of life Assessment Schedule, Kendrick 외, 1994), 그리고 QOLIE-89(Quality of Life in Epilepsy Inventory-89, Devinsky 외, 1995)가 있다. QOLAS는 환자 개인의 건강과 관련된 삶의 질 문제를 자기 보고하도록 한 것으로 현재의 상태와 바람직한 상태를 비교하여 이 두 상태의 차이점으로 전반적 삶의 질을 해석하게 된다.

QOLIE-89는 뇌전증 환자의 삶의 질을 뇌전증중심차원, 인지적요인, 정신건강, 신체건강의 4개 차원 89문항의 질문으로 구성되어 있는데, 이 도구는 Medium (QOLIE-31)과 Short(QOLIE-10)형태가 있다. 국내에서 QOLIE-89도구를 이용한 뇌전증 환자와 정상인과의 삶의 질을 비교한 연구에서는 환자들은 정상 성인에 비해 15개 범주 중 10개 범주에서 삶의 질이 저하되어 있었는데, 특히 교육정도와 경제수준은 삶의 질에 가장 영향을 미치는 변수였다(김연희 외, 1996). 윤수영 등(2000)이 QOLIE-31 도구를 사용한 조사에서는 환자나이, 발작이 시작된 연령, 직업유무, 항 경련 약물 개수, 최근 1년간 발작의 유형, 우울 등이 뇌전증 환자의 삶의 질에 영향을 미치는 요인이었다.

## 3. 뇌전증 환자의 삶의 실태

우리나라 뇌전증 환자의 삶의 실태는 장애 등록률, 장애 관련특성, 취업률과 소득, 결혼상태, 가구특성, 일상생활에서의 도움을 중심으로 살펴보면 다음과 같다.

### 1) 뇌전증 장애 등록률

뇌전증 환자의 장애인 등록률은 54.9%로 추정되어 등록률은 낮은 편이다. 미등록 사유는 남에게 장애인임을 알리기 싫어서 등록하지 않은 경우가 33.6%로 가장 높은 비율이다〈표 1〉.

〈표 1〉 뇌전증 환자의 장애인 등록여부와 미등록 사유

| 내용 | 구분 | % |
|---|---|---|
| 장애인 등록여부(N=38) | 예 | 54.9 |
| | 아니오 | 43.2 |
| | 신청 중 | 2.0 |
| | 보훈처 등록 | 0.0 |
| 미등록 장애인의 미등록 사유(N=16) | 등록절차와 방법을 몰라서 | 18.1 |
| | 등록해도 별 혜택이 없을 것 같아서 | 18.7 |
| | 등록하는데 비용이 들 것 같아서 | 6.5 |
| | 등록과정이 번거로워서 | 5.8 |
| | 장애인이라고 생각하지 않아서 | 11.8 |
| | 남에게 장애인임을 알리기 싫어서 | 33.6 |
| | 등록하지 않아도 생활하는데 불편이 없어서 | 0.0 |
| | 앞으로 장애상태가 호전될 것 같아서 | 0.0 |
| | 기타 | 5.5 |

출처: 변용찬(2008). 2008년도 대한간질학회 제 13차 학술대회 초록집, 대한간질학회. 90-91 표 17~표 18 재구성.

## 2) 뇌전증 장애 관련 특성

뇌전증 환자는 10대에서 가장 많은 발병률 45.9%를 보였다. 월 평균 발작횟수는 없음이 20.5%, 1회 미만이 41.0%였다.

장애인 등록을 하지 않은 환자는 74.6%였다. 장애등록을 하게 되면 받지 않았던 차별적인 시선을 받게 되는 등 장애등록에서 오는 수혜나 혜택보다는 오히려 사회적 불이익이 따르기 때문이다. 장애등급[2]은 3급이 전체 대상의 34.5%로 가장 높았다. 뇌전증 환자의 52.5%는 전조 증상이 있음을 인지하였다. 약물관리를 잘하는 경우는 83.1%였다. 전체의 15.6%가 정신지체 등 기타 동반장애가 있었다〈표 2〉.

〈표 2〉 뇌전증 장애 관련 특성

(N=122)

| 구 분 | | 빈 도 | % | 비 고 |
|---|---|---|---|---|
| 발작시작 연령 | 10세 미만 | 26 | 21.3 | 평균 17.04세 |
| | 10대 | 56 | 45.9 | |
| | 20대 | 24 | 19.7 | |
| | 30대 | 6 | 4.9 | |
| | 40대 이상 | 10 | 8.2 | |
| 월평균 발작횟수 | 없음 | 25 | 20.5 | 평균 1.48회 |
| | 1회 미만 | 50 | 41 | |
| | 1-3회 | 23 | 18.9 | |
| | 4-6회 | 2 | 1.6 | |
| | 7회 이상 | 11 | 9 | |
| | 무응답 | 11 | 9 | |
| 장애등록여부 | 예 | 29 | 23.6 | - |
| | 아니오 | 91 | 74.6 | |
| | 무응답 | 2 | 1.6 | |
| 장애등급(N=29) | 1급 | 3 | 10.3 | - |
| | 2급 | 6 | 20.7 | |
| | 3급 | 10 | 34.5 | |
| | 4급 | 4 | 13.8 | |
| | 5급 | 4 | 13.8 | |
| | 6급 | 2 | 6.9 | |

| 중복장애 | 있음 | 19 | 15.6 | - |
|---|---|---|---|---|
| | 없음 | 93 | 76.2 | |
| 전조(aura)증상 인지 | 예 | 64 | 52.5 | - |
| | 아니오 | 49 | 40.2 | |
| | 무응답 | 9 | 7.3 | |
| 약물관리 | 잘 관리하는 편 | 58 | 47.5 | - |
| | 그런 편이다 | 35 | 28.7 | |
| | 잘 관리 못함 | 13 | 10.7 | |
| | 스스로 관리 못함 | 6 | 4.9 | |
| | 무응답 | 10 | 8.2 | |

출처: 박미숙(2010). 간질장애인의 사회참여 영향요인에 관한 연구. 한국장애인복지학, 13, p.77.

### 3) 취업률과 소득

뇌전증 환자의 취업률과 소득은 우리나라의 장애인 실태조사(한국보건사회연구원, 2011)에 따르면, 취업률 51.7%, 실업률 48.2%로서 실업률은 전체장애인의 실업률 평균 23.0%와 비교하여 상대적으로 높은 비율이었다. 월 소득은 50만원 미만이 전체의 75.8%로서 다른 장애인들에 비해 상대적으로 낮은 수준이었다.

뇌전증 환자가 주관적으로 느끼는 사회계층 인식은 하층이 71.2%로 타 장애인들의 하층 인식 평균 61.3%보다는 다소 높은 비율(변용찬, 2008)로서 취업률과 소득

1) 간질장애의 등급기준

| 장애등급 | 장애정도 |
|---|---|
| 2급 | 만성적인 간질에 대한 적극적인 치료에도 불구하고 월 8회 이상을 포함하여 연 6월 이상 중증 발작이 있고, 발작 시 유발된 호흡장애, 흡인성 폐렴, 심한 탈진, 두통, 구역, 인지기능의 장애 등으로 심각한 요양관리가 필요하며 일상생활 및 사회생활에 항상 타인의 지속적인 보호와 관리가 필요한 사람 |
| 3급 | 만성적인 간질에 대한 적극적인 치료에도 불구하고 월 5회 이상 중증 발작 또는 월 10회 이상 경증발작을 포함하여 연 6월 이상 발작이 있고, 발작 시 유발된 호흡장애, 흡인성 폐렴, 심한 탈진, 두통, 구역, 인지기능의 장애 등으로 요양 관리가 필요하며, 일상생활 및 사회생활에 수시로 보호와 관리가 필요한 사람 |
| 4급 | 만성적인 간질에 대한 적극적인 치료에도 불구하고 월 1회 이상 중증발작 또는 월 2회 이상 경증 발작을 포함하여 연 6개월 이상의 발작이 있고, 이로 인하여 협조적인 대인관계가 현저히 곤란한 사람 |

1급은 중복장애임

수준은 낮고 주관적으로 인식하는 사회계층도 하층으로 인식하고 있어 사회경제적으로 열악한 상태에서 생활하고 있음을 알 수 있다.

### 4) 결혼상태

20세에서 60세 사이의 뇌전증 환자 584명을 대상으로 한 조사결과에 따르면, 뇌전증 환자의 43.0%가 독신이었다. 결혼률은 57.0%로서 한국통계연보(2005) 일반인구 결혼률 80.4%에 비교하여 크게 낮은 비율이다. 남자의 경우는 여자보다 결혼비율이 낮았다. 이혼율은 11.4%로서 일반인구 5.1%(한국통계연보, 2005)에 비교하여 두 배나 높은 비율이었다. 이혼한 38명 가운데 15.8%(6명)가 재혼이었다〈표 3〉.

〈표 3〉 뇌전증 환자의 결혼상태

| | 합 계 | | 남자(N=276) | | 여자(N=308) | |
|---|---|---|---|---|---|---|
| | 명 | % | 명 | % | 명 | % |
| 독신 | 251 | 43 | 145 | 52.5 | 106 | 34.4 |
| 결혼 | 333 | 57 | 131 | 47.5 | 202 | 65.6 |
| 이혼 | 38 | 11.4 | 14 | 10.7 | 24 | 11.9 |
| 재혼 | 6 | 15.8 | 0 | 0 | 6 | 100 |
| 사별 | 5 | 1.5 | 0 | 0 | 5 | 100 |

출처: Kim, Myeong-kyu 외(2010). Marital status of people with epilepsy in Korea. Seizure, 19, p. 574.

### 5) 가구특성

20세 이상 성인 뇌전증 환자 70명을 대상으로 한 조사에 나타난 가구특성은 높은 미혼률(34.3%), 높은 이혼율(별거)(22.9%)과 함께 독신(21.4%)으로 생활하는 사람들의 비율이 높았다.

가정내 동거가족원이 한명도 없는 경우가 21.4%였다. 그리고 가정 내에서 마음을 터놓고 대화할 수 있는 가족원은 한명도 없는 경우 25.7%로서, 당뇨병환자들의 경우 4.2%(성규탁 외, 1993)에 비교하여 6배 이상 높은 비율이었다.

가족 월 소득은 100만원 미만 가구가 50.0%로, 여기에는 기초생활수급자가 다수 포함되어 있어 환자 가정의 낮은 소득을 반영하였다〈표 4〉.

〈표 4〉 뇌전증 환자의 가구특성

(N=70)

| 특 성 | 구 분 | 명 | % |
|---|---|---|---|
| 결혼상태 | 기혼 | 29 | 41.4 |
| | 이혼 또는 별거 | 16 | 22.9 |
| | 미혼 | 24 | 34.3 |
| | 무응답 | 1 | 1.4 |
| 동거가족원 | 없음 | 15 | 21.4 |
| | 1~2명 | 25 | 35.7 |
| | 3~4명 | 27 | 38.6 |
| | 5~6명 | 3 | 4.3 |
| 가족 중 대화상대자 | 없음 | 18 | 25.7 |
| | 1명 | 21 | 30 |
| | 2명 | 11 | 15.7 |
| | 3명 이상 | 17 | 24.3 |
| 가족 월 소득 | 100만원미만 | 35 | 50 |
| | 100만원 대 | 18 | 25.7 |
| | 200만원 대 | 11 | 15.7 |
| | 300만원 이상 | 6 | 8.6 |

출처: 송자경(2009). 간질환자의 우울에 대한 연구 : 자기효능감 및 가족강인성과의 관계를 중심으로, 한국가족사회복지학회, p. 116-117. 표 1 재구성.

### 6) 일상생활에서의 도움

뇌전증 환자의 일상생활에서의 도움은 혼자서 스스로 46.0%, 대부분 혼자서 일상생활을 할 수 있다는 비율 31.0%로서 77.0%가 자립적인 생활을 하고 있다.

일상생활에 도움을 주는 사람의 여부에 대해 95.3%가 도움제공자가 있었다. 도움을 주는 사람과의 관계는 배우자 26.0%, 부모 59.3%, 그리고 형제자매 9.9%로 부모로 부터의 도움이 가장 많았다. 환자들은 일상생활을 수행하는데 있어서 일부 중증의 환자를 제외하고는 타인의 도움을 특별히 필요로 하지 않지만 뇌전증에 대한 사람들의 시선 의식 등 외부활동을 제한받았다.

환자의 59.8%가 집밖활동에 불편을 느꼈는데, 집밖 활동 시 불편한 이유는 외출 시 동반자가 없어서, 그리고 주위 사람들의 시선 때문이었다〈표 5〉.

〈표 5〉 뇌전증 환자의 일상생활 도움과 불편 여부

| 내 용 | 구 분 | % |
|---|---|---|
| 일상생활시 타인의 도움 정도(N=38) | 혼자서 스스로 | 46.0 |
| | 대부분 혼자서 | 31.0 |
| | 일부 도움 필요 | 15.9 |
| | 대부분 필요 | 2.6 |
| | 거의 전부 필요 | 4.5 |
| 일상생활 도움제공자 여부(N=38) | 있다 | 95.3 |
| | 없다 | 4.7 |
| 도움을 주는 사람과의 관계(N=20) | 배우자 | 26.0 |
| | 부모 | 59.3 |
| | 자녀(며느리 사위) | - |
| | 형제 · 자매 | 9.9 |
| | 무료가정봉사원 | 4.7 |
| 외출(집밖 활동) 불편정도(N=37) | 매우불편 | 22.3 |
| | 약간불편 | 37.5 |
| | 불편하지 않은 편 | 27.5 |
| | 전혀 불편하지 않음 | 12.8 |
| 집밖 활동시 불편이유(N=22) | 장애인 관련 편의시설 부족 | 4.7 |
| | 외출 시 동반자가 없어서 | 40.7 |
| | 주위 사람들의 시선 때문에 | 12.6 |
| | 기타 | 42.0 |

출처: 변용찬(2008). 2008년도 대한 간질학회 제 13차 학술대회 초록집. 86-88 표 7~11 재구성.

이상에서 뇌전증 환자들은 10대에서 많은 환자들이 발병을 하고 있으며, 매우 장기간에 걸친 투약치료를 하고 있다. 항경련제를 사용하는 사람들의 70~80%는 발작이 대체로 잘 조절되고 있다.

뇌전증 환자의 장애인 등록률은 낮은 편이었다. 경제적으로는 낮은 취업률, 낮은 소득, 낮은 사회계층 인식 등 어려운 상황에 있음을 반영하고 있다. 20세 이상 뇌전증 환자의 높은 미혼 율, 이혼율과 함께 독신으로 생활하는 환자의 비율이 높았는데, 환자들은 가정 내에서, 충분한 대화를 나눌 사람이 없이 심리사회적으로 고립된 생활을 하고 있어 어려움을 혼자 감당하며 생활하는 경우가 많다.

뇌전증 환자는 일상생활에서 부모의 도움이 가장 크며, 외부 활동에서 불편을 경험하는데, 집밖 활동에서는 동반자가 없거나, 사회의 낙인을 인식하여 불편을 겪고 있다.

## 4. 뇌전증 환자 삶의 문제

뇌전증 환자들이 삶에서 경험하는 심리 · 사회적 어려움과 문제들은 다음과 같다.

### 1) 뇌전증의 치료 및 관리

뇌전증 환자의 치료 및 관리의 문제는 질병의 수용, 장기간의 약물이행과 순응(compliance), 유발요인과 생활상의 제한, 스트레스 관리, 생활습관(음주, 흡연, 과로, 야간작업 등), 질병에 대한 잘못된 지식들, 그리고 발작에 대한 적응(두려움, 공포)과 관련된다.

발작의 수용과 적응문제는 심리사회적 적응에 있어 매우 중요한 문제이다. 많은 환자들이 뇌전증의 진단에 저항하고 부정(deny)함으로서 적절한 치료의 기회를 놓치거나 심리적으로도 방황과 고통의 시간을 보내기도 한다.

뇌전증의 진단에 대해서는 감당할 수 없는 불안이나 고통에 대한 방어기제를 사용한다. 많은 환자들이 뇌전증이라는 진단을 인정하지 않으려 하고, 지속적으로 약을 복용하려고 하지 않는다. 한 연구에서는 뇌전증으로 진단받은 환자의 24%가 비밀보장을 했음에도 불구하고 뇌전증을 가졌다는 것 자체를 부인하였다(Berab 외, 1981).

의사와 환자사이의 질적인 관계는 약물복용시 순응의 문제와 밀접하게 연관된다. 또한 환자의 발작과 스트레스와는 밀접한 상관관계가 있으므로 스트레스 관리와 함께 과로, 알코올, 수면 부족 등 발작의 유발요인을 적절히 관리해 나가야 한다. 이외에도 음주, 흡연, 과로, 야간작업 등 생활습관과 관련된 문제들이 있다. 그리고 뇌전증의 치료를 위해 민간요법을 사용해 보기도 하는 등 질병에 대한 잘못된 지식과 오해에서 비롯하는 문제들이 있다.

### 2) 심리 및 정서

뇌전증 환자들이 갖는 심리 및 정서의 문제는 정신적 증상, 정서, 인지기능, 행동장애, 그리고 통제소재에 관한 문제들이 있다.

환자들의 정신적인 증상은 뇌전증 형태와 정신적 증상과의 관련성에 초점을 두고 있는데, 특히 측두엽 뇌전증과 관련된다(Trimble, 1985). 측두엽 뇌전증아동 100명을 성인이 될 때까지 추적 관찰한 결과에서 10%에서 정신질환을 보였는데, 좌측 측두엽 뇌전증 환자중 계속적인 발작이 있는 경우 30%가 정신질환이 있었다(김문엽 외, 1997 재인용).

뇌전증 환자의 정서문제는 우울, 불안, 두려움, 수치감 등의 문제가 있다. 우울은 대표적인 정서적 문제로서 오랜 동안 지속되는 질병의 결과, 사회적 고립, 항경련약물의 만성적 투여의 결과 등 생물학적 및 심리사회적 요소와 관련된다. 우울의 유병률은 30%로서(de Souza 외, 2006), 국내의 환자들은 33%가 우울을 경험하고 있었고, 심각한 우울은 59%에 달했다(윤수영 외, 2000). 불안은 대다수의 환자들이 겪는 공통적인 정서장애로서, 질병의 노출에 대한 두려움, 통제력의 부족, 예기치 못한 발작, 심리사회적 문제로 인한 불안 등이 있다. 환자의 50%는 집안에서 지내고 있고, 불안과 두려움 때문에 사회생활을 꺼려하고 있다(Mittan, 1996). 수치감도 환자들이 경험하는 정서적 문제로서 다른 사람에게 발작하는 모습이 노출되는 것에 대해 상당한 두려움과 수치심을 가진다.

뇌전증 환자들은 기억력, 집중력, 언어능력 등 인지기능상의 문제를 경험할 수 있다. 인생 초기에 입게 된 뇌손상, 성인기에 입은 뇌 병변(두부손상, 중풍, 종양 등), 그리고 항경련제의 높은 혈중농도는 그로 인한 부작용으로 인식장애를 줄 수 있다. 대발작이 있는 환자에게 집중력이나 주의력장애가 나타나며, 기억력 수행에 영향을 미치는 것으로 보고되는데, 특히 60분 이상 경련이 반복적으로 일어나는 발작 지속상태는 기억력 및 기타 인식장애를 갖게 할 수 있다(정진복 외, 1993).

아동의 경우 집중력 감소, 기분변동, 과잉행동, 공격성, 행동장애의 발생 위험이 높고 정신과적 행동 및 정서상의 문제가 일반집단에 비해서 높다(송현석 외, 2006; 왕희령 외, 2007). 이로 인해 학업성취와 사회적 행동양상에도 문제가 발생하게 된다. 그리고 발작의 예측 불가능한 질병특성은 아동의 통제의 발달에 불리한 영향을 미친다. 이러한 통제문제는 심리 및 정서적 측면과도 밀접한 관련이 있는데, 인지적 문제와 높은 우울감은 환자의 통제감을 방해한다(Quintas 외, 2012).

### 3) 대인관계

대인관계는 다른 사람들과 관계 맺는 능력, 친구관계, 이성을 대하는 태도, 가족 및 친척간의 관계 등을 포함한다. 어린 시절부터 뇌전증이 있어온 경우 낮은 지능, 사회적 기능, 행동문제, 주의력 결핍 등 사회적 능력의 부족과 이로 인해 대인관계에서 어려움을 갖는다.

환자들이 갖는 두려움, 불안과 함께 사람들의 편견과 부정적 태도는 환자로 하여금 사회적으로 위축하게 한다. 그리고 낮은 자기존중감은 적절한 사회적 상호작용 기술을 배우는 기회를 감소시킨다. 환자의 대부분은 외부에서 경련을 일으켜 발작이 불가피하게 노출되는 경우를 제외하고, 자신이 뇌전증 환자라는 것을 외부에 알리는 것에 대해 두려움을 갖는다. 환자의 성적(sexuality) 행동 및 결혼과 관련된 문제들은 소외와 적응의 문제로서, 구체적으로 결혼에 대한 회의 및 부정적 태도, 배우자에게 뇌전증의 사실을 알리는 문제, 이성과의 성적 문제 등이 있다.

### 4) 가족환경

뇌전증 환자의 가정 내에서 볼 수 있는 사회심리적 문제들에는 자녀 양육문제와 보호부담, 그리고 가정 내 가족 스트레스와 의사소통 및 가족역할의 문제들이 있다.

뇌전증 환자의 발생에서 비롯하는 가족 반응(familial reactions)은 과잉보호와 속죄양, 그리고 거부 등이며, 공포, 불신, 죄의식, 두려움, 분노, 슬픔, 충격, 불안, 당황, 혼란, 우울, 회피, 그리고 행동문제들이 밀접하게 관련된다(Levin 외, 1988).

뇌전증 자녀에 대한 부적절한 양육에서 비롯하는 부정적 영향과 발달상의 문제(developmental problems)들은 뇌전증 장애에 대한 반응, 죄의식, 질병의 은폐, 환자 역할을 하는 것, 위축과 부정, 의존성, 낮은 자기평가와 관련된다. 많은 경우 어머니는 뇌전증을 가진 자녀에 대해 통제적인 양육태도를 갖고 사회적 발달을 방해하게 되는데, 잦은 발작을 하는 아동의 부모는 좀 더 많은 적응문제들을 갖는다. 가족들은 가정 내 뇌전증 환자가 있다는 사실을 숨기려하는 경향을 갖고 있다.

가족들은 환자를 돌보는 일로 휴식을 잘 취하지 못하고, 사회적 지지를 받지 못하며, 사회활동 및 사회적 관계에서 제한된다. 특히 어머니의 역할과다 등 환자양육 및 돌봄에 대한 보호부담이 있다. 뇌전증을 갖고 있는 자녀는 다른 자녀들에게도 스트레스를 일으키는 요인이 되는데, 만성적으로 뇌전증을 앓는 아동의 형제들이 심리적 장애와 문제를 많이 갖는다. 가족 전체적으로 의사소통의 원활한 흐름을 상실하고, 가족응집성이 결여되고 있으며, 가족스트레스와 불안의 증가와 함께 확대가족 및 이웃과의 관계 제한 등이 있다.

### 5) 직업 및 직장

뇌전증 환자들은 취업, 승진, 임금, 부서간의 이동 등에서 직업생활에서 경험하는 사회적 불리의 문제가 있다. 그리고 직업선택의 문제, 직장 내 대인관계, 직장 내에서 투약의 어려움 등은 직업 및 직장생활을 해나가는데 있어 중요한 적응문제들이다.

뇌전증 환자들은 일반인구 고용 율보다는 비고용되거나 낮은 고용 율이다. 뇌전증 환자의 고용과 관련되는 변수들은 발작의 빈도, 지능, 인성, 심리사회적 기능, 연령, 교육, 수입출처, 신경정신적 기능들로서, 자신의 능력에 비하여 더 적은 보수를 받는 직업에 종사하거나 무직인 경우가 많다. 이외에도 사회의 고용차별은 직업의 적응에 부정적 영향을 미치게 되는데, 환자들 중 상당수는 뇌전증으로 인한 사회적 편견과 차별 때문에 직업 및 교육을 받는데 어려움을 갖고 있다. 직업이 있더라도 파트타임이 많고, 경제적 어려움, 자신감, 또는 자아존중감이 결여되어 있다(Baker 외, 1997).

환자들은 직장에서 질병이 있음을 노출시키는 것을 매우 꺼려하고 타인이 자신을 비난할 것이라는 두려움을 갖는다. 환자들 중에는 직장에서 발작을 일으킨 경우 스스로 직장을 물러나기도 하는 등 직장생활을 유지하는데 어려움이 있다. 우리나라의 28세 이상 뇌전증 환자들은 62.9%가 직업을 갖고 있지 않아 실업률은 일반인에 비해 1.7배였다(Yoo 외, 2009).

### 6) 경제적 문제

뇌전증 환자들에게 비고용과 저 고용율이 높고, 이로 인하여 경제적으로 다른 사람에게 의존적인 경우가 많다. 우리나라 성인 환자의 가계 소득은 낮은 수준으로, 적절한 직업을 갖고 있지 못하거나 소득이 불충분하여 삶을 영위하는데 충분하지 않은 경제적 수준에 있다. 국내 성인 뇌전증 환자들의 월 평균 소득은 100만 원 미만이 29.0%로서, 37.3%는 월 평균 치료비를 부담스러워 하였다(정은남, 2009). 뇌전증 치료와 관련된 경제적 문제들은 지속적 약물치료, 고가의 진단 비용 및 수술치료에 따른 의료비의 문제가 있으며, 이외에도 동반장애가 수반된 환자들은 그로 인한 치료 및 재활에 관한 경제적 문제들이 있다.

### 7) 학업문제

교육문제는 아동의 학습장애에 따른 문제, 교사 또는 학우에 의한 차별, 동반장애(인지장애와 정신지체)와 관련된 문제, 뇌전증 관리(안전문제 등)에 대한 지식과 이해부족 등에 관한 문제이다.

학교에서 발작을 일으키게 되면 교사 및 학우들의 반응에 의하여 아동은 심리적 적응에 어려움과 낙인감을 줄 수 있다. 이외에도 인지장애와 정신지체 등 동반장애 문제들이 학업의 지속과 성취를 어렵게 하는 요인이 된다. 특히 뇌전증이 발병한 연령은 교육의 지속과도 밀접한 연관을 갖고 있는데, 7세 이전에 발병한 뇌전증 아동의 교육지속 정도는 7세 이후에 발병된 경우보다 낮다(Koponen 외, 2007).

국내 뇌전증 환자의 학업 성취율은 일반사람들에 비해 낮은 편이다. 고등학교 교육은 35.6%로 일반인에 비해 낮은 비율이었으며, 대학교육은 44.2%로 일반인의 절반수준이었다(Yoo 외, 2009).

### 8) 보건 및 사회서비스

뇌전증 환자들이 갖는 보건 및 사회서비스 이용과 관련된 문제들에는 뇌전증관리 교육의 부족, 치료기관 선택, 질병의 노출문제, 장애인 등록 시의 낙인감 등이 있다.

뇌전증 환자에 대한 의료인으로부터 정보 및 조언이 부족하고, 의료진과의 의사소통이나 상호작용에도 문제가 있다. 우리나라에서 뇌전증 환자 교육은 상당히 부진한 상태로서 의사가 환자에게 주는 정보는 극히 제한적이다. 환자들은 발작 조절이나 약물 부작용 외에도 정신적, 사회적 도움을 필요로 하지만, 다른 만성질환을 가진 사람들에 비해 자신의 병에 대한 교육을 받거나 서비스를 적극적으로 받으려고 하지 않는다. 장애인등록 비율은 전체 뇌전증 환자에 비해 매우 낮은 수준으로, 장애인 등록을 하지 않는 이유는 '남에게 장애인임을 알리기 싫어서' 가 33.6%이다(변용찬, 2008).

### 9) 낙인 및 사회제도

뇌전증 환자들에 대한 부정적 인식과 태도를 비롯 사회적 편견이 사회제도적인 차원에서 사회적 불리로 작용하는 문제들과 관련된다.

낙인과 관련된 사회제도상의 문제는 운전면허 제한, 보험가입 및 혜택의 불리함, 공무원 취업 시 제한, 이혼 시 불리함 등이다. 구체적인 예를 들면, 우리나라의 현행 법상 모든 뇌전증 환자의 운전이 불법으로 규정되어 있어 발작과 상관없이 생긴 교통사고에 대해서도 보험혜택을 받지 못하는 등 불이익이 있다. 이와 같이 뇌전증 환자는 대인관계를 비롯, 취업 및 결혼 등 각종 사회적 차별에 노출되어 있어 다양한 삶의 영역에서 어려움을 겪고 있다.

뇌전증 환자의 삶의 다양한 어려움과 문제들은 〈표 6〉과 같다.

〈표 6〉 뇌전증 환자의 삶의 문제

| | |
|---|---|
| 뇌전증의 치료 및 관리 | • 뇌전증의 수용<br>• 약물이행과 순응(compliance)<br>• 유발요인과 생활상의 제한<br>• 스트레스 관리<br>• 생활습관과 관련된 문제들(음주, 흡연, 과로, 야간작업 등)<br>• 질병에 대한 잘못된 지식들<br>• 발작에 대한 적응(두려움, 공포) |
| 심리 및 정서 | • 정신적 증상(자기신뢰, 자존심, 자기혐오 등)<br>• 정서문제(우울, 불안, 두려움, 수치심 등)<br>• 행동장애의 문제(분노, 공격성)<br>• 인지적 문제(집중력, 기억력 등)<br>• 통제소제의 문제(자기통제감) |
| 대인관계 | • 뇌전증을 숨기는 문제<br>• 대인관계 기피 및 고립<br>• 결혼에 대한 회의 및 부정적 태도<br>• 배우자에게 뇌전증사실 알리는 문제<br>• 성적(sexuality) 문제<br>• 여가 및 취미생활의 제한(여행 등) |

| | |
|---|---|
| 가족환경 | • 가족들과의 상호관계(의사소통, 역할)<br>• 환자 돌봄에 대한 보호부담<br>• 가족반응(과잉보호, 속죄양, 거부 등)<br>• 부모의 양육 상의 문제(죄의식, 질병 은폐, 의존성, 낮은 자기평가 등)<br>• 가족스트레스<br>• 확대가족 및 이웃과의 관계제한 |
| 직업과 직장 | • 취업, 승진, 임금 등에서의 불이익 여부<br>• 직업선택의 문제<br>• 직장 내 대인관계<br>• 투약에 대한 문제들 |
| 경제적 문제 | • 낮은 수입<br>• 경제적 의존성<br>• 지속적 치료의 어려움<br>• 의료비의 문제(입원, 수술, 고가 진단비용 등) |
| 학업문제 | • 학습장애여부<br>• 학습에의 참여제한 또는 동등한 기회여부<br>• 교사 또는 학우에 의한 차별 여부<br>• 동반장애(인지장애, 정신지체 등)와 관련된 문제<br>• 투약과 관련된 문제 |
| 보건 및 사회서비스 | • 뇌전증관리 교육의 부족<br>• 치료기관 선택 및 질병의 노출<br>• 장애인 등록 시의 낙인감 |
| 낙인 및 사회제도 | • 뇌전증에 대한 오해와 편견<br>• 뇌전증 환자에 대한 사회의 부정적 태도<br>• 사회제도의 불리함(장애인 등록, 운전면허, 보험가입, 공무원 취업, 이혼 시) |

## >>참고문헌<<

김문엽 · 송수식(1997). 간질환자의 삶과 질의 평가. 대한간질학회지, 1(1), 52-59.

김연희 · 김형일(1996). 간질환자의 재활 및 삶의 질 평가, 대한재활의학회지, 20(2), 506-517.

문성미(2000). 간질환자의 사회심리적 적응과 자기효능 · 사회적 지지와의 관계연구. 연세대학교 대학원 간호학과 석사학위논문.

박미숙(2010). 간질(뇌전증)장애인의 사회참여경험. 전북대학교 대학원 박사학위논문.

변용찬(2008). 간질 인을 위한 사회복지정책의 현황과 방향. 대한간질학회 제 13차 학술대회 초록집. 대한간질학회, 81-107.

한국보건사회연구원. 2011년 장애인 실태조사, 정책보고서 2011-82.

성규탁 · 신광섭 · 진기남(1993). 당뇨병 환자들의 삶의 실태에 관한 연구. 세림복지재단. 연구보고서 93-3.

송자경(2009). 간질환자의 우울에 대한 연구. 자기효능감 및 가족강인성과의 관계를 중심으로. 한국가족복지학, 27, 103-124.

송현석 · 김보실 · 이정화 · 강희진 · 김희진 · 정은정 · 김의정 · 이향운(2006). 소아 청소년 간질환자 및 그 가족의 삶의 질. 대한간질학회지, 10(2), 125-132.

왕희령 · 유한익 · 염미선 · 고태성(2007). 소아간질환아에서 동반된 정신 병리의 양상과 위험인자. 대한간질학회지, 11(1), 40-49.

윤수영 · 곽준규(2000). 간질환자의 자아개념 및 우울에 관한 연구. 한국심리학회 연차학술대회논문집, 176-177.

정은남(2009). 간질환자의 심리사회적 적응과 대처방식과의 관계. 계명대학교대학원 석사학위논문.

정진복 · 최정윤(1993). 간질환자의 인지적 장애와 정신과적 증상. 한국심리학회지: 임상. 12(2), 105-112.

Baker, G. A. (1995). Health related quality of life issues: Optimizing patient outcomes, *Neurology*, 45(2), 529-534.

Baker, G. A., Jacoby, A. Buck, D., Stalgis, C, & Monnet, D. (1997). Quality of life of people with epilepsy: A European study, *Epilepsia*, 38(3), 353-362.

Berab, R. G., & Read, T. (1981). Patient perspectives of epilepsy. *Clin Exp Neurol*, 17, 59-69.

Chaplin, J. E., Yepex, R., Shorvon, S., & Floyd, M. (1990). A quantitative approach to measuring the social effects of epilepsy. *Neuroepidemirlogy*, 9, 151-158.

Chaplin, J. E., Lasso, R, Y., Shorvon, S. D. & Floyd, M. (1992). National general practice study of epilepsy: the social and psychological effects of a recent diagnosis of epilepsy. *British Medical*

*Journal,* 304. 1416-1418.

Cofield, R. & Austin, J. K. (1984). Psychosocial adjustment of adults with epilepsy. *Patient Education and Counseling,* 6(4), 125-130.

de Souza, E. A. P., & Salgado P. C. B. (2006). A psychosocial view of anxiety and depression in epilepsy, *Epilepsy & Behavior,* 8, 232-238.

Gilliams, F., Kuziniecky, R., Faught, E., Black, L., Carperter, G., & Schroudt, R. (1997). Patient-validated content of epilepsy-specific quality of life measurement. *Epilepsia,* 38(2), 233-236.

Hartshorn, J. C., & Byers, V. L. (1994). Importance of health and family variables related to quality of life in individuals with uncontrolled seizures. *Journal of Neuroscience Nursing,* 26(5), 288-297.

Jalava, M., & Sillanpaa, M. (1997). Physical activity, health-related fitness, and health experience in adults with childhood-onset epilepsy: A controlled study. *Epilepsia,* 38(4), 424-429.

Kim, Myeong-kyu., Kwon, Oh-Young., Cho, Yong-Won., Kim, Yosik., Kim, Sung-Eun., Kim Hoo-won., Lee Sang Kun., Jung, Ki-Young & Lee Il Keun. (2010). Marital status of people with epilepsy in Korea. *Seizure,* 19, 573-579.

Koponen, A., Seppälä, U., Eriksson, K., Nieminen, P., Uutela, A., sillanpää, M., Hyvärinen, L., & Kälviäinen, R (2007). Social functioning and psychological well-being 0f 347 young adults with epilepsy only-population-based, controlled study from finland. *Epilepsia,* 48(5), 907-912.

Levin, R. Banks, S. & Berg, B. (1988). Psychosocial dimensions of epilepsy: a review of th literature. *Epilepsia,* 29(6), 805-816.

Mirnics, Z., Békés, J., Rózsa, S., & Halãsz, P. (2001). Adjustment and coping in epilepsy. *Seizure,* 10, 181-187.

Mittan, R. J. & Locke, G. E. (1996). Fear of seizures: epilepsy' s forgotten symptom. *Urban Health,* 11, 30-32.

Morrell, M. J. (2002). Stigma and epilepsy. *Epilepsy & Behavior,* 3, 21-25.

Quintas, R., Raggi, A., Giovannetti, A., Pagani, M., Sabariego, C., Cieza, A., & Leonardi, M. (2012), Psychosocial difficulties in people with epilepsy: A systematic review of literature form 2005 until 2010, *Epilepsy & Behavior,* 25, 60-67.

Trimble, M. R. & Kendrick, A. M. (1994). Repertory Grid in the assessment of quality of life in patients with epilepsy : The quality of life assessment schedule, Epilepsy and quality of life, Raven press, New york, 1151-162.

Wirrell, E. C., Camfield, C. S., Camfield, P.R., Dooley, J. M., Gorden, K. E., & Smithy, B. (1997).

Long-term psychosocial outcome in typical absence epilepsy. *Archives of Pediatric and Adolescent Medicine*, 151, 152-158.

Yoo, Jae-Kook., Jung, Ki-Young, Park, Kun-Woo. Lee, Dae-Hie., Lee, Sang Kun., Lee, Il Keun., Cho, Yong Won., & Kim, Myeong-Kyu. (2009). Familiarity with, understanding of, and attitudes toward epilepsy among people with epilepsy and healthy controls in south Korea. *Epilepsy & Behavior*, 16, 260-267.

# 제4장 뇌전증과 자기관리

뇌전증은 다른 만성질환과 마찬가지로 질병의 조절은 가능하지만 완치되기는 어려운 질병이다. 따라서 스트레스와 뇌전증을 유발하는 요인을 생활 속에서 적극적이고 능동적으로 관리해나감으로써 효과적으로 질병에 대처해 나가도록 하는 것이 중요하다. 뇌전증 자기관리(epilepsy self management)는 개인이 독자적으로 수행하는 것으로, 발작의 빈도를 조절하거나 발작과 관련하여 개인의 안녕을 증진시키기 위해 수행하는 활동이다. 본 장에서는 뇌전증자기관리의 개념을 살펴보고, 발작을 유발하는 요인, 그리고 스트레스와 뇌전증 발작과의 관계를 이해한다. 그리고 뇌전증 환자의 자기관리 역량의 중요성에 대해 이해하고, 우리나라 뇌전증 환자의 자기관리실태 및 자기관리 교육프로그램 내용에 대해 살펴본다.

## 1. 뇌전증 자기관리의 개념

뇌전증은 비정상적이고 반복적인 신경방전의 결과로서 일어나는 의식, 운동, 감각, 자율신경계 및 심리적인 장애가 반복적으로 재발되는 것을 그 특징으로 하는 만성적인 질환이다.

뇌전증 환자의 성공적 치료는 단지 발작횟수의 감소만이 아닌 질적인 삶과 정상적인 생활을 할 수 있는 최대의 기회를 제공하는 건강관리계획을 해나가는데 있다. 따라서 인내심을 갖고 주위의 도움을 받아가며 장기적인 치료를 해야 하며, 또한 질병관리에 대한 적극적인 참여와 책임이 요청되는 자기관리(self management)가 필요하다. 자신의 통제 하에 자기관리가 충분히 이루어졌을 때 발작으로부터 자유스러울 수 있고, 삶의 질이 전반적으로 향상될 수 있다.

자기관리는 새로운 목표를 지향하기 위해 자신의 행동을 변화시키는 것으로, self-management, self-care, compliance, 그리고 adherence라는 용어로 사용된다. 뇌전증 자기관리(epilepsy self management)는 발작빈도를 조절하거나 안녕감을 증진시키기 위해 환자가 수행하는 활동이다(Dilorio 외, 1992a).

뇌전증 자기관리의 내용은 구체적으로 처방된 약물을 복용하고 약물이 떨어지지 않게 보충하는 것, 발작 유발요인을 피하고 발작빈도를 감시하는 것, 혼자 목욕하지 않는 것과 같은 안전조치를 수행하는 것, 치료계획에 대해 전문 의료진과 상담하는 것, 규칙적인 식사를 하고 충분한 수면을 취하는 것과 같은 일상생활의 조절, 그리고 스트레스 관리를 하는 것 등이다(Legion, 1991).

자기관리는 투약관리(prescription management), 발작관리(seizure management), 그리고 생활관리(life management)로 구성된다. 자기관리 개념틀은 〈도표 1〉과 같다.

〈도표 1〉 자기관리의 개념틀

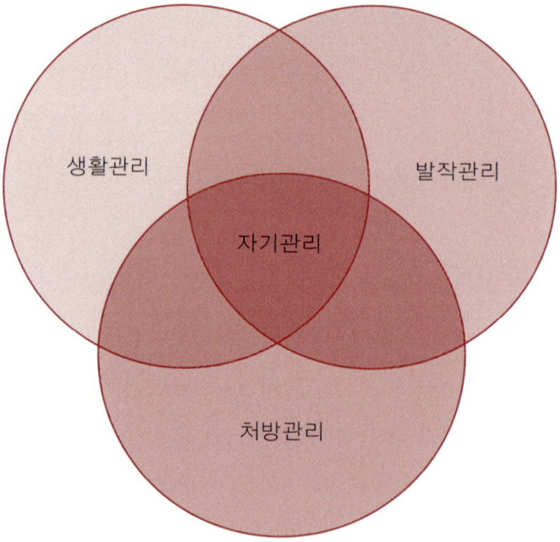


출처: Buelow 외(2000). Dis Manage Health Outcomes, 8(6), p.329.

### 1) 투약관리

투약관리는 의료적 순응에 관한 것으로, 지시된 의료적 치료를 잘 따르는 것을 순응(compliance, 또는 adherence)이라고 한다. 뇌전증 환자가 약물복용을 잘 이행하는 것은 발작빈도나 심도를 조절하기 위해 매우 중요하다.

항경련제의 적절한 사용에 의해 전체 뇌전증 환자의 80%가 투약으로 발작이 잘 조절되는데, 약 50%는 부작용없이 발작을 완전히 조절하였고, 30%는 때때로 발작이 있는 정도이다(Leppik 외, 1988). 한 연구에서는 환자의 약 30~60%는 처방대로 약물을 복용하지 않았는데, 그 이유는 복용시간을 잊어버렸거나 약을 규칙적으로 복용해야 한다는 중요성을 인식하지 못했기 때문이다. 10대의 경우 왜 항경련 약물을 복용해야 하는지, 그리고 왜 처방에 따라 정확하게 복용하는 것이 중요한지를 분명하게 이해하지 못하는데서 약물 불이행을 초래하였다(Takaki 외, 1985).

뇌전증 환자들은 하루에 4회 약물복용을 하는 경우 제일 지키기 어려워했는데, 하루에 한번 약물을 복용하는 것을 가장 잘 지켰다. 하루에 1번, 2번, 3번, 그리고 4번 약물을 복용하는 것에 대한 순응은 각각 87%, 81%, 77%, 39%였다. 또한 보건전문가들과의 의사소통, 치료에 대한 교육, 빈번한 병원 방문 등은 투약치료에 대한 순응을 증가시켰다(Cramer 외, 1995).

뇌전증 환자들의 의료적 지시에 대한 순응의 효과를 확인하기 위해 50명의 환자들을 3집단으로 나누어 첫 집단은 구두 설명과 함께 섭생에 관한 설명지를 주었고, 두 번째 집단은 구두설명을 하였고, 그리고 세 번째 집단은 구두 설명, 섭생에 관한 설명지, 그리고 전화를 받았다. 환자의 순응은 혈중농도로 측정되었는데, 세 집단 모두 혈중농도 상에는 변화가 없었지만, 뇌전증에 대한 지식은 모든 집단에서 향상하였다(Pryse-Phillip 외, 1982).

환자들은 대부분이 생활 속에서 나름대로의 편안한 자기방식으로 투약을 하는데, 약물복용 과정에서 개인의 의사결정과정(decision making process)은 매우 중요하게 고려되어야 한다. 뇌전증 환자의 투약관리는 생활스타일, 능력, 의료진의 지시를 따르는 동기 등이 매우 중요하다.

### 2) 발작관리

발작관리는 발작의 조절 및 발작 후의 결과를 통제하는 방법에 관한 것이다. 뇌전증 환자들의 발작조절을 위해 교육, 명상, 심리치료 등을 사용하여 연구들이 수행되었다.

한 학습치료프로그램을 이용한 연구에서는 뇌전증 아동을 각각 9명씩으로 구성하여 통제집단과 학습집단을 연구하였다. 통제집단은 아무런 치료도 하지 않았고, 학습집단에서는 지식과 대처기술에 대한 교육을 받았다. 교육 일 년 후에는 학습치료를 받은 아동집단의 경우 발작율이 의미 있게 감소하였다.

명상을 사용한 연구에서 명상은 하루에 20분씩 수행되었다. 11명의 성인집단은 명상을 했으며, 9명의 성인집단은 명상을 하지 않은 통제집단이었다. 명상을 한 집단에서는 발작의 감소를 보였으나, 통제집단은 그렇지 못하였다.

심리치료를 통한 발작빈도 감소에 대한 효과성을 평가한 연구에서는 세 집단이 심리적인 치료를 받았다. 내용은 교육적이고 대처기술을 증진하는 것으로 설계되었다. 두 집단은 뇌전증이 잘 조절되지 않은 심리적 장애를 가진 집단이었고, 세 번째 집단은 심리적 장애는 없었다. 연구결과, 모든 세 집단에서 발작빈도의 감소를 보였으며, 불안과 우울에서 향상을 보였다.

한 연구는 25명의 뇌전증 환자들이 발작의 조절과 관련하여 상호 토론하였다. 환자들은 발작관리와 함께 발작결과의 관리가 중요하다는 결론에 도달하였는데, 14명의 환자들은 발작에 앞서 발작을 멈출 수 있을지도 모른다는 것과 계획을 갖는 것이 중요하다고 하였다. 그리고 발작결과의 관리에서는 발작과 관련하여 위험스럽고, 당황스러운 상황을 나타내었는데, 13명은 발작의 결과를 관리하는데 있어 '안전한 친구' 들과 함께하는 것, 또는 '안전한 환경에 있는 것' 이라고 하였다. 나머지 12명은 발작 후 아무 일이 없었던 것처럼 하던 일로 돌아가는 것이라고 말하였다. 이러한 연구결과에서 발작 자체관리와 발작의 결과를 관리한다는 것은 뇌전증 장애를 갖고 살아가는 사람들에게 의미 있고 매우 중요한 일이라고 할 수 있다.

### 3) 생활관리

생활관리는 뇌전증과 관련된 상황을 관리해 나가는 것과 관련된 것이다. 뇌전증 환자의 생활문제들은 발작조절에 의해 크게 영향을 받게 되는데, 청소년 환자들의 중요한 관심사는 교육과 경력, 운전, 그리고 임신과 피임에 관한 것이었다. 뇌전증 환자의 안녕(well being)은 발작의 조절, 고용, 그리고 자아인식과 밀접하게 연관되었다(Collings, 1990).

뇌전증발작이 삶의 영역에 어떻게 영향을 미치는지에 밝히고자 한 연구에서는 (Dawkins 외, 1993) 뇌전증이 생활의 모든 영역에 영향을 미치고, 자기관리 전략이 요구된다는 것이었다. 뇌전증 자기관리는 단지 발작을 관리하는 것 이상으로 삶을 관리하는 것으로 정상적으로 보고, 느끼는 방법을 발전시키는 것이라고 지적하였다.

환자들은 일상생활, 발작, 고용과 교육, 관계, 그리고 투약에 대한 관리가 중요하다고 하였다. 환자들에게 있어서 일상적인 일(normal thing)은 환자와 가족들이 뇌전증이라는 만성질환에 대처하면서 사용하는 하나의 전략이었다. 그것은 보통사람들과 마찬가지로 일하고, 학교가고, 휴가를 갖고, 쇼핑을 하는 것 등을 의미하는 것이었다(Robinson, 1993).

뇌전증 환자들이 생활 속에서 뇌전증과 관련하여 흔히 사용하는 전략은 뇌전증을 숨기는 것과 점진적으로 노출하는 것이었다. 많은 환자들이 뇌전증이 있음을 이성에게 알리는 것, 그리고 고용주들에게 알리는 것에 대해 주저하였고, 뇌전증이 탄로나는 것에 대한 두려움을 감추고자 하였다. 뇌전증을 다른 사람들에게 숨기거나, 또는 숨기지 않는 것이 흔히 사용하는 하나의 전략이었다(Buelow, 2000). 환자들의 생활관리 전략은 닥칠 수 있는 상황에 대한 지식을 증가시키는 것, 자기규제(self-regulation), 그리고 거짓말(lying)이었다(Faircloth, 1998). 이와 같이 질병과 관련된 상황을 적절히 관리하는 것은 뇌전증 환자들에게 있어 중요한 자기관리의 영역이라고 할 수 있다.

## 2. 뇌전증의 유인(誘因)과 스트레스 관리

### 1) 뇌전증의 유인

뇌전증 환자에게 발작을 일으키기 쉬운 어떤 특정상황, 또는 조건을 유인(誘因)이라고 한다. 발작의 유발요인은 수면과 휴식의 부족, 불규칙적인 식사, 과다 음주, 자극성 음료를 과음하는 경우 등이다. 또한 월경, 열 등 생리적 변화는 발작의 위험요인으로 간주된다(Devinsky, 1994).

이러한 발작의 유인은 지각성 자극에 의한 것과 기타 자극에 의해 유발되는 것으로 구분된다. 지각성 자극에 의한 유인은 운동, 정신활동 등에 의한 것을 말한다. 기타 자극에 의한 유인에는 수면부족, 과도한 스트레스, 음주 등 일상생활에서 일어나는 일들이 주요 원인이 된다〈표 1〉.

〈표 1〉 뇌전증발작의 유인

| |
|---|
| **I. 지각성 자극**<br>1. 감각성 자극<br>• 시각: 창을 통한 빛이나 체크무늬 양복을 바라보는 경우 등의 광(光) 자극<br>• 청각: 문을 여닫는 소리, 갑작스런 큰 소리<br>• 촉각: 목욕, 예기치 않은 사람이나 사물과의 신체접촉<br>2. 운동성 자극<br>• 갑작스런 손발의 피동성 운동<br>3. 정신활동성 자극<br>• 독서, 글쓰기, 계산<br>• 생각, 판단<br>• 식사 |
| **II. 기타 다른 자극**<br>• 수면부족<br>• 발열<br>• 정신적 스트레스에 의한 과도한 기장 또는 긴장저하<br>• 육체적 피로, 심한 운동<br>• 음식물이나 기호품의 편중(수분의 과다섭취, 향신료, 영양부족)<br>• 음주<br>• 항정신성 약물이나 항 우울증 약물(클로르포로마진, 이미프라민, 알콜)<br>• 기타 변비, 산소부족, 혈당이나 칼슘의 저하 |

출처: 황경태(2006). 간질은 불치병이 아니다. p. 30.

발작 유발요인들의 관리를 통하여 발작을 줄일 수 있는지에 대한 연구에서는 수면, 광선자극, 약물남용, 알코올, 스트레스와 같은 유발요소들을 조절함으로서 17%가 일 년간 뇌전증을 완전히 조절할 수 있었고, 43%는 발작횟수를 반으로 줄일 수 있었다(Aird, 1983).

뇌전증의 유발요인과 관련된 것으로 대표적인 것에는 반사뇌전증(reflex epilepsy)이 있다. 뇌전증 전체의 빈도로 보면 극히 적지만 닌텐도 뇌전증이 여기에 속한다. 이 뇌전증은 컴퓨터 화면의 반복적인 강한 광(光)자극으로 인해 발작을 일으키는 것으로 특히 10~20세 사이의 청소년기에서 많이 발생하는 것으로 알려져 있다. 이외에도 TV 화면의 반복적인 광자극, 해수욕장에서 강렬한 햇빛이 물에 반사되어 나오는 자극이나 스키장에서 눈에 반사된 눈부신 자극, 그리고 디스코텍에서의 번쩍이는 조명 등을 들 수 있다. 오랫동안 오락실에서 전자게임을 하는 것은 광자극 이외에 부수적으로 동반되는 정신적 피로와 스트레스, 수면부족, 저혈당증 등이 발작을 일으키는 유인이 될 수 있다(황경태, 2006).

따라서 발작유발 요인을 피하기 위해 건전한 생활양식을 유지하도록 하며, 이와 함께 충분한 휴식, 규칙적인 식사, 알코올 제한, 컴퓨터 및 TV 시청을 삼가고, 고립감을 감소시키기 위해 지지그룹의 참여를 권장해야 한다(Dilorio 외, 1995).

## 2) 뇌전증 환자의 스트레스

### (1) 스트레스와 발작과의 관계

뇌전증과 같은 만성질환에서 비롯하는 스트레스는 생활패턴의 변화, 그리고 질환의 증상 및 치료에 관련된 활동 등 개인의 생활에 심각한 영향을 주는 스트레스 원으로 작용한다. 생리적, 정서적 반응을 수반하기도 하며, 신체 또는 정서에 부정적 영향을 미친다. 그리고 자율성이나 통제감 상실, 자신을 향한 취약감 등 다양한 심리적 반응을 유발시키게 된다.

뇌전증 환자에게 특별히 강조되는 질병관리의 특성은 발작의 빈도는 환자가 인지하는 스트레스와 매우 밀접한 연관성을 갖고 상호작용한다는 인식에서 비롯한다. 학자들은 일상생활의 자극이 스트레스로 작용하여 발작을 유발시키게 됨을 지적하고 있는데, 뇌전증 환자가 하루 중 높은 수준의 스트레스를 경험한 후 발작의 빈도가 더 높아졌으며(Temkin 외 1984), 발작을 하지 않았다고 느꼈던 경우는 스트레스가 없었을 때였다(Mittan, 1982).

이와 같이 뇌전증 환자의 스트레스는 발작빈도와 매우 중요한 관계를 갖고 있기 때문에 스트레스의 관리는 발작을 조절하는데 매우 중요하다.

### (2) 뇌전증 환자의 스트레스 관리방법

스트레스 증상은 스트레스 유발요인(stressor)에 대한 자신의 반응이다. 이러한 스트레스 유발요인은 외부적 요인도 있지만 자신의 내부에서 만들어지는 내부적 요인도 있다. 스트레스를 대하는 태도를 긍정적으로 가지는 것이 무엇보다 중요하다.

스트레스 관리법을 교육하는 것은 경련의 횟수에 변화가 없을지라도 뇌전증 환자들이 통제력을 갖는데 도움이 될 수 있다(Dilorio 외, 1993). 뇌전증 환자가 자신의 건강과 안녕에 대한 책임감을 갖고 주도적으로 약물관리, 일상생활관리, 스트레스 관리 등 자기관리를 수행해 나가는 것은 발작의 조절뿐만 아니라 심리적 안정 및 전반적인 삶의 질 향상에도 도움이 된다. 환자들이 갖는 스트레스 요인들은 규칙적으로 약물을 복용해야 하는 것, 타인들이 뇌전증에 대해 이해하지 못하는 것, 발작조절 능력의 부족, 발작유발에 대한 불예측성, 활동의 제한, 기억력 상실의 심화 등이었다. 가장 심각한 스트레스 요인은 점차 심각해지는 기억력 상실, 운전면허증의 제한, 그리고 약물 부작용이다(Snyder, 1993).

스트레스에 효과적으로 대처하는 두 가지 접근 방식은 다음과 같다.

첫째, 문제 상황에 대한 대처능력을 향상시키는 차원에서 준비를 하는 것이다. 자존심의 향상이나 능력개발, 인간관계기술의 향상 등을 통해 적응력을 개발하고 증진하는 노력이 필요하다.

둘째, 특정한 스트레스 상황에 잘 대처하는 방법을 익히는 것이다. 스트레스의 원인이 다양한 만큼 대처방법 역시 다양하게 된다. 스트레스는 많은 경우 개인의 주관적인 해석에 의해 더 많이 좌우된다는 사실에 주의를 기울일 필요가 있다.

스트레스를 덜 받을 수 있는 마음가짐은 다음과 같다.

첫째, 스트레스를 인생의 불가피한 일부로 받아들이는 것이다.

둘째, 스트레스를 해결할 수 있는 문제로 보는 것이다. 운명이나 팔자 남의 탓이 아닌 문제로 인식하고 대처하려고 할 때 해결할 수 있다.

셋째, 스트레스를 성장을 위한 도전으로 받아들이는 것이다.

넷째, 자신의 스트레스를 잘 파악하고 이해해야 한다.

다섯째, 지금까지 익숙한 비효과적인 스트레스 대처방안을 바꾸려고 결심하고 새로운 방식을 배워야 한다.

스트레스에 대한 효과적인 대처중의 하나는 예견되는 스트레스에 미리 대비하는 것으로 다음과 같은 스트레스 해소 방법이 있다.

① 자기주장적인 대응

비주장적인 사람은 타인과의 시선을 피하거나 인사를 잘하지 못하고 대화를 먼저 시작하기를 꺼리는 경향이 있다. 그러므로 다른 사람의 좋은 점을 발견하면 칭찬을

아끼지 말고 되돌려 주는 연습을 한다. 왜? 라는 연습, 감정을 표출하고 표현하는 연습, 거절하기 연습을 한다.

② 스트레스 줄이기

철회: 대인관계나 사회생활에서 기대하고 바라던 바를 철회하기란 쉽지 않다. 그러나 포기도 선택의 하나이고, 이 또한 용기를 필요로 하는 것이며, 철회하는 순간 새로운 결정이 시작될 수 있다.

타협과 욕구를 재검토: 스트레스에 잘 대처하려면 문제에 따라 자신이나 타인과 잘 타협해야 한다.

음식과 스트레스: 균형있는 식생활은 신체발육과 건강유지를 위해 아주 중요하다. 특정 음식의 과다 섭취가 스트레스를 유발할 수도 있다. 또한 균형 잡힌 식사를 통해 신체가 필요로 하는 영양을 골고루 공급함으로써 스트레스를 이겨낼 수 있다.

③ 긍정적 재구성

흔히 사람들은 부정적으로 내면적인 대화(self-talk)를 자신에게 말하고 있음을 볼 수 있다. 예를 들면, "항상, 결코, 영원히 안 될 것이다", "결국 나쁜 일이 일어 날 것이다", "이게 다…때문이야" 등이다. 긍정적 재구성은 동일한 상황이나 사건을 경험할 때 이러한 부정적 생각들을 긍정적 생각으로 변화시켜 표현하는 기법이다.

④ 명상 및 이완훈련

스트레스 상황 하에서 경험하게 되는 심리적인 불편감, 즉 문제 상황에 집착하여 객관적인 입장을 취하기 어렵고, 긴장을 느끼며 고통스러울 때 한 방법으로 명상이 있다. 또한 일상생활에서 지속적인 스트레스로 정신적 신체적 긴장감이 고조되면 근육 긴장, 두통, 소화기 장애 등이 생기게 된다. 이때 마음의 긴장을 해소하는 이완훈련을 하면 도움이 된다.

⑤ 웃음과 유머로 건강하게 생활하기

스트레스의 가장 좋은 치료제라고 할 수 있는 엔도르핀은 마음과 감정의 관계를 맺고 있다. 마음이 기쁘고 즐거우면 엔도르핀이 많이 생성되지만 우울하고 속상하면 엔도르핀과 정반대의 효과를 내는 아드레날린이 생성된다. 체내에서 계속하여 엔도르핀의 효과를 내기 위해서는 즐거운 마음, 유쾌한 생각을 가져야한다. 웃음은 가장 무서운 질병의 원인이 되는 스트레스에 대한 최고의 해소책이고, 스트레스 자체의 발병을 막아주기도 한다.

⑥ 운동 및 여가활동

산책, 달리기, 에어로빅, 체조, 자전거타기, 등산 등의 운동을 하는 것은 바람직하다. 그러나 수영 및 과격한 운동을 할 경우는 주의해야 한다. 수영을 할 때는 구조감

시 하에서 행한다. 자전거를 타는 것은 심각한 사고를 일으킬 수 있으므로 안전한 장소를 이용한다. 또한 과도한 신체접촉이나 경쟁을 요구하는 단체운동이나 시합은 발작에 대한 주의를 요한다. 자신이 좋아하고 즐겨하는 활동을 통해 긴장을 해소하고 여유 있는 생활을 할 수 있다. 운동, 춤, TV시청 및 전자오락 등도 특별히 뇌전증을 가진 개인에게 발작의 촉발요인이 되지 않는 경우 여가활동으로 피할 필요는 없다.

⑦ 수면관리

충분한 수면은 신체적 정신적 피로를 회복하고, 스트레스 대응효과가 있으며, 에너지를 충전하는 효과가 있다.

## 3. 뇌전증 환자의 자기관리 역량

뇌전증 환자들의 자기관리는 뇌전증을 잘 관리할 수 있다는 자신감과 함께 지속적인 동기화를 통해 발작을 잘 조절해 나갈 수 있도록 하여 건강한 삶을 유지하도록 하는 것이 필요하다. 이와 관련된 것이 바로 역량강화(empowerment) 개념이다.

역량강화란 '힘이 얻어지고, 발전되고, 쟁취되고, 주어지는 과정'(Pinderhughes, 1983)으로 자신의 삶을 개선하려는 사람이 힘(power)을 가짐으로서 자신의 환경에 대한 통제력을 갖는 것을 의미한다. WHO(1986)에서 정의한 역량강화 원칙이란 '자신의 건강유지 권리를 인정하며, 자기관리에 적극 참여하고 책임을 느껴야 함을 강조하는 것'으로, 역량강화 접근은 환자 스스로가 그들의 삶을 운영하도록 환자나 대인관계, 또는 사회적, 정치적, 경제적, 문화적 능력을 증가시키는데(또는 증가시키는 과정에) 초점을 둔다. 이러한 접근은 환자 자신의 강점, 이웃과 지역사회 자원들, 해결이 가능하다는 신념 등에서 출발하며 결과적으로는 사회적 조직적 환경에 대한 환자 자신의 능력의 증가를 의미하는 것이다.

역량강화의 속성은 크게 4가지로 구분된다. 즉, 자기효능감, 문제해결능력, 사회적지지, 그리고 의사결정(decision-making)에 대한 권한과 책임을 갖는 것이다. 따라서 뇌전증 환자의 자기관리 역량을 강화하기 위해서 이러한 요인들을 증진시키는 것이 중요하다.

### 1) 자기효능감

뇌전증 환자의 자기효능감(self-efficacy)은 뇌전증의 관리와 관련된 과업을 시작하여 성공적으로 완수하기 위한 자신의 능력에 대한 신념이다(Dilorio 외, 1992a).

인간의 행동은 환경의 지각에 의해서 수동적으로 일어나는 것이 아니고, 그가 처한 상황을 어떻게 인지하느냐에 따라 일어나게 되는데, 이때 중요한 것은 자신이 갖고 있는 행동수행 가능성에 대한 기대이다. 이러한 기대가 개인으로 하여금 행동을 변화시키는 중심적 역할을 하는 것으로, 이와 관련된 요인이 자기효능감이다. 자기효능감은 특정 행동을 수행하는 개인의 능력에 대한 믿음으로 정의된다. 자기효능감은 행위의 선택과 지속에 중요한 영향을 주며, 이밖에 사고유형과 정서반응, 자신의 미래형성에도 영향을 미치게 된다(Bandura, 1986).

자기효능감은 특히 효율적인 질병관리나 건강관리 등 만성질환자의 자기관리를 포함한 건강관련 행동연구에서 중요한 변수로 간주된다. Kaplan 등(1984)은 만성적인 폐경색을 가진 환자를 위한 치료프로그램 후 3개월간의 연습과 걷기에서 자기효능감과의 긍정적인 상관관계를 발견하였다. Dilorio 등(1992b)은 뇌전증 자기효능감 척도(Epilepsy Self-Efficacy Scale, ESES)를 이용한 성인 환자를 대상으로 한 연구결과에서 자기효능감과 자기관리와의 사이에 높은 상관관계가 있음을 밝혔다. 국내연구에서도 자기효능감은 뇌전증 환자의 자기관리에 긍정적 영향이 있었다(송자경, 2008). 자기효능감 향상은 뇌전증의 특성과 그 관리방법에 대한 지식을 습득하도록 하고, 이를 기반으로 자신감을 증진하는 것, 관계망 내에 있는 지지자원을 획득하도록 하는 것, 또한 가족들의 참여하에 상담과 교육프로그램을 실시하는 것, 질병의 관리에 대한 본인의 책임을 인식하고 실천에 옮길 수 있도록 하는 것 등이 자기효능감 향상에 도움이 될 수 있다.

### 2) 문제해결능력

문제해결능력은 주어진 상황을 탐색하고 이해한 후 체계적 단계를 따라 문제를 처리할 수 있는 능력이다. 뇌전증 환자들은 자기관리를 위한 주장력을 갖지 못함으로 자기관리 실패가 중요한 문제로 파악되고 있다. 따라서 뇌전증 환자들이 문제중심적으로 대처하는 것은 스트레스 완화와 심리사회적 적응에 보다 효과적인 대처가 될 수 있다(은헌정 외, 2004 ; Piazzini 외, 2007).

생활 속에서 누구나 스트레스를 경험하게 되지만 문제는 스트레스에 대한 대처가 효과적인가 아닌가에 따라서 개인의 적응 여부가 결정된다. 발작증상이 있고, 사회심리적 어려움을 겪는 것은 동일한 양상을 보인다고 할지라도 각 개인이 지각하는 삶의 질에는 상당한 차이가 있을 수 있다. 이것은 개인의 질병관리능력 및 대처능력과도 밀접하게 관련된다. 즉, 개인이 스트레스를 적절히 다루고 건강한 삶을 영위해 나가는데 있어서 문제에 대한 대처방식(coping style)은 심리사회적 적응 여부를 결정짓는 중요한 요인이 된다. 뇌전증 환자들의 경우 문제 상황에 대해 적극적이고, 문제중심으로 대처한다는 연구결과도 있으나, 이와 반대로 회피하거나 정서중심적으로 대처하기를 더 선호한다는 연구들이 있다. 특히 자신의 취약성을 부정하고, 고립, 좌절감, 정서적 불안정을 보인 환자들의 경우 문제들이 잘 해결되지 않았다(Moos 외, 1977).

### 3) 사회적 지지

사회적 지지(social support)는 개인의 정체감의 발달과 안정을 유도하여 심리적 적응에 긍정적 영향을 주는 변인으로, 스트레스 사건에 노출 시 충격을 완충시키는 중요한 기능을 하게 되므로 건강관련 행위 및 적응에 긍정적 영향을 미치는 것으로 알려지고 있다.

사회적 지지의 한 요소로서 가족지지는 매우 중요하다. 가족지지는 자기효능감과 함께 뇌전증 환자의 자기관리에 긍정적 영향을 미치는 변인으로, 뇌전증자기관리에 도움이 되는 지지적 가족환경의 마련으로 다양한 삶의 상황에서 질병을 효과적으로 관리해 나갈 수 있도록 마련되어야 한다(송자경, 2008).

특히 뇌전증은 장기간에 걸친 투병과 관리가 필요하기 때문에 의료진-환자, 가족-환자, 직장상사/동료-환자, 환자-환자 등 관계에서 사회적 지지는 필수적이다. 뇌전증을 가진 청소년들에게 있어 부모 외에 친구, 의료인(양호교사 포함), 조교 등은 중요한 사회저 지지 원이다(문성미, 2003).

### 4) 의사결정에 대한 권한과 책임

의사결정(decision-making)에 대한 권한과 책임을 갖는다는 것은 의사, 간호사 등 서비스 제공자로부터 권한을 부여받아 환자자신의 삶에 대한 통제행위를 할 수 있는 힘을 가지는 것을 의미한다. 뇌전증 환자들은 자신의 건강 및 안녕과 관련하여 의사결정을 할 수 있어야 하며, 이 과정에서 방관자, 또는 참여자가 아닌 동반자가 될 수 있어야 한다(Cochrane, 1995). 뇌전증 환자들에 대한 교육은 학습 및 토론 등을 통하여 뇌전증에 대한 치료문제를 비롯하여 삶을 살아가는데 주도권을 갖고 결정해 나갈 수 있도록 하는 것이 중요하다.

이와 같이 자기효능감, 문제해결능력, 사회적지지, 그리고 의사결정에 대한 권한과 책임은 자기관리 수행역량과 관련된 요인들이다. 따라서 뇌전증 환자들의 교육프로그램은 이러한 요인들을 강화하는 내용이 필수적으로 포함되도록 마련되어야 한다.

## 4. 뇌전증 환자의 자기관리 실태 및 교육

### 1) 우리나라 뇌전증 환자의 자기관리 실태

우리나라에서 뇌전증 환자들이 갖고 있는 뇌전증에 대한 정보는 많은 경우 단편적이며, 내용도 부정확한 경우가 많다. 이로 인해 뇌전증에 대한 왜곡되거나 잘못된 정보로 인해 좌절, 우울, 자살, 사회적 고립 및 실직으로 인해 고통을 당할 수도 있다. 또한 항뇌전증 약물의 오용으로 혈중농도에 변화를 가져와 실제로 발작을 증가시킬 수도 있다(변영주 외, 1994).

뇌전증 환자의 80.4%가 일상생활 가운데 스트레스를 많이 느꼈는데, 전체장애인 52.7%보다 상당히 높은 비율이었다. 최근 1년 동안 연속 2주 이상 일상생활에 지장을 줄 정도의 슬픔이나 절망감은 58.0%가 경험하여 뇌전증 환자는 다른 장애유형에 비교하여 보다 많은 스트레스와 정신적 어려움을 느꼈다(한국보건사회연구원, 2011).

국내에서 뇌전증 자기관리척도(ESMS)(Faherty 외, 1991)를 이용하여 측정한 20세 이상 성인 뇌전증 환자의 자기관리 점수 평균은 5점 만점기준 3.40점으로 중정도 수준이었다(박영숙, 1999).

환자들이 자기관리에서 가장 잘 수행하는 것은 약물복용에 관한 것이었다. 즉, 약의 부작용이 나타날 때 약을 빼먹지 않고, 약이 떨어져 갈 때 약의 양을 줄여서 먹지 않고, 약 먹는 횟수를 마음대로 줄여서 먹지 않고 의사와의 약속을 지키는 것을 매우 잘 수행하였다. 그러나 약물 부작용이 생겼을 때 의사를 방문하는 것, 약의 부작용 증상을 기록하는 것은 다소 낮은 점수를 보였다.

발작관리는 평소보다 발작이 더 발생하면 의사를 방문하는 것은 잘 수행하였다. 그러나 발작이 일어날 수 있는 상황에서 견딘다거나, 발작을 일으키는 것으로부터 피하거나, 발작이 발생했을 때 횟수와 정도를 기록해 두는 행위 등 자기모니터는 잘 수행하지 못하였다.

건강한 생활패턴과 관련한 자기관리는 전기용 도구를 사용하지 않거나, 높은 장소나 물건 등에 오르지 않는 안전 관련 행위를 잘 수행하였다. 또한 알코올음료나 커피, 또는 차를 과음하지 않았고, 과로하지 않고, 밤늦게 까지 자지 않거나, 잠을 충분히 자는 것, 규칙적인 식사, 긍정적인 생각을 하는 등은 중간정도 점수였다. 규칙적인 운동, 또는 스트레스관리를 사용하는 경우는 드물었으며, 뇌전증을 가진 다른 사람과 이야기를 하지 않았으며, 뇌전증을 가진 사람들의 모임에도 거의 참여하지 않았다(박영숙, 1999: 송자경, 2009).

〈표 2〉 뇌전증 자기관리 척도(Epilepsy Self Management Scale : ESMS)[1)]

| | 1 | 2 | 3 | 4 | 5 |
|---|---|---|---|---|---|
| 1. 약의 부작용이 나타나면 의사에게 물어보지 않고 약을 빼먹는다 * | | | | | |
| 2. 약이 떨어져 가는 경우 약의 양을 줄여서 먹는다 * | | | | | |
| 3. 약먹는 횟수를 내 마음대로 줄여서 먹는다 * | | | | | |
| 4. 의사와 혹은 병원과의 약속을 지키지 않는다 * | | | | | |
| 5. 의사가 처방한 방법대로 약을 복용한다 | | | | | |
| 6. 전기용 도구(전기톱이나 전기칼)를 사용한다 * | | | | | |
| 7. 계획을 세워서 약이 떨어지기 전에 다시 타서 채운다 | | | | | |
| 8. 높은 물건(높은 걸상, 사다리)에 오른다 * | | | | | |
| 9. 약 먹는 것을 잊어버려서 빠뜨린다 * | | | | | |
| 10. 알콜 음료(맥주, 포도주, 위스키 등)나 커피 또는 차를 과음한다 * | | | | | |
| 11. 의사가 혈액검사를 처방하면 그대로 한다 | | | | | |
| 12. 집에서 외출할 때는 약을 가지고 간다 | | | | | |
| 13. 평소보다 발작이 더 발생하면 의사를 방문한다 | | | | | |
| 14. 과로한다 * | | | | | |
| 15. 매일 같은 시간에 약을 먹는다 | | | | | |

| 16. 밤늦게까지 자지 않는다 * | | | | | |
|---|---|---|---|---|---|
| 17. 다른 약을 먹기 전에 의사와 상의한다 | | | | | |
| 18. 잠을 충분히 잔다 | | | | | |
| 19. 규칙적으로 식사한다 | | | | | |
| 20. 약 먹는 것을 잊지 않도록 스스로 기억하는 방법이 있다 | | | | | |
| 21. 긍정적인 생각을 한다 | | | | | |
| 22. 약의 부작용이 생겼다고 생각될 때 의사에게 알린다 | | | | | |
| 23. 발작이 일어날 수 있는 상황에서 견딘다 | | | | | |
| 24. 발작을 일으키는 것들로부터 피한다 | | | | | |
| 25. 발작이 발생했을 때 횟수와 정도를 기록해 둔다 | | | | | |
| 26. 약의 부작용 증상을 기록한다 | | | | | |
| 27. 규칙적으로 운동한다 | | | | | |
| 28. 발작으로부터 나 자신을 지키기 위해서 이완술을 사용한다 | | | | | |
| 29. 간질을 가진 다른 사람과 이야기 한다 | | | | | |
| 30. 간질을 가진 사람들의 모임에 참여 한다 | | | | | |

* 부정적 문항으로 점수는 역으로 환산한다.
1. 항상 그렇지 않다. 2. 대체로 그렇지 않다. 3. 그저 그렇다.
4. 대체로 그렇다. 5. 항상 그렇다.

국내 뇌전증 환자들의 자기관리 경험에서 환자들은 뇌전증을 유전되는 병, 마귀가 쓰인 병, 정신병 등의 왜곡된 인식을 갖고 질병의 원인에 의문을 가지고 나름대로 신이 내린 병, 놀라서 생긴 병, 성격의 문제, 신체의 허약, 뇌손상 등으로 귀결시켰다.

뇌전증으로 인해 받는 스트레스 요인은 부모의 지나친 과잉보호와 간섭, 타인에게 거부당하여 받는 상처, 취업 좌절의 고통, 약물 부작용에 시달림 등으로, 스트레스 대처방법은 수면과 운동, 취미생활, 자원봉사생활, 신앙에 의지하는 생활이었다. 그리고 스트레스, 피로, 약물을 변경한 경우, 생리 전 · 후, 인스턴트식품, 급체한 경

1) 이 척도는 Faherty 등(1991)이 개발한 간질을 가진 개인이 발작을 관리하는데 도움이 되는 과업을 수행하는 정도를 측정하기 위한 26문항 5점 척도로서 박영숙(1999)이 이완 술과 같은 행동요법과 자가 모니터의 수행 등을 보완한 것이다. 각 항목은 항상 그렇다 5점에서 전혀 그렇지 않다 1점까지 5점 척도를 평가한다. 부정적 문항은 역으로 환산한다. 30점에서 150점까지이며, 점수가 높을수록 자기관리를 잘하는 것으로 판단한다.

우, 라면, 더운 공기, 군집된 장소 등은 발작유발 요인이었다.

환자들은 자기주장 훈련프로그램을 통하여 자신의 의견이나 감정을 표현하는 것이 자신의 권리를 찾게 된다는 사실을 이해하였고, 담당의사에게 치료계획 등을 물어보아야 하겠다는 인식의 변화를 가져오게 되었다. 한편 장기간의 약물복용과 계속되는 발작으로 기억력이 점차적으로 상실되어가면서 미래 삶에 대한 불안을 나타냈으며, 기억력 향상을 위해 기억 보조도구를 이용하였다. 그리고 편견의 시각에서 벗어나 대인관계 형성과 질병에서 회복하여 결혼과 직장생활을 영위하기를 갈망하고, 의존적 삶에서 벗어나 홀로서기를 다짐하며, 선의를 베푸는 봉사의 삶을 원하였다(신순옥, 2002).

### 2) 뇌전증 환자의 자기관리 교육

뇌전증 환자의 자기관리에 대한 교육은 환자로 하여금 자신감과 자존감을 회복하도록 돕고, 자신의 욕구에 대해 더 잘 인식하게 하고, 자기옹호(self advocate) 기술을 향상시키도록 하는 것이다. 또한 뇌전증에 대한 긍정적인 관점을 증진시켜 치료적 섭생을 잘 지키도록 하는데 있는 것으로, 환자로 하여금 적절한 건강수준을 유지하도록 하고, 일상생활을 잘 할 수 있게 함으로써 삶의 질을 높아지게 한다.

현재까지 뇌전증 환자가 자기관리를 효율적으로 수행하도록 하기 위한 방법을 모색하기 위하여 다양한 전략과 방법을 사용한 연구결과들이 발표되었다. 국내에서는 성경미(1992)가 종합병원 뇌전증 특수클리닉에 등록하여 치료받는 환자 42명을 대상으로 집단건강교육을 실시하였다. 교육내용은 투약, 일상생활, 발작관리에 대한 것으로 교육을 60분간 제공하고 15일후 전화로 추후관리를 실시하였다. 이 연구에서는 뇌전증 환자의 건강관리 점수가 건강교육을 받지 않은 통제집단보다 유의하게 높게 나타났는데, 책자, 슬라이드 사용, 전화상담 등을 사용한 다양한 접근법이 효과적이라고 하였다.

박영숙(1998)은 성인 환자들에 대한 자기관리 교육프로그램을 실시하였다. 실험집단과 통제집단에 각각 20명씩을 두고, 실험집단에서 1주에 2시간씩, 10주 동안 20시간에 걸쳐 자기관리를 증진시키기 위한 뇌전증교육 프로그램을 실시한 결과, 교육에 참여한 실험집단이 그렇지 않은 통제집단보다 교육프로그램의 효과가 있었으며, 자기효능감의 점수가 높게 나타났다. 자기관리 증진을 위한 교육프로그램의 개발, 건강을 증진하기 위한 생활패턴, 그리고 스트레스 관리 및 자기모니터, 그리고 지지집단의 구성을 통한 자기관리 증진을 위한 전략의 모색이 중요하다고 하였다.

신순옥(2002)은 뇌전증 환자 26명을 대상으로 삶의 질 향상을 위한 포괄적 건강교육프로그램을 실시하였다. 교육 후 발작빈도가 감소되었고, 약물복용이행이 증가하였으며, 약물 부작용과 치욕감, 불안이 감소되었고, 일상생활적응, 자존감, 기억력이 향상하였다. 참여자들은 스트레스와 발작과의 관계를 이해하고, 스트레스 조절이 곧 발작조절이라는 사실을 인식하게 되면서 스트레스 해소에 관한 실천방법을 모색하게 되었다.

국외에서는 Tan 등(1986)이 성인 뇌전증 환자를 대상으로 심리사회적 문제의 경감 및 발작의 조절을 위해 일주일에 2시간씩 총 8회에 걸쳐 인지행동치료모델을 사용하여 심리적 부적응문제에 초점을 두고 프로그램을 실시하였다. 프로그램내용은 스트레스 사건과 연관된 생각, 감정과 발작에 대해 자기모니터 하기, 이완과 대처기술훈련, 인지 재구조화 및 비합리적 신념의 수정, 주장적 행동과 사회기술훈련, 문제해결토론, 과제 등으로 구성하였다. 연구결과, 프로그램을 실시한 실험집단이 통제집단에 비해 발작횟수, 우울, 불안 등에서 유의한 차이를 보였다.

Reiter 등(1987)은 다른 연구에서 사용한 뇌전증의 관리방법들을 결합하고 보완한 프로그램을 개발하였다. 내용은 스트레스 관리와 이완훈련, 대처전략, 뇌전증과 약물치료에 대한 지식, 사회지지망의 중요성 및 전조(aura)와 유발요인을 확인하는 기술 등의 내용을 12단계로 구성하여 1주에 1단계씩 학습하는 것이다. 이 프로그램에 참여한 뇌전증 환자들의 발작빈도는 75%에서 80%까지 감소하였고, 뇌전증에 대한 적응정도도 증가하였다.

Helgeson 등(1990)은 38명의 외래 뇌전증 환자를 대상으로 한 심리교육프로그램인 Sepulveda Epilepsy Education(SEE)을 실시하였다. 뇌전증에 대한 왜곡된 의학 상식, 발작으로 인한 죽음에 대한 공포, 예기치 않은 발작에 대한 심리적 불안 해소 등을 주요내용으로 2일간 실시되었다. 통제집단과의 비교에서 뇌전증에 대한 전반적인 이해가 증가하였고, 뇌전증에 대한 공포 및 의료적 측면에서 자기관리를 소홀히 하는 것이 유의미하게 줄어들었다.

Snyder(1993)가 뇌전증 환자 32명을 실험 및 통제집단으로 나누어 6회에 걸친 이완요법의 교육과 6개월에 걸쳐 이완요법을 실시한 후 WPSI(Washington Psychosocial Seizure inventory)로 정신사회적 기능을 측정하였다. 연구에서 유의한 효과는 얻지 못했으나 스트레스 해소에는 도움이 된 것으로 참가자들이 평가하였다.

## 참고문헌


문성미(2003). 간질을 가진 청소년의 사회심리적 적응과정에 대한 근거이론. 연세대학교 대학원 간호학과 박사학위논문.

박영숙(1998). 간질교육프로그램이 성인 간질환자의 자기효능과 자기관리에 미치는 효과. 대한간호학회지, 29(2), 405-417.

박영숙(1999). 간질환자의 자기관리 실태. 대한보건협회학술지, 25(2), 127-139.

변영주 · 김욱년 · 박미영(1994). 간질환자의 직업현황에 대한 연구. 대한신경과학회지, 12(1), 51-58.

한국보건사회연구원. 2011년 장애인 실태조사, 정책보고서 2011-82.

송자경(2008). 자기효능감과 가족요인이 성인 간질환자의 자기관리에 미치는 영향. 한국가족복지학, 24, 89-120.

송자경(2009). 성인 간질환자의 자기관리 -자기효능감과의 관계를 중심으로-, 의료와 사회복지, 2(1), 79-103.

성경미(1992). 집단건강교육이 간질환자의 건강행위에 미치는 영향. 연세대학교 대학원 석사학위논문.

신순옥(2002). 간질환자의 삶의 질 향상을 위한 포괄적 건강교육 프로그램 개발 및 효과. 연세대학교 박사학위논문.

은헌정 외(2004). 간질환자의 인구학적 특성, 임상 특성, 정신병리 및 대처방식과 심리사회적 적응과의 관계, 대한간질학회지, 8(1), 31-40.

황경태(2006). 간질의 모든 것. 서울, 최신의학사.

Aird, R. (1983). The importance of seizure inducing factors in the control of refractory forms of epilepsy. *Epilepsia*, 24, 567-583.

Bandura, A. (1986). Social Foundations of Thought and Action: *A Social Cognitive Theory*. Englewood Cliffs, NJ: Prentice-Hall.

Buelow, J. M. & Johnson, J. (2000). Self-management of Epilepsy. *Dis Manage Health Outcomes*, 8(6), 327-336.

Cochrane, J. (1995). Patient education: Lessons from epilepsy. *Patient Education and Counseling*, 26, 25-31.

Collings J. (1990). Psyhchosocial well-being and epilepsy: an empirical study. *Epilepsia*, 31(4), 418-426.

Cramer, J., Vachon, L. & Desforges, C., et al(1995). Dose frequency and dose interval compliance with multiple antiepileptic medications during a controlled clinical trial. *Epilepsia*, 1995. 36(11), 1111-7.

Dawkins, J., Crawford, P. & Stammers, T. (1993). Epilepsy: a general practice study of knowledge and attitudes among sufferers and non-sufferers. *Br J Gen Pract.* 43, 453-457.

Devinsky, O. A. (1994). *Guide to understanding and living with epilepsy.* F.A. Davis. Philadelphia.

Dilorio, C. & Henry, M. (1995). Self management in persons with epilepsy. *J of Neuroscience Nurs,* 27(6), 338-343.

Dilorio, C., Faherty B. & Manteuffel B. (1992a). The development and testing of an instrument to measure self-efficacy in individuals with epilepsy. *Journal of Neuroscience Nursing,* 24, 9-13.

Dilorio, C., Faherty, B. & Manteuffel, B (1992b). Self efficacy and social support in self-management of epilepsy. *Western Journal of Nursing Research,* 14, 292-307.

Dilorio, C., Faherty, B. & Manteuffel, B. (1993). Learning needs of persons with epilepsy: A comparison of perceptions of persons with epilepsy, Nurses and physicians. *Journal of Neuroscience Nursing* , 25(1), 22-29.

Faircloth, C. A. (1998). Epilepsies, identities, and difference: horizons of meaning for individuals with an epilepsy. *Qual Health Res,* 8(5), 602-617.

Faherty, B., Dilorio, C. K., & Manteuffel, B. A. (1991). *The development and testing of an insturment to measure self-management in persons with epilepsy.* Paper presented at the Fifth Annual Southern Nursing Research Society Conference, Richmond, V. A.

Helgeson, D. C., Mittan, R., Tan, S, Y. & Chayasirisobhon, S. (1990). Sepulveda epilepsy education : The efficacy of a psycho educational treatment program in treating medical and psychosocial aspects of epilepsy. *Epilepsia,* 31(1), 75-82.

Kaplan, R. M., Atkins, C. J. & Reinsch, S. (1984). Specific efficacy expectations mediate exercise compliance in patients with COPD. *Health Psychology,* 3, 223-242.

Legion V. (1991). Health education for self-management by people with epilepsy. *J of Neurosci Nurs,* 23, 300-305.

Leppik, I. E. & Schmidt, D. (1988). Consensus statement on compliance in epilepsy. In D. Schmidt & I. E. Leppik(eds.), *Compliance in epilepsy.* Elsevier. Amsterdam. 179-182.

Mittan, R. (1982). *Medical and Psychological Consequences of inadequate patient education.* Unpublished manuscript. National Epilepsy Library Accession # 06538.

Moos, R. H. & Tsu, V. (1977). *Coping with physical illness.* New York: Plenum.

Piazzini, A., Ramaglia, G., Turner, K., Chifari, R., Kiky, E. E., Canger, R. & Canevini, M., P. (2007). Coping strategies in epilepsy : 50 drug resistant and 50 seizure-free patients. *Seizure,* 16, 211-217.

Pinderhughes, E. B. (1983). Empowerment for our clients and for ourselves. *Social Casework,* 64, 331-339.

Pryse-Phillips, W., Jardine, F. & Bursey, F. (1982). Compliance with drug therapy by epileptic patients. *Epilepsia*, 23(3), 269-274.

Reiter, J. M., Andrew, D. J., & Janis, C. (1987). *Taking Control of Your Epilepsy : a workbook for patients and professional*. The Basics Publishing Co.

Robinson, C. A. (1993). Managing life with a chronic condition: the story of normalization. *Qual Health Res*, 3(1), 6-27.

Snyder, M. (1993). Revised epilepsy stressor inventory. *Journal of Neuroscience Nursing*, 25, 9-13.

Takaki, S., Kurokawa, T. & Aoyama, T. (1985). Monitoring drug noncompliance in epileptic patients: assessing phenobarbital plasma levels. *Therapeutic Drug Monitoring*, 7, 87-91.

Tan, S. S. & Bruni, J. (1986). Cognitive-behavior therapy with adult patients with epilepsy: a controlled outcome study. *Epilepsia*, 27(3), 225-233.

Temkin, N. R. & Davis, G. R. (1984). Stress as a risk factor for seizures among adults with epilepsy. *Epilepsia*, 25(4), 450-456.

# 제 5 장 뇌전증 아동의 특성과 부모의 양육

경련성 질환의 75%가 20세 이전에 시작하므로 경련성 질환은 소아청소년기의 질환이라고 할 수 있다. 아동은 스스로 뇌전증의 관리를 수행해 내기 어렵고, 따라서 부모들의 적극적인 관심과 보호가 요구되는데, 뇌전증은 다른 만성질환과는 달리 질병과정, 예후에 대한 모호성, 그리고 사회적 낙인 등으로 부모들에게 보다 큰 어려움을 주게 된다(McLeod 외, 2003). 부모들은 아동의 치료문제를 비롯한 다양한 심리사회적 어려움을 겪으며, 부적절한 양육태도 등 문제들이 제시된다. 이 장에서는 뇌전증 아동의 특성과 부모들의 심리사회적 어려움을 이해하고, 아동의 양육현황을 살펴보며, 가족에 대한 사회복지서비스를 모색한다.

## 1. 아동기 뇌전증

뇌전증은 발작이 반복적으로 나타나는 만성적인 뇌질환이며, 발작은 여러 원인에 의해 뇌 신경세포가 일시적으로 과잉 흥분되어 무질서한 전기현상으로 인해 나타나는 현상이다(이상건 외, 2007).

세계인구의 1%가 뇌전증을 앓고 있으며, 전체 경련성 질환의 75%가 20세 이전에 시작하고 이중 50%는 5세 이전에 시작한다고 알려져 있다. 우리나라 뇌전증 환자의 정확한 집계는 어렵지만 대략 25~35만 명 이상이 뇌전증에 이환되어 있는 것으로 알려져 있다. 약물치료를 하는 아동의 약 80%는 발작이 잘 조절되며, 약물치료와 함께 발작의 유발요인들에 대한 자기관리를 통하여 건강한 삶을 영위할 수 있다. 그러나 뇌전증에 대한 사회의 편견과 간헐적, 그리고 예측할 수 없는 발작특성으로 인해 환자나 가족 모두는 당황과 좌절, 불안을 경험하며, 아동은 자존감 저하, 위축, 행동장애의 문제들을 갖게 될 수 있다(신영희, 2004).

뇌전증의 원인은 매우 다양하다. 소아뇌전증의 약 75%는 원인을 알 수 없는 특발성 뇌전증이고, 나머지 25%가 원인을 알 수 있는 증후성 뇌전증이다. 증후성 뇌전증의 원인으로 출생 시 뇌손상, 저산소증, 뇌 감염증, 선천성 기형 및 뇌 외상 등이다(안효섭, 2005).

아동기의 경련발작은 그 자체가 성장하는 뇌의 발달에 심각한 영향을 끼칠 수 있으며, 또한 발작이 멈춘 후에도 최소 2~3년은 약물치료를 계속해야 하는 등 장기간 약물을 복용하게 되어 약물의 독성과 부작용, 불충분하거나 과도한 약물용량 등의 문제가 발생할 수 있다(이상건, 1998). 뇌전증만을 갖고 있는 아동들은 발작 조절 정도에 따라 의학적 및 정신사회적 측면의 문제들이 감소된다. 그러나 동반장애가 있거나, 난치성 뇌전증을 가진 아동집단은 전체 아동의 3분의 1에 해당하는데, 뇌전증 자체의 문제 외에도 신체, 또는 지체장애가 심하고 빈번한 경련으로 인하여 기능상의 제한을 가진다(Laybourn 외, 1994).

뇌전증을 가진 아동은 인격의 성장과 사회적 발달을 이루는 중요한 시기에 놓여있어 질병의 치료문제 외에도 원만한 인성의 성장발달은 중요한 과제이다. 뇌전증 아동과 가족이 질병과 더불어 살아가는 지혜를 깨우쳐 주는 돌봄이 필요하며, 아동을 포함한 가족전체를 대상으로 하는 서비스와 접근이 요구된다.

## 2. 뇌전증 아동의 특성

### 1) 뇌전증 아동의 삶의 질

뇌전증은 신체적인 장애보다도 발작에 대한 심리적인 불안과 사회의 시선에 대한 문제들이 아동과 가족에게 심각한 부담을 주는 질환이다. 발작을 체험한 아동은 대중 앞에서의 재발이 두려워 심리적으로 위축되고 사회활동을 회피하려 하며, 자기 자신을 낮게 평가하는 경우가 많다. 그리고 사회부적응 현상, 불안, 정서 및 학습장애를 동반하기도 한다(고창준 외, 1999; Franks, 2003). 또한 발작이나 장기간의 약물 복용 등으로 일상생활에 제한을 받는다.

학동기 아동들은 많은 시간을 학교에서 보내게 되는데, 학교에서 교사들은 아동의 발작을 목격하거나 관리하는 수가 많으며, 학생들도 발작을 목격하게 된다. 아동들은 부모로부터 자신의 발작에 대해 어떤 설명을 들었는가에 따라 자신에 대한 시각이 달라질 수 있고, 또래와의 관계에서 이해를 받거나 따돌림을 당할 수도 있다. 대부분의 부모들은 뇌전증에 대한 편견과 낙인을 두려워하여 아동의 질병 사실을 될 수 있는 대로 숨기고자 하며, 적절히 대처하지 못하는 경우가 많다.

뇌전증 아동과 천식을 앓고 있는 아동들과의 삶의 질 비교(Autine 외, 1994)에서 천식아동들은 주로 질병, 약물, 신체적 문제들이 눈에 띄게 많은 반면, 뇌전증을 가진 아동들은 심리적, 사회적, 또는 학업영역에서 문제가 많았고, 더 많은 행동장애, 가족관계도 만족스럽지 못했으며, 친구관계와 학업성취도가 낮았다. 같은 아동들을 4년 후에 다시 조사한 결과, 뇌전증 아동의 50%, 그리고 천식아동 20%가 이미 약물 복용을 중단할 정도로 증세가 완화된 상태였지만 행동장애는 뇌전증 아동에게 여전히 많이 남아 있었고, 약물치료를 계속하는 경우의 뇌전증 아동은 행동장애의 정도가 더 악화되어 있었다. 건강한 일반아동과 뇌전증 아동들을 비교한 연구결과에서 뇌파상에 centrotemporal spike를 보인 뇌전증 아동들이 일반아동들보다 지능, 시각 인식, 단기적 기억, 섬세한 운동기능이 뒤떨어졌을 뿐 만 아니라 행동장애, 사회성 문제, 불량 행동, 사고과정에 문제가 있었다(Weglage 외, 1997; 신영희, 2004).

뇌전증 아동의 삶의 질은 적절한 의료적 치료와 함께 부모, 학교교사, 또래들의 이해 및 협조가운데서 성취될 수 있는 문제이다. 특히 아동은 학업성취 및 사회성 발달 등 인격형성기에 놓여있어 자존감을 갖고 환경가운데 적응해 나갈 수 있도록 심리정서적 도움과 지지가 필요하다.

### 2) 뇌전증 아동의 자기통제와 사회적응

자기통제(self control)는 원만한 대인관계와 사회생활을 영위하기 위해 타인을 고려하여 자신의 욕구와 감정을 조절하며, 상황에 적절한 행동을 하기위해 즉각적인 욕구나 충동을 제지하고 바람직한 결과를 위하여 인내하는 능력이다. 아동은 5세가 되면서 성공이나 실패의 원인을 개인의 성향으로 지각하는 내재적 통제가 나타나기 시작하며 8세에서 10세경에 거의 안정된다(이경님, 2001). 자기통제는 아동의 바람직한 사회적응과 성공적인 지적성취에 영향을 미치는 매우 중요한 요인으로, 아동은 자신의 행동의 결과에 대해 외부환경에 의하기 보다는 자신과 관계가 있다고 생각할 때 보다 더 성공적으로 적응을 하게 된다. 즉, 자기통제가 높은 아동일수록 내적통제를 가지며, 행동문제는 적게 나타난다. 그러나 외적통제를 갖는 아동의 경우 행동문제는 더 많이 나타난다(이경님, 1999)[1].

뇌전증 아동의 간헐적, 그리고 예측할 수 없는 발작특성은 '적응적 반응 발달'의 기회를 아동에게서 박탈하게 됨으로서 결과적으로 통제의 발달에 커다란 장애를 가져오게 된다(Gehlert, 1994). 이로 인하여 뇌전증 아동은 당뇨병아동이나 일반아동과는 달리 자신의 행동의 결과나 어떤 사건의 원인에 대해 자신의 통제나 의지 밖의 힘으로 지각하는 외적통제가 높게 나타난다. 한 연구에서는 뇌전증 아동집단이 당뇨병 아동집단, 또는 건강한 또래의 아동집단보다 외적 근원에 의해 삶이 통제된 것으로 나타났고(Matthews 외, 1982), 또 다른 연구에서는 뇌전증 아동집단이 당뇨병 아동집단, 또는 일반아동집단에 비교하여 외적통제가 가장 높게 나타났다(Matthews 외, 1986).

뇌전증 아동의 통제신념을 내적통제로 변화시키기 위해 신체적 안정을 최대한으로 확보하는 한편 통제신념을 변화시키는 인지적 상담을 실시하여야 한다. 아동의 능력에 적합하고 성취 가능한 생활계획과 목표를 세워나가며, 작은 실천에서의 성공과 성취감을 통하여 자기통제의 발달과 향상을 도모하도록 하는 것이 중요하다.

### 3) 뇌전증 아동의 행동 및 사회기능

만성질환이나 장애를 가진 아동이 정상아동보다 행동장애의 위험이 높게 나타나는데, 특히 소아뇌전증에서 행동문제는 강조되고 있다.

학령기 아동은 사회적으로 위축된 행동을 보였는데, 일반아동과 비교하여 운동이나 스포츠 활동의 참여 기회가 적고, 친구의 수가 적을 뿐만 아니라 관계가 제한되어 있어 또래들과 잘 어울리지 못하였다(Dorenbaum 외, 1985). 뇌전증 아동들은 동년배 아동의 4내지 5배의 높은 빈도로 행동장애, 특히 환경에 적응하지 못하는 문제가 관찰되었다(Dunn 외, 1997). 뇌전증 아동의 자존감을 당뇨병 아동과 비교한 결과에서는 당뇨병 아동에 비하여 뇌전증 아동의 자존감 점수가 매우 낮았다(Hoare 외, 1994).

국내 연구에 따르면, 뇌전증 증상을 가진 아동집단과 최근 발작을 경험한 아동집단에서 친구와 잘 어울리지 못하고 사회적 관계가 감소되어있으며, 나이에 비해 어리게

1) 내적통제(internal locus of control)는 자신의 행동의 결과나 사건의 원인에 대해 자신의 내적요소, 즉 능력, 노력, 의지, 정서, 동기 등에 의한 것으로 지각하는 경우를 말한다. 반면 외적통제(external locus of control)는 자신의 통제나 의지 밖의 힘 즉, 운, 사회적 상황, 과제의 곤란도, 타인의 도움 등으로 지각하는 경우와 관련된다.

행동하는 등 사회적으로 미성숙한 행동을 보였다(고창준 외, 1999). 뇌전증 아동은 집중력 감소, 기분변동, 과잉행동, 공격성, 과민성 등 행동장애의 발생위험이 높고, 정신과적 행동 및 정서상의 문제가 일반아동들 집단에 비해서 높았다(송현석 외, 2006; 왕희령 외, 2007). 이로 인해 학업성취와 사회적 행동양상에도 문제가 발생하게 된다.

부모들로부터 보고되는 아동의 행동 특성은 거부감과 미성숙한 행동, 외로움, 주의산만 이외에 낮은 학업성취, 그리고 과도한 의존성 등이다. 한편 학교선생들은 뇌전증 아동의 27%가 우울해하고, 낮은 집중력, 고통, 파괴적 행동, 손톱 깨물기, 혼자 있기, 언어장애, 초조함, 그리고 불순종이 있다고 하였다. 대부분의 부모들이 뇌전증 아동이 다른 형제들과 비교하여 불예측적이며, 쇠약한 것으로 인지하였는데, 학업이 떨어지고, 스포츠에 잘 참여하지 않고, 낮은 집중력을 갖고, 다른 형제들보다 활동범위에 제한이 있다고 하였다(Mathews 외, 1982).

뇌전증 아동의 행동장애는 부모의 자녀에 대한 부정적인 시각(Mitchell 외, 1997) 및 잘못된 부모자녀 관계와 관련이 있는 것으로 보고되고 있다(Pianta 외, 1994). 학자들은 뇌전증 아동의 행동적 문제는 아동의 발작유형, 약물의 종류, 신경적 질병, 가족환경, 양육행동, 그리고 인지적인 문제라고 지적하고 있으며, 뇌전증 아동을 위한 전문화된 시설이 필요함을 강조한다(Sabbagh 외, 2006).

### 4) 뇌전증 아동의 인지 및 학습능력

뇌전증 아동은 인지 및 학습능력에서 어려움을 갖고 있다. 초등학교 학생들을 대상으로 한 연구에서 뇌전증 아동의 61%가 수업진도를 따라 갈 수 없었는데, 이들의 학업성적 저하는 행동장애와 밀접히 연관되어 있었다(Sturniolo 외, 1994). 신경정신과적 평가에서 아동들의 인지기능은 모두 정상이었으나 시각적인 주의력이 평균 이하였다(Williams 외, 1998).

뇌전증 아동의 주의력은 주의력결핍 아동과 마찬가지로 부족하였다(Semrud-Clikeman 외, 1999). 그러나 다른 연구에서는 뇌전증 아동과 정상아동의 주의력에 차이가 없었으며, 단지 기억력 검사에서 차이를 보였다(McCarthy 외, 1995).

투약이 뇌전증 아동의 인지기능에 미친 영향에 대한 연구에서는 아동들은 투약 중단 후 피로감을 느끼지 않게 되었고, 부모들 역시 아동들이 민첩해지고 집중력이 나아지고 피로를 호소하지 않았으며, 졸음이나 기억력 문제 등도 많이 좋아진 것 같다고 보고하였다(Aldernkamp 외, 1998).

종합하면, 뇌전증 아동들의 학업 성적 저하에는 많은 연구들이 일치하고 있지만 인지기능 저하, 또는 기억력 저하에는 상반되는 연구결과들이 있다. 아동의 학업 성취는 개인적 동기나 의지, 그리고 자기 인생의 계획 설정 등의 사회심리적 요인들이 크게 연관된 문제로서, 개인의 자각과 함께 부모의 도움, 그리고 주위환경의 이해와 지지 가운데 개선이 가능하다.

## 3. 뇌전증 아동 부모의 자녀양육

### 1) 뇌전증 아동의 양육문제

아동에게 뇌전증이 발생함에 따라 이는 가족에게 스트레스의 주요 원천으로 작용하게 된다. 가족은 다양한 시도를 통하여 상황의 변화에 재적응 노력을 하게 되는데, 이러한 변화에 대한 재적응 과정에서 발생하는 과도한 스트레스는 부모와 아동의 상호작용에 부정적 영향을 미치며, 학대적이거나 징벌적인 양육태도를 갖게 할 수 있다(Hilson 외, 1994).

부모는 일반적으로 아동이 뇌전증이라는 진단을 받은 후 정신적으로 심한 충격을 받고, 심리적으로 매우 불안정한 기간을 갖는다. 부모들은 뇌전증의 진단에 대해 두려움, 분노, 죄의식, 그리고 슬픔으로 반응하며, 또한 한 가족의 커다란 재앙으로 여기기도 한다(Austin, 1998). 부모들은 언제 어디서 발작이 일어날지 모른다는 불확실성 때문에 항상 노심초사하며, 긴장과 불안을 갖고 생활하는데, 아동이 경련으로 인하여 신체적 상처를 받을 수 있고, 경련 시 사망할 수도 있다고 생각하여 심각한 두려움을 갖는다. 실제로 아동의 발작 시에는 커다란 공포를 경험하며, 부모는 한 번의 경련으로도 사망할 수도 있다고 생각한다(김붕년 외, 2001). 부모들은 죄책감을 갖고 약물치료로 환아의 지능이 저하되거나 성격이상 혹은 정신병이 되지 않을까 두려워하며, 이러한 두려움과 불안은 환아에게 쉽게 이전된다.

부모들은 소외감, 열등감, 스트레스, 그리고 죄책감 속에서 환자의 출생과 양육을 둘러싼 불확실성과 양가감정을 갖는다. 특히 어머니의 경우처럼 일차적으로 아동을 돌보는 가족성원은 스트레스와 불만족을 심하게 느낀다. 자녀가 뇌전증을 가진 이후 시간의 경과에 따라 부모들은 서로 다른 태도를 보였다. 아버지들은 아동의 첫 발작 후 3~6개월 경과한 이후 뇌손상과 갑작스런 죽음 등과 같은 걱정이 감소한 반면, 어머니들은 첫 발작 이후 6개월이 경과한 이후에도 지속적인 염려와 함께 주변으로부터 지지받기를 원하였다(Shore 외, 2004).

간헐적, 그리고 비예측적으로 일어나는 발작은 아동뿐만 아니라 가족모두의 통제감에 불리한 영향을 미친다(Ziegler, 1981). 부모들은 과도하게 아동을 통제하거나, 또는 거의 통제를 하지 않기 때문에 양육에 실패하였다고 보고된다. 42%의 부모들이 아동에게 뇌전증이 발생함에 따라 부모와 아동 모두가 통제감을 잃은 것으로 인식하였고, 33%의 부모들은 아동보다 오히려 부모자신들이 통제감을 잃은 것으로 인식하였다(Oostrom 외, 2001). 발작의 예측 불가능과 불확실한 예후 등은 부모자신이 아이의 상태를 조절 할 수 없다고 느끼게 하므로 어머니들은 무능감, 좌절감, 절망감, 공포감 등을 갖는다.

부모들에게서 과잉 통제되는 아동들은 좀 더 우울해하고 보다 많은 행동문제를 갖는다. 부모들의 과잉보호는 예측할 수 없는 발작장애에 대한 보상기제에 의한 것이라고 할 수 있는데, 이것은 통제를 획득하고자 하는 시도에서 비롯한다. 이러한 문제들로 아동은 좀 더 미성숙하게 되고, 의존적이며, 사회적 기술을 결여하고, 수동적이며, 정상적인 또래관계에 어려움을 갖기 쉽다.

가족들은 뇌전증을 갖고 있는 자녀에게도 뇌전증이 있다는 사실을 알리지 않고 처리하고자 하며, 자녀의 뇌전증 사실을 가족외부에 숨기려하는 경향을 갖고 있다. 아동본인에게 뇌전증이 있음을 숨기고자하는 경우 가정 내에서 은밀하게 이루어지는 의사소통의 흐름에서 아동이 배제되며, 따라서 아동에게 소외감 등 심리 및 정서적 측면에 보다 심각한 부정적 영향을 줄 수 있다. 그리고 가족외부에 뇌전증을 숨기고자 하는 태도들은 환자를 포함한 가족성원간에 죄책감 등 부정적 정서를 갖기가 쉽고, 뇌전증에 대한 정보의 획득 및 신속한 치료기회를 놓치는 등 사회서비스 이용의 기회를 감소시킬 수 있다.

### 2) 뇌전증 아동 가족교육프로그램

부모들의 뇌전증에 대한 정보와 지식을 갖도록 하고, 자녀양육 문제를 보다 효과적으로 돕기 위한 방법을 모색하기 위해 국내외에서 실시된 부모교육프로그램들을 살펴보면 다음과 같다.

Ausin 등(2000)은 처음 자녀의 뇌전증 사실을 알게 된 부모들이 병원에서 받은 진료와 뇌전증관련 정보제공에 대한 만족여부에 대해 설문조사하였다. 약 1/3의 어머니와 1/5의 아버지들이 발작과 처방된 약물, 앞으로 일어날 일들에 대한 대처법에 대한 정보들에 대해서 불만을 표현하였다. 어머니들의 절반은 앞으로 학교에서 발작을 일으킬 경우 대처 방법에 대한 설명이 부족하다고 하였다. 첫 발작이후 6개월 동안 2/3의 부모들이 더 많은 정보와 도움을 필요로 하였다.

뇌전증 아동 가족을 위한 교육프로그램은 7~14세 사이의 아동을 대상으로 Lewis(1990)에 의해 처음 개발되었다. 부분적으로 부모를 참여시킨 프로그램에서 부모들은 뇌전증에 대한 지식증가, 불안감소, 아동을 보살피는 것에 대한 긍정적인 인식변화를 가져왔다. 이 프로그램은 부모의 불안을 감소시키고, 발작에 대한 지식을 증가시켰으나 아동에 대해서는 여전히 통제를 하고 보호적인 태도가 변화되지 않았다. Hoare 등(1992)은 뇌전증 아동과 그 부모에게 집단 프로그램을 실시하여 가족의 정신사회적 문제를 줄이고 대응을 높이려 하였다. 이 연구는 가족을 대상으로 교육프로그램을 실시하였으나 가족의 정보와 지지에 대한 요구를 고려하지 못하였으며, 따라서 부모들의 참여도가 낮았다. Austin 등(2002)은 가족의 정보와 지지에 대한 요구를 고려하여 가족의 관리프로그램을 개발하였는데, 이 프로그램 대상은 부모, 가족원, 필요시 아동을 함께 참여시킴으로 효과적인 개입이 될 수 있었다. 이 프로그램은 가족이 사는 집으로 전화를 걸어 상호작용을 하고, 가족이 필요로 하는 요구에 대해 편지로 정보를 제공하는 'Be Seizure Smart' 라는 발작관리 프로그램을 적용하였는데, 뇌전증에 대한 지식이 증가하였으며, 지식이나 지지요구가 감소한 결과를 가져왔지만 뇌전증에 대한 태도가 긍정적으로 바뀌지는 못하였다.

국내에서 소개된 교육 및 상담프로그램은 다음과 같다. 김경희(1996)는 뇌전증 자녀를 둔 어머니를 대상으로 스트레스 완화를 위한 집단프로그램을 4주 동안 주 2회씩 90분 정도 실시하였다. 프로그램 내용은 뇌전증에 대한 올바른 정보제공, 일상생활에서 당면하는 어려운 상황에 대한 대처방법을 모색하는 것, 스트레스에 대한 대처훈련 등이었다. 프로그램의 효과성 평가에서는 어머니의 우울감과 스트레스를 완화시키는데 통계적으로 효과가 없었다고 보고하였는데, 어머니들은 같은 처지의 어머니들과 이야기하고 뇌전증에 대한 전반적인 지식과 이해를 높일 수 있었고, 자녀양육에 대한 희망과 자신감을 가지게 된 점 등 프로그램에 대해 긍정적이라고 하였다.

김명애 등(2003)은 뇌전증 아동 부모의 만성적인 슬픔을 파악하고, 아동의 발작과 발작관리에 대한 부모들의 정보적인 욕구를 충족하기위한 가족교육프로그램을 개발하였다. 교육프로그램은 아동의 건강문제에 관련된 정보를 추구하고, 자신의 느낌을 표현하고, 다른 사람과 경험을 공유하는 것, 그리고 부모의 심리파악, 촉발되는 상황에 대한 전문가적 상담 및 교육을 통해 정확한 지식제공, 상황에 따른 지지를 포함하였다. 이 프로그램은 실제로 가족들을 대상으로 프로그램을 실시하지 못하여 프로그램의 효과성을 검증하지 못했다.

김지연(2008)은 뇌전증 아동 어머니들을 대상으로 정보적 및 정서적 지지로 구성한 사회적지지 프로그램을 마련하고, 어머니의 불확실성, 대처, 그리고 삶의 질에 미치는 효과를 알아보았다. 실험집단에서 매주 1회씩 90분간 5회기에 걸친 프로그램의 실시하였다. 연구결과, 어머니의 불확실성은 사회적지지 프로그램을 실시하지 않은 통제집단에 비교하여 유의한 차이가 발견되지 않았지만, 대처 및 삶의 질에는 긍정적 효과를 보였다. 뇌전증 아동 어머니에 대한 사회적지지 프로그램 내용은〈표 1〉과 같다.

〈표 1〉 뇌전증 아동 어머니에 대한 사회적지지 프로그램

| | 주제 | 정보적 지지 | 정서적 지지 |
|---|---|---|---|
| 1회 | 간질이란<br>무엇인가 | 사회적지지 소개<br>간질의 이해<br>(정의, 원인, 종류, 검사방법)<br>질의응답 | 프로그램 참여에 대한 감사와 격려<br>참여자간의 소개를 통한 친밀감형성<br>상호소속감의 형성<br>간질아동 양육경험 나누기<br>언어적 비언어적 관심표현<br>공감과 경청 |
| 2회 | 간질의 치료법 | 항경련제의 작용과 부작용<br>식이요법<br>(케톤식이, 에트킨식이)<br>수술요법<br>미주신경자극치료법<br>질의응답 | 약물요법<br>식이요법<br>민간요법<br>상호교류 및 자유토론<br>언어적 비언어적 관심표현<br>공감과 경청 |
| 3회 | 경련조절법 | 유발요인관리<br>전조증상의 관리<br>경련 시 대응법<br>스트레스 관리<br>질의응답<br>언어적 비언어적 관심 표현<br>공감과 경청 | 경련유발인자 경험나누기<br>전조증상 경험나누기<br>경련 시 대응경험나누기<br>스트레스 및 부정적 감정표현<br>아동간호의 어려움 수용, 격려 및 지지 |

| 4회 | 일상생활관리 | 학교생활<br>여행<br>가능한 운동<br>가사활동<br>규칙적인 수면과 투약<br>예방접종<br>피해야 할 음식<br>목욕<br>질의응답 | 자유의사소통<br>일상생활 경험나누기<br>문제 상황에 대한 대응 경험나누기<br>어머니간의 정서적 교류감과 동료애를 형성<br>친밀감 형성<br>경청과 격려<br>언어적 비언어적 관심표현 |
|---|---|---|---|
| 5회 | 복지정책 및<br>사회지원서비스 | 장애인 복지법<br>국민기초생활보장법<br>의료비 지원제도<br>형제자매 지원프로그램<br>질의응답<br>상호연락처 교환 | 프로그램 참여 관련 소감 나누기<br>미래에 대한 희망부여<br>감정의 순화, 긍정적 가치관 형성<br>자조그룹 형성 유도<br>동료의식 형성<br>언어적 비언어적 관심표현<br>공감과 경청 |

출처: 김지연(2008). 사회적지지 중재가 간질아동 어머니의 불확실성, 대응 및 삶의 질에 미치는 효과. 경북대학교 대학원 박사학위논문.

### 3) 우리나라 뇌전증 자녀의 양육환경

부모들은 여러 가지 형태로 희생을 하면서 뇌전증을 가진 아동을 돌보고 있다. 부모들이 아동의 장래에 가장 우려하는 점은 약물의 독성, 직업, 갑작스러운 사망, 결혼문제로서 광범위하다.

부모들은 아동이 경련으로 인하여 인지적인 장애가 생겼다고 걱정하였는데, 경련을 갖게 된 이후 과거보다 덜 영리하게 되었고, 읽기를 잘 못하게 되었으며, 산수를 못하게 되었다고 생각하였다. 부모들은 아동의 심리-행동상의 문제도 우려하고 있었는데, 우울하고, 행동 상의 문제가 많아졌다고 생각하였다. 사회적인 제한에 대해서도 불안감을 보여, 친구를 제대로 갖지 못하고, 졸업 후 직장을 갖지 못할 것이고, 결혼에도 장애가 될 것이라고 걱정하였다(김봉년 외, 2001).

국내 한 연구에 따르면, 뇌전증 자녀를 둔 부모들은 자녀가 뇌전증을 갖게 된 사실을 감정적으로 받아들이며, 고통스럽게 생각하였다. 부모들은 자녀가 뇌전증을 갖게 된 사실과 발작의 충격에서 벗어나고 있지 못하거나(13.9%), 환자가 불쌍하여 정성을 다해 보호해 주는 감정적 단계에 있다(28.7%). 그리고 자녀에 대한 과잉보호(35.1%)가 현저하였고, 자녀가 외출이나 장기 출타를 원하지 않음(63.9%)으로 정상적인 사회활동을 제한하였다. 환자의 장래에 대해 '부모가 살아서는 돌봐주지만 죽은 후가 문제' 라고 생각하였다(28.2%). 그러나 27.8%의 부모들은 '교육을 시켜 앞날을 계획 하도록 해야 한다' 고 응답하여 자녀의 미래에 대한 이성적인 계획과 희망을 갖고 있음도 볼 수 있다. 아동이 뇌전증을 갖게 된 이후 가족성원들의 역할에도 변화가 수반되었다. 가족 중 특히 어머니는 과중한 보호부담을 갖고 있는데, 환자에게 약을 복용하도록 하고, 위로해주기도 하며, 고통스러워하며, 환자와 함께 잠을 자며(수면 중 발작을 우려하여), 죽을까하는 생각, 그리고 가정을 떠나려는 생각이 가족 중 가장 많은 역할반응 빈도이다. 아버지는 서로 위로하고 사랑하며, 약을 복용하도록 하고, 또한 환자와 함께 잠을 자며, 고통스러워하고, 신경질을 잘 내었다. 한편 형제의 경우는 서로 위로하고 사랑하며, 환자와 함께 잠을 자고, 약을 복용하도록 하며, 자주 다투거나 싸우기도 하였다(송자경, 1988).

이와 같이 부모들은 아동의 심리 · 정서 · 행동상의 문제들에 대한 염려와 함께 죄의식 등 부정적 정서를 느끼며, 결혼, 직업생활 등 미래에 대해 염려한다. 그리고 과잉보호 및 거부 등 부적절한 양육태도와 함께 가족역할 및 가족역동(dynamics)에도 변화가 수반되고 있으며, 가족 내 스트레스가 증가하고 있다.

어머니가 자녀 양육에서 오는 스트레스를 해소하는 방법은 쇼핑 등을 가장 많이 사용하였다. 그밖에 취미생활, 친구 만나기 등이었는데, 수면 등의 소극적 해소방법도 있었다. 반면 운동 등 적극적인 스트레스 해소방법은 매우 적게 사용하였다. 어머니의 생활시간은 수면시간(7.37시간)을 제외하면 뇌전증을 가진 자녀의 양육에 가장 많은 시간인 평균 5.01시간을 사용하였다(김보영, 2002). 가족들은 자녀가 뇌전증을 갖게 된 이후 시장보기, 교통수단 이용하기, 식당에서 식사하기, 가족외출, 영화구경, 가족여행 등에서 40~50%의 가족이 가족생활을 제한받았다(김봉년 외, 2001).

국내 한 연구에 따르면, 부모들의 70.4%는 뇌전증에 대한 지식이 없다고 생각하고 있었다. 뇌전증에 대한 정보의 원천은 병원에서 의료진과의 상호작용이나, 또는 인터넷 등이었다. 서적은 3.5%에 불과하였으며, 정보가 없는 경우도 48.1%였다. 부모들은 심리적 도움을 가장 많이 받고 있었지만, 가장 받고 싶은 도움은 뇌전증에 대한 지식이나 정보, 그리고 뇌전증에 대한 사회적 홍보였다(김노은, 2009).

## 4. 뇌전증 아동 가족에 대한 사회복지서비스

### 1) 사회복지개입의 전제

뇌전증 아동에 대한 사회적 서비스는 부모에 대한 상담 및 사회심리적 지지를 통하여 아동과 가족모두의 안녕과 삶의 질을 추구하는 것이 바람직하다. 따라서 개입은 가족을 단위로 하는 접근과 함께 사회복지사를 비롯한 다양한 전문가들의 참여하에 이루어지는 팀 접근 등이 요구된다.

#### (1) 가족단위의 접근

뇌전증 아동의 양육 및 보호의 문제로 부모를 비롯한 가족구성원들에게 스트레스, 역할변화, 사회활동 제한 등 어려움이 수반된다. 가족구성원들에게 사회적 낙인을 포함한 스트레스, 정신질환 발병, 낮은 자존감 등의 문제들이 있다(Ellis 외, 2000). 이러한 문제들은 가족성원 간에 상호영향을 미치게 되어 아동 및 부모의 삶의 질에도 손상을 가져올 수 있다. 따라서 뇌전증 아동의 사회심리적 치료는 아동을 포함한 가족단위의 접근을 통하여 효과적으로 대처하도록 한다. 이는 뇌전증을 가진 아동 뿐만 아니라 전체가족의 삶의 질과 복지의 향상을 이끄는 효과적인 개입이 될 수 있다.

#### (2) 다양한 전문가들과의 팀 접근

아동은 뇌전증을 갖게 됨에 따라 사회의 광범위한 영향을 직접적, 간접적 받게 된다. 부모와 자녀간 상호작용, 가족역동, 또래와의 관계 등 사회심리적 측면, 그리고 낙인에 의한 사회적 압력 등에 대한 인식을 포함한 개입이 수반되어야 한다. 따라서 개입의 대상은 뇌전증 아동과 가족, 그리고 지역사회가 포함되어야 하며, 다양한 분야의 전문가들로 구성된 팀 접근에 의해 수행하도록 한다. 특히 질병의 초기과정에서 정신과 의사, 소아과의사, 간호사, 사회복지사, 심리학자 등 전문가들의 연대와 협조가 절대적으로 필요하며, 가족이 뇌전증을 수용하고 올바르게 치료할 수 있도록 개입하여야 한다.

### 2) 실천적 대안

뇌전증 아동 부모들에 대한 사회복지개입의 실천적 대안으로 부모역할 교육프로그램, 가족상담, 가족지원 및 사회적 관계망, 자조집단에 대해 살펴본다.

### (1) 부모역할 교육프로그램

많은 경우 부모는 자녀의 뇌전증의 진단에 대한 충격과 고통, 그리고 심리적 갈등과 함께 부모역할을 수행하는데 많은 어려움을 갖고 있다. 따라서 부모와 아동과의 관계에서 긍정적인 이해를 도모할 수 있도록 상호관계를 증진시키고, 부모역할에 대한 교육프로그램의 운영이 필요하다. 부모교육의 내용은 정보나누기, 기술훈련, 자기인식 증진, 문제해결하기 중 일부가 그 목적이 된다(연미희 외, 2001). 뇌전증에 대한 무지는 불필요한 불안과 스트레스 및 사회적 낙인을 초래하게 되므로 뇌전증에 대한 지식 · 정보의 제공은 매우 중요하다. 그 내용은 발작의 대처, 약물복용과 부작용, 자기 증상 관리, 생활관리 및 스트레스 관리 등에 관한 것이다. 이외에도 뇌전증에 대한 지식을 획득할 수 있는 인터넷 사이트 등의 자료, 동반장애를 가진 아동과 가족을 위한 필요한 자료를 준비하여야 한다. 이러한 교육프로그램을 통해 뇌전증치료의 지연, 가족의 불필요한 죄책감, 심리적 불안과 사회적 낙인감이 조장되는 것을 미연에 방지할 수 있다.

### (2) 가족상담

처음 진단된 뇌전증 아동의 가족들은 정보부족으로 상당한 어려움을 겪고 있다. 부모들은 아동이 뇌전증이라는 진단을 받고 치료를 시작하면서 처음 6개월 정도는 진단에 대한 거부감, 두려움, 정보 부족, 뇌전증의 원인에 대한 비논리적 상상(Travriger, 1966)을 하게 된다. 이때 가족은 위기를 맞게 되고, 가족의 스트레스 수준도 높아진다. 따라서 진단초기과정에서 뇌전증에 대한 정확한 정보를 제공하며, 질병의 수용을 돕고, 낙인을 감소시키기 위한 개입이 필요하다.

특히 주 보호제공자인 어머니의 경우 심리적 고통, 정서적 어려움, 그리고 가정 내에서 과다한 역할수행 등 심각한 부담을 안고 있다. 뇌전증 자녀에 대한 어머니의 적응과정은 '헤쳐 나가기' 과정으로 요약되는데, 이 과정은 문제 인식, 문제의 재인식, 그리고 관계의 재정립 단계[2]를 가진다(김소희, 2009). 이러한 적응과정이 어느 단계에 있는지를 평가하고, 이에 기반한 상담을 실시한다.

2) ① 문제인식: 이 단계에서 어머니들은 감정적이고 소극적인 대처를 한다. 이 시기에는 아동과 어머니 자신을 동일시하는 시각에서 벗어나도록 한다. 불안, 분노 등 부정적 감정을 표현하도록 하고, 자조

### (3) 가족지원 및 사회적 관계망

뇌전증을 가진 아동의 30%는 지체장애, 뇌성마비 등 다양한 장애를 동반하고 있다. 이러한 측면은 뇌전증의 치료비용 뿐 아니라 특수교육 관련비용이 가족에게 큰 부담으로 작용함을 의미한다. 그리고 뇌전증의 진단기법의 첨단화 및 수술적 치료법의 도입 등으로 과다한 경제적 비용을 감수해야 하는 경우가 늘고 있다.

부모의 경제적 어려움, 실직 등과 같은 사회환경적 변수들은 자녀의 뇌전증과 관련된 문제로 보다 큰 스트레스와 위기에 처하게 될 수 있으므로 가족에 대한 물질적 지원, 직업훈련과 알선에 적극적으로 개입한다. 또한 사회적으로 고립되어 있는 가족은 고립으로부터 벗어나도록 지원하며, 특히 확대가족과의 관계에 개입하여 확대가족이 제공할 수 있는 사회적 지지를 적극 활용하도록 돕는다. 그리고 지역사회 내 자원체계로서 학교, 학원, 종교단체 등을 통한 지지가 이루어질 수 있도록 사회적 관계망(social networking) 확충 등 개입기술을 사용한다. 사회적 관계망은 환자 및 가족과 사회적 관계를 형성하고 있는 구성원들을 의미하는 것으로, 환자나 가족에게 사회적 지지를 제공하여 정서적 안정을 돕고, 지역사회에서 필요한 자원을 획득하도록 하며, 사회적 유대감을 갖고 생활할 수 있도록 한다.

### (4) 자조집단

부모들의 자조집단(self help group)은 뇌전증에 대한 지식과 정보를 교환하고 동병상련의 고통과 정서를 나눔으로서 스트레스를 해소하는 기회가 되며, 어려움에 긍정적으로 대처해 나갈 수 있도록 한다. 자조집단의 초기모임 형성과정에서 사회

---

집단에 참여를 통해 정서적 지지를 한다. 어머니가 문제중심적인 대처를 할 경우 올바른 질병관리와 아동의 심리사회적 적응에 긍정적 영향을 미칠 수 있다. 이 단계에서는 간질의 노출을 꺼려하므로 자원 활용 범위가 넓지 않으므로 가족기능에 중점을 두고 개입한다. 질병에 대한 정보제공은 간질에 대한 오해를 바로잡을 수 있다(Aytch 외, 2001).

② 문제의 재인식: 이 단계에서는 어머니들은 적극적-감정중심 유형과 소극적-문제중심 유형으로 나눌 수 있다. 어머니들은 모든 것을 자신의 탓으로 생각하던 시각에서 벗어나 현실적인 인식을 갖고 상황, 문제, 그리고 자신의 존재와 역할에 다시 인식하기 시작한다. 문제중심적 접근을 위해 아동과의 관계 재인식을 통해 서로에 대해 긍정적인 이해를 도모한다. 상호관계를 증진시키고, 부모역할에 대한 프로그램의 운영이 필요하다. 가족 및 확대가족의 기능을 고려하며 자원체계, 즉 학교, 학원, 종교단체 등을 통한 사회적 지지가 이루어질 수 있도록 한다.

③ 관계 재정립: 어머니들이 자녀와의 분리를 통해 자신의 존재감을 확인하며 아동과 자신의 미래를 준비하는 단계이다. 이 과정에서 가족의 기능과 사회적 지지의 역할이 중요하며, 따라서 이러한 기능을 활성화하면서 자조집단의 형성 및 참여를 지지한다. 이 단계는 자녀를 독립된 개체로 인식하며 자녀의 진학과 취업, 결혼 등 문제를 현실적인 시각에서 파악하게 된다. 관련된 정보의 제공과 함께 부정적 인식과 불합리한 차별 등을 개선하도록 하는 사회제도적 접근이 요구된다. 이 단계에서는 어머니 스스로 세상 밖으로 나가 문제들을 주도해 나갈 수 있도록 지지한다.

복지사 등 의료전문가의 자문과 지원활동이 요구된다. 집단이 성숙함에 따라 뇌전증을 가진 장애인들의 사회적 이익을 옹호하며, 불합리한 법적 또는 제도적 차별에 대항할 수 있는 조직으로 발전해 나갈 수 있다. 현재 국내의 대형병원이나 학술단체에서 실시하고 있는 소수의 뇌전증프로그램들은 발전하게 되면 가족들 서로 간에 정보를 교환하고, 지지하며, 사회복지사가 수퍼바이저로서 역할을 하는 자조집단의 형태로 운영이 가능해 진다. 자조집단은 가족들에게 지지와 정보를 제공하며, 교육적, 치료적 측면을 강화시키고, 효율적이 되도록 한다.

### 3) 제도와 정책적 대안

뇌전증 아동 가족에 대한 제도 및 정책적 대안으로 가족상담의 활성화, 빈곤가족에 대한 지원, 뇌전증에 대한 사회적 낙인의 경감을 들 수 있다.

#### (1) 가족상담의 활성화

뇌전증 아동에 대한 치료에만 국한하지 않고 가족에 대한 상담으로 개입을 확대해야 한다. 부모의 삶이 저하되어 있고, 사회적 낙인을 갖고 있으므로 그 자체가 아동의 치료에 방해가 되고 있다. 특히 아동의 뇌전증 장애 진단초기에 부모들에게 아동의 장애와 예후에 대한 정보 및 이용 자원에 대한 정보적 지지가 중요하며, 이러한 요구를 충족시키기 위한 의료적 도움과 사회복지사의 지원이 중요하다. 병원 사회사업실, 복지관 등에서 이러한 프로그램을 마련하여 진행할 수 있다. 대구서문교회에서 2005년부터 운영하는 뇌전증 장애인 재활센터에서는 연 1회 소아뇌전증 아동 및 부모를 대상으로 '의료지지 및 가족상담' 프로그램을 실시하며, 소아뇌전증에 대한 의료적 정보 및 자기관리 방법에 대한 정보를 교환하고, 역할 심리극을 통하여 가족들 간의 고민과 문제를 서로 나눈다.

#### (2) 빈곤가족에 대한 지원

부모의 소득이나 고용여부는 부모의 삶의 질 수준을 결정하는 요인 중의 하나이다. 빈곤가족의 경우 경제적 어려움으로 치료문제를 포함한 양육문제에 있어 적절한 대처를 어렵게 하여 아동을 방치하거나 충분한 보호를 제공하지 못하는 경우가 생길 수 있다. 의료비용이 많이 드는 난치성 뇌전증 아동의 가족, 장애를 동반한 아동의 가족, 뇌전증 아동의 치료에 경제적 도움이 필요한 빈곤가족 등의 기준을 고려하여 경제지지 등 재정적 지원이 필요하다. 동반된 장애가 있는 경우에는 세제상의 혜택을 확대하고 장애 아동 부양에 대한 수당 제도를 현실화하여 이중적인 양육부담을 겪지 않도록 지원이 필요하다. 2003년부터 실시된 장애인복지법에 의한 적용이 너무 까다로워 중증도의 뇌전증 아동 가족들에게는 크게 도움이 되지 못하고 있는 것이 현실이므로 적절한 개선책이 마련되어야 한다(김노은, 2009). 빈곤가족의 뇌전증 자녀를 지원하기 위한 다양한 의료 및 사회서비스 프로그램을 제공해야 한다. 특히 수술적 치료가 필요하거나 장기간 빈번한 입원치료가 필요한 중증의 환자들에게 심장재단이나 백혈병 후원회와 같이 경제적 도움을 줄 수 있는 지원제도의 마련이 필요하다.

#### (3) 뇌전증에 대한 사회적 낙인의 경감

뇌전증에 대한 사회적 낙인은 아동 및 부모의 삶의 질에 영향을 미치게 되므로 낙인을 경감하기 위한 사회적 노력이 필요하다. 관련 단체들, 매스컴, 정부가 협력하여 일반인들을 대상으로 뇌전증에 대한 올바른 지식과 정보를 제공할 수 있어야 한다. 따라서 매스컴을 통한 뇌전증에 대한 올바르고 긍정적인 이미지홍보 뿐만 아니라, 유치원이나 초 · 중 · 고등학교 등 각 급 학교에서의 교육프로그램을 실시하여야 한다. 뇌전증 아동의 경우 장애에 대한 사회의 인식에 대한 부담감을 가지고 있으므로 뇌전증 환자의 고용이나 운전에 관한 차별을 금지하는 합리적인 법의 정비 등이 뒷받침되어야 한다. 미국의 경우 1994년 설립된 질병관리통제센터(CDC: Centers for Disease Control and Prevention)에서는 뇌전증프로그램을 설치하여 약 300만 명에 달하는 미국 내 환자들 및 연구자들에게 정보를 제공하며, 뇌전증에 대한 사회적 낙인 경감을 위해 많은 연구와 모임을 지원하고 있다.

## >>참고문헌<<

고창준 · 박재현 · 이준수 · 강훈철(1999). 소아간질 아동의 행동에 관한 연구. 대한 소아신경학회지, 7(2), 188-197.

김경희(1996). 간질 자녀를 둔 어머니의 스트레스 완화를 위한 집단 프로그램의 효 과성에 관한 연구. 석사학위논문. 이화여자대학교.

김노은(2009). 간질아동 부모의 삶의 질에 관한 연구. 이화여자대학교 사회복지전문대학원 박사학위논문.

김명애 · 신영희 · 박영숙 · 김연하 · 김해순(2003). 간질아동 부모를 위한 교육 프로그램 개발. 기본간호학회지, 10(3), 335-344.
김보영(2002). 간질아동 모의 스트레스에 관한 연구. 한국아동복지학, 14, 37-63.
김붕년 · 조수철 · 홍강의(2001). 특발성 경련 환아에 대한 부모와 일반인의 태도 비교. 신경정신의학, 40(1), 37-49.
김소희(2009). 간질 아동 어머니의 경험에 대한 근거 이론적 접근. 부산대학교 대학원 박사학위논문.
김지연(2008). 사회적지지 중재가 간질아동 어머니의 불확실성, 대응 및 삶의 질에 미치는 효과. 경북대학교 대학원 박사학위논문.
송자경(1988). 간질아동에 대한 부모들의 태도 및 그 역동에 관한 고찰. 최신의학, 31(4), 129-142.
송현석 · 김보실 · 이정화 · 강희진 · 김희진 · 정은정 · 김의정 · 이향운(2006). 소아 청소년 간질환자 및 그 가족의 삶의 질. 대한간질학회지, 10(2), 125-132.
신영희(2004). 간질아동의 삶의 질과 간호관리. 아동간호학회지, 10(2), 225-232.
연미희 · 김진숙(2001). 부모교육 이론과 실제. 동문사.
왕희령 · 유한익 · 염미선 · 고태성(2007). 소아간질환아에서 동반된 정신 병리의 양상과 위험인자. 대한간질학회지, 11(1), 40-49.
이경님(1999). 아동의 자기통제, 통제소재 및 행동문제의 관계, 생활과학연구논문집, 7(12), 41-64.
이경님(2001). 학령기아동의 자기통제에 대한 내외통제소재와 어머니의 양육행동의 인과모형, 대한가정학회지, 39(12), 37-50.
이상건(1998). 간질의 약물요법. 대한의사협회지, 41(8), 871-880.
이상건 · 이일근 · 조용원 · 정기영 · 김기중 · 황희 · 주화(2007). 사이버 병동 에필리아 24시. 서울. 도서출판 CIR.
Aldernkamp, A. P. Alpherts, W. c. J., Blennow, G., Elmqvist, D., Heijbel, J., Nisson, H. L., Tonby, B., Wahlander, L. & Woose, E. (1998). Antiepileptic drug-related cognitive complaints in seizure-free children with epilepsy before and after drug discontinuation. *Epilepsia*, 39, 1070-1074.
Austin, J. K. & Dunn, D. W. (2000). Children with epilepsy: Quality of life and psychosocial needs. In: J. J. Fitzpatrick & J. Goeppinger (eds.), *Annu Rev Nurs Res*, 18, 26-47.
Austin, J. K., Dunn, D. W. Huster, G., & Rose, D. (1998). Development of scales to measure psychosocial care needs of children with seizures and their parents. *J Neurosci Nurs*, 30, 155-160.
Austin, J. K., McNelis, A. M., Shore, C. P., Dunn, D. W. & Musick, B. (2002). A feasibility study of a family seizure management program: 'Be Seizure Smart' . *J Neurosci Nurs*, 34(1), 30-37.
Austin, J. K., Smith, S., Risinger, M. & McNelis, A. (1994). Childhood epilepsy and asthma: a comparison of quality of life. *Epilepsia*, 35, 608-615.

Aytch, S. L., Hammond, R. & White, C. (2001). Seizures in infants and young children: an exploratory study of family experiences and needs for information and support. Journal of *Neuroscience Nursing*, 33(5), 278-285.

Dorenbaum, D., Cappelli, M., Hons, B. A., Keene, D., & McGrath, P. J. (1985). Use of a child behavior checklist in the psychosocial assessment of children with epilepsy. *Clin Ped*, 24, 634-7.

Dunn, D. W., Austin, J. K., & Huster, G. A. (1997). Behavioral problems in children with new-onset epilepsy. *Seizure*, 6, 283-287.

Ellis, N., Upton, D. & Thompson, P. (2000). Epilepsy and the family: a review of current literature. *Seizure*, 9(1), 22-30.

Franks, R. P. (2003). Psychiatric issues of childhood seizure disorders. *Child Adolesc Psychiatr Clin N Am*, 12(3), 551-565.

Gehlert, S. (1994). Perceptions of control in adult with epilepsy. *Epilepsia*, 35, 81-88.

Hillson, J. M. C. & Kuiper, N. A. (1994). A stress and coping model of child maltreatment. C*linical Psychology Review*, 14, 261-285.

Hoare, P. & Kerley, S. (1992). Helping parents and children with epilepsy cope successfully: The outcome of a group programme for parents. *J Psychosom Res*, 36, 759-767.

Hoare, P., & Mann, H. (1994). Self-esteem & behavioral adjustment in children with epilepsy and children with diabetes. *J Psychosom Res*, 38(8), 859-869.

Laybourn, A. & Hill, M. (1994). Children with epilepsy and their families: needs and services. *Child Care, Health and Development*, 20, 1-14.

Lewis, M. A., Salas, I., Soto, A., Chiofalo, N., & Leake, B. (1990). Randomized trial of a program to enhance the competencies of children with epilepsy. *Epilepsia*, 31, 101-109.

Macleod, J. S. & Austin, J. K. (2003). Stigma in the lives of adolescents with epilepsy: a Review of the literature. *Epilepsy & Behavior*, 4, 112-117.

Mattews W. S., Barabas, G. & Ferrari M. (1982). Emotional concomitant of childhood epilepsy. *Epilepsia*, 23, 671-681.

Matthews, W. S. & Barabas G. (1986), Perceptions of control among children with epilepsy. In: Whitman S, Hermann BR, eds. *Psycho pathology in epilepsy: Social Dimensions*. New York : Oxford University Press, 162-82.

McCarthy, A. M., Richman, L. C. & Yabrough, D. (1995). Memory, attention and school problems in children with seizure disorders. *Dev Neuropsychol*, 11, 71-86.

Michell, W. G., Scheider, L. M., & Baker, S. A. (1994). Psychosocial, behavioral and medical outcomes in children with epilepsy: a developmental risk factor model using longitudinal data.

*Pediatrics*, 94, 471-477.

Oostrom, K. J., Schouten, A., Kruitwagen, C. L. J. J. & Peters, A. C. B. (2001). Parents' perceptions of adversity introduced by upheaval and uncertainty at the onset of childhood epilepsy. *Epilepsia*, 42(11), 1452-1460.

Pianta, R. C., & Lothman, D. J. (1994). Predicting behavior problems in children with epilepsy: Child factors, disease factors, family stress, and child-mother interaction. *Child Dev*, 65, 1415-1428.

Sabbagh, S. EI., Soria, C., Escolano, S., Bulteau, C., & Dellatolas, G. (2006). Impact of epilepsy characteristics and behavioral problems on school placement in children. *Epilepsy & Behavior*, 9(4), 573-578.

Sbarra, D. A. Rimm-Kaufman, S. E. & Pianta, R. C. (2002). The behavioral and emotional correlates of epilepsy in adolescence: a 7-year follow-up study. *Epilepsy & Behavior*, 3, 358-367.

Semrud-Clikeman, M. & Wical, B. (1999). Components of attention in children with complex partial seizures with and without ADHD. *Epilepsia*, 40, 211-215.

Shore, C. P. Austin, J. K. & Dunn, D. W. (2004). Maternal adaptation to a child' s epilepsy. *Epilepsy & Behavior*, 5, 557-568.

Sturniolo, M. G. & Galletti, F. (1994). Idiopathic epilepsy and school achievement. *Arch Dis Child*, 70, 424-428.

Travriger, R. (1966). Some parental theories about the causes of epilepsy. *Epilepsia*, 7, 339-343.

Weglage, J., Demsky, A., Pietsch, M. & Urlemann, G. (1997). Neuropsychological, intellectual, and behavioral findings in patients with controtemporal spikes with and without seizures. *Dev Med Child Neurol*, 39, 646-651.

Williams, J., Griebel, M. L. & Dykman, R. A. (1998). Neuropsychological patterns in pediatric epilepsy. *Seizure*, 7, 223-228.

Ziegler, R. G. (1981). Impairments of control and competence in epileptic children and their families. *Epilepsia*, 22, 339-346.

# 제6장 뇌전증 청소년의 특성 및 경험

뇌전증은 청소년기에 가장 흔한 만성 신경계질환이다. 이시기에 뇌전증을 갖게 된 청소년들은 또래와의 관계 및 자아정체감 형성 등 발달과정에 적합한 성장발달을 수행해나가는 한편, 뇌전증이라는 병에 적응하면서 질병에 대한 자기관리를 발전시켜 나가야만 하는 이중과제를 안고 있다. 병원의 정기적 방문, 약물이행, 부작용 관리, 뇌전증에 대한 정보와 지식의 획득 등 적절한 자기관리가 필수적으로 요구된다. 또한 뇌전증에 대한 사회적 편견 및 비일상적인 상황에 대처해 나가야하므로 사회심리적 적응에 보다 많은 부담을 갖는다. 본 장에서는 뇌전증을 가진 청소년들의 사회심리적 문제 및 뇌전증에 대한 적응 및 생활 경험을 살펴보고, 청소년 환자들에 대한 사회복지서비스를 모색한다.

## 1. 청소년기 뇌전증

뇌전증은 대뇌피질에서 갑자기 발생한 과잉의 부적절한 전기 방전으로 인해 발작, 즉 움직임, 느낌, 또는 의식의 장애가 반복적으로 일어나는 질환으로 전체 인구의 0.6-1%에 해당한다(Admi 외, 2007). 환자의 약 70%가 20세 이전에 첫 발병을 하게 되며, 이는 청소년기에 가장 흔한 만성 신경계 질환이다(Elliott 외, 2005).

뇌전증 발작은 일과성이지만 반복하여 발생하므로 신체적, 정신적, 사회적 영향은 매우 크다고 할 수 있다. 특히 이 시기의 뇌전증에 대한 경험은 이 시기 뿐만 아니라 성인이 되어서도 삶의 질에 중요한 영향을 미칠 수 있다. 어렸을 때부터 뇌전증을 앓아온 사람이 성인기에 들어서 사회적 성숙도가 떨어진다는 연구(Kokkonen 외, 1997) 등은 청소년기 환자의 발달과업 및 뇌전증에 대한 사회심리적 적응의 중요성을 시사하고 있다.

고대부터 뇌전증은 종교적인 질병으로 생각해 왔고 신약에서는 귀신들린 병으로 여겨졌다. 현대에 이르러서도 뇌전증은 여전히 무지와 두려움 등에서 나온 차별과 편견을 받아왔다(Austin 외 2006; Ismail 외, 2005). 이와 같이 뇌전증은 다른 만성질환과 달리 사회문화적 낙인이 강하여 대부분의 환자들은 질병자체의 관리보다 낙인으로 인한 영향을 더 힘들어 한다. 청소년 환자들은 자신의 발작에 대한 다른 사람들의 반응을 통해서 인식하게 되는데, 학업수행의 어려움보다 또래집단의 수용, 자율성 발달, 자신의 일부로서 뇌전증, 미래 등 질병에 따른 정체감 형성이 또 다른 중요한 문제로 제기되고 있다(McEwan 외, 2004). 이외에도 장기적인 약물이행과 부작용관리, 발작조절, 뇌전증에 대한 지식부족, 치료 및 예후에 대한 불확실성 등 질병과 관련된 문제들을 가지고 있다(Admi 외, 2007). 이와 같이 청소년기의 뇌전증은 신체적 측면 뿐 아니라 발달적, 심리사회적 측면에서 여러 가지 문제점들을 야기한다.

최근 새로운 치료약제의 개발과 수술의 발달로 치료의 성과가 좋아지고 있으나 아직도 많은 환자의 증상이 개선이 안 되거나 완치가 안 되는 등 치료에 반응이 좋지 않은 경우가 많다(Park, 2010). 실제로 뇌전증 환자들에서 자살, 불안, 우울증, 급사, 사고사 등이 일반인보다 높다(Lee, 2005)는 점과 청소년기의 발달적 특성 등을 감안할 때, 뇌전증을 갖고 있는 청소년들의 사회심리적 특성 및 경험들에 대한 깊은 이해와 함께 그에 대한 대책이 마련되어야 한다.

## 2. 뇌전증 청소년의 사회심리적 문제

청소년들의 사회심리적 문제는 크게 나누어 질병의 관리, 심리사회적 적응, 그리고 뇌전증의 낙인에 관한 문제로 나눌 수 있다.

### 1) 질병의 관리

청소년들은 뇌전증과 관련하여 규칙적인 약물이행, 일상생활에서의 제한, 정기적인 병원방문 등 건강문제를 관리하는 방법을 습득해야 한다. 또한 장기간에 걸친 건강문제로 청소년들은 우울, 불안, 학업수행의 어려움 뿐만 아니라 여러 사회적 기능을 수행하는데 어려움을 갖고 있다(Austin 외, 1999).

청소년 환자가 투병과정에서 제일 불안하고 두려움을 느끼게 하는 것은 언제 일어날지 모르는 발작이다. 특히 발작의 빈도와 정도가 심각할수록 불안과 두려움은 더 컸다. 또한 발작이 끝난 후의 신체적, 심리적 후유증과 장기적인 약물복용에 따른 부작용 등으로 고통을 경험하였다. 이러한 경험은 청소년 뇌전증 환자의 삶의 질을 저하시키는 주요 요인이 되고 있는데, 환자의 삶의 질에서 약물 부작용, 기분, 그리고 발작의 심각성 등이 주요영역이다(Buck 외, 2007).

뇌전증 청소년들의 약물이행에서의 중요한 문제는 잊지 않고 약을 복용해야 하는 것과 학교에서 약을 복용할 경우 친구들과의 관계에서 문제가 생기는 어려움이 있다. 학교에서 항경련제를 복용하기 위해 교실 밖으로 나가거나, 학교활동을 쉬는 것, 친구관계가 좋지 않은 것 등이다. 나이든 청소년들은 아동들에 비해 약을 제때에 복용하지 못하는 경우가 많았다(Anderson 외, 2000).

### 2) 심리사회적 적응

청소년기는 심리 · 사회적으로 커다란 변화가 일어나는 시기로서 사회심리적 발달과 더불어 이에 수반되는 사회적 관계가 중요한 문제로 부각되는 시기이다. 뇌전증을 가진 청소년들은 긍정적인 동료관계를 형성하고 지속시키며 긍정적인 자아이미지를 발달시키고, 부모와의 연관성을 지속시켜나가며, 동시에 독립심을 발달시켜 나가야 하는 과업들을 수행해야 한다. 이와 동시에 만성적인 발작이라는 삶의 부담감을 가지고 있다.

뇌전증에 대한 진단은 발작에 대한 염려, 투약, 그리고 다른 사람들의 반응에 대한 두려움을 갖게 한다. 뇌전증의 진단에 대해 환자들의 절반 이상이 두려움, 우울, 분노를 가졌다. 그리고 24%의 환자들은 사회적 낙인, 다른 사람들의 반응, 수치심, 그리고 외로움을 가졌다(Fisher 외, 2000).

현재는 발작을 하지 않고 있는 청소년은 천식을 앓고 있는 청소년보다 사회생활과 학교적응에서 더 심각한 문제가 있었다(Austin 외, 1996). 그리고 아동기에 발작을 시작한 사람들은 현재의 발작조절 여부와 관계없이 심리적 적응문제를 가지고 있었다(Sbarra 외, 2002).

뇌전증을 가진 청소년들의 적응상의 어려움에 대해 Eklund 등(2003)은 청소년들은 억압과 함께 약물 부작용, 여가활동의 제한, 이질감 등으로 힘들어 하나 스스로 지지를 찾으며 통제와 조절을 통해 자신의 삶을 이끌어 나가며 스스로 적응해 나간다고 하였다.

청소년들은 발작에 대한 두려움과 타인들의 부정적인 반응을 경험한 후의 실망감은 사회적 고립감을 증가시킨다(Olsson 외, 1993). 청소년들의 행동적인 문제로는 반복적이고 지속적인 분노 표출이나, 심각한 규칙위반 등이 있었다. 또한 류마티스 관절염을 앓고 있는 청소년에 비해 정서적인 어려움, 형제와의 관계형성에 어려움 그리고 계획되지 않은 임신도 더 많았다. 정서적, 행동적인 문제, 인지 및 학습의 곤란, 대인관계 등 다양한 영역에서 문제가 있었다. 특히 일상생활에서 역할수행, 그리고 뇌전증에 대한 낙인은 중요한 적응문제였다(Wirrell 외, 1997).

청소년들은 질병과 관련된 낙인의 문제와 언제 일어날지 모르는 발작, 이로 인한 부모님의 염려 등으로 자연히 활동범위는 최소화되고 자신만의 세계에 몰두하는 시간이 많아졌다. 청소년들의 자아정체감 형성과 사회적 낙인에는 일반 대중의 가치체계와 대중매체가 많은 영향을 미쳤다(박영숙 외, 2011). 청소년 환자들은 발작 시에만 환자로 인식되는 자신에 대해 자신이 환자인지 아닌지에 대한 주제로 끊임없이 고민하기도 하며, 심리적 갈등을 경험하는데, 이들의 사회심리적 적응과정은 '고통의 극복과정' 으로 요약된다. 즉, 신체적인 상태와 활동제한, 사회적 태도 등에서 파생하는 상황들에 대처해나가며, 결국 뇌전증이 자신의 일부임을 인식하고, 가족을 비롯한 가까운 주변사람들의 도움과 지지를 통해 병과 더불어 사는 법을 배워나간다(문성미, 2003).

### 3) 뇌전증에 대한 낙인

뇌전증에 대한 사회의 낙인 역시 뇌전증을 가진 청소년들이 적응해야할 중요한 문제이다. 낙인은 개인의 성장 발달을 저해하는 중요한 요소로서, 낙인을 심각하게 받는 사람은 대인관계나 일을 할 때 스트레스를 더 많이 받게 되고, 신체적 건강이 저하되며, 삶의 질이 떨어진다. 특히 뇌전증과 같은 질병의 경우 다른 사람과 구별되는 낙인을 경험하게 되는데, 이로 인한 긴장감, 고립감, 분노, 불확실성과 같은 문제를 초래할 수 있다. 낙인은 개인의 기본적 욕구를 접하는데 방해가 되며, 변화에 적응할 수 있는 능력을 감소시킨다(Joachim, 2000).

Wilde 등(1996)은 뇌전증을 가진 청소년들을 심층 면담하여 분석한 연구에서 청소년의 71%가 편견의 희생자였다고 밝혔다. 청소년들은 친구들로부터 괴롭힘을 당하였다고 고백하였고, 게다가 의료진이나 기타 도움을 주는 서비스들이 그들의 욕구를 적절히 충족시켜주지 않았다고 비판하였다. Healy(2000)에 의하면 한 뇌전증 청소년은 자신의 상태에 대해서 말할 대상이 없고, 부모는 사회활동에 참여하지 못하도록 한다고 하였다. Elliot 등(2005)은 뇌전증을 가진 청소년들은 자신감 상실로 인해 사회적 상호작용이 감소되었을 뿐 아니라 부모로부터의 활동 제한, 또래집단의 놀림이나 따돌림 등으로 인해 자율성이 감소되고, 청소년기의 다양한 활동에 상당한 제약을 받았다고 하였다. 당황과 수치감은 성인기에 진단받은 사람들보다도 특히 어린이와 청소년기에 진단받은 사람들에게 보다 더 보편적으로 나타나고 있다. 박영숙 등(2011)은 질적 연구를 통하여 청소년 환자들은 자신에게 뇌전증이란 병이 있다는 것을 알고 매우 수치스럽고 절망적으로 느꼈다고 하였는데, 발작 증세를 보고 친구 등 주변사람들의 수군거림이나, 피함, 편치 않는 시선 등을 경험하면서 더욱 고통스러웠다고 밝히고 있다.

청소년기의 환자들에게 학업수행의 어려움 보다 자율성 발달과 또래집단으로부터의 수용 문제가 더 중요한 문제이다(McEwan 외, 2004). 또래에 의한 따돌림은 단순히 끼워주지 않는 정도가 아니라 공격적으로 밀어내는 행동에서 비롯된다. 이와 같이 친구들로부터의 따돌림은 뇌전증을 가진 청소년들이 고통을 가지게 되는 중요한 이유이다.

## 3. 청소년 뇌전증 환자의 경험

청소년들의 뇌전증에 대한 사회심리적 적응 및 삶의 경험은 Wilde 등(1996), 문성미(2003), 그리고 박영숙 등(2011)의 질적 연구에서 나타난 경험들을 중심으로 살펴보면 다음과 같다.

### Wilde & Haslam(1996)의 청소년 뇌전증 환자의 사회심리적 적응경험

뇌전증클리닉을 정기적으로 방문하는 13세~25세의 아동 및 청소년 24명을 면접하여 밝힌 사회심리적 적응 경험은 다음과 같다.

• 편견에 대한 경험

편견에 대한 경험에서는 대다수가 특히 학교에서 친구들의 놀림을 당했으며 학교

밖에서도 사람들이 뇌전증에 대해 오해를 하고 있거나 부정적인 태도를 취하는 것을 느꼈다.

• 부모에 대한 경험

부모에 대한 경험에서는 대부분의 부모들이 지지적이며 자녀들을 이해하고 있으나, 밤에 나가서 술을 마시는 등의 행동에 대해서는 종종 자녀들과 갈등을 일으킨다고 하였다. 또한 나이가 든 청소년일수록 부모의 지나친 관심을 꺼려하였다.

• 뇌전증에 대한 친구들의 반응

뇌전증에 대한 친구들의 반응에서는 대부분이 처음에는 친구에게 자신이 간질이라는 사실을 밝히지 않고, 어느 정도 친분이 쌓인 후 사실을 말할 기회를 엿본다고 하였다. 이들 대부분은 친구 집단 내에서 정상적인 구성원이라고 생각하고 있었다. 그러나 한편, 운전을 하지 못하는 것과 술을 같이 마실 수 없다는 것은 이들이 친구들과 이질감을 느끼게 하는 것이고 이러한 점들이 뇌전증을 가진 청소년들로 하여금 좌절감을 가져온다고 하였다.

• 의료인에 대한 경험

의료인에 대한 경험에서는 대부분의 의사들은 도움과 용기를 주었다고 하였다. 한편 비판적인 의견으로는 의사들이 그들의 상태에 대해 적절하게 설명해 주지 않았고, 일상생활에 대해 실질적인 충고를 해 주면서 너무 지나치게 치료에 대해 걱정하는 것처럼 보였다고 하였다.

• 지지그룹에 대한 경험

대부분이 뇌전증협회 같은 지지그룹에 참여하지 않았는데, 그 이유는 그러한 그룹들이 일상생활과 무관하고, 뇌전증의 부정적인 측면을 강조하기 때문이라고 하였다. 청소년들은 뇌전증으로 인해 많은 문제들을 가진 사람들과 관련되는 것을 원하지 않았고, 오히려 뇌전증을 가지고 있는 것을 대수롭지 않게 생각하면서 사회적으로 정상적으로 생활하는 것을 강조하는 것을 원하였다.

• 직업에 대한 경험

대부분의 청소년들은 뇌전증때문에 직업을 구하는 것이 어렵다고 하였는데, 이러한 응답은 실제 경험, 또는 자신들의 생각으로 부터 나온 것이었다.

• 일상생활에 대한 감정

청소년들은 뇌전증을 가지고 살아가는 것에 대해 분노하고, 좌절하고, 걱정하거나 희망과 자신감을 가지고 있었다. 여전히 자신을 부끄러워하는 청소년도 있었지만 갈수록 뇌전증에 대해 수용적이고 개방된 태도가 되었으며 자신감이 생겼다고 한 청소년도 있었다. 몇몇 청소년들은 차별을 당하는 것 때문에 뇌전증을 가지고 있다는 것에 대해 슬프고 화가 났다고 하였다.

• 일상생활에서의 두려움

여자 청소년들이 아이를 갖는 것과 아이를 돌보는 것에 대해 걱정하였고, 상해의 위험에 대해서도 두려움을 가지고 있었다.

## 문성미(2003)의 청소년 뇌전증 환자의 사회심리적 적응경험

국내에서 Strauss & Corbin(1998)의 근거이론방법에 기반하여 뇌전증을 가진 청소년 9명을 심층면접을 실시하여 밝힌 사회심리적 적응과정은 '고통의 극복과정'으로 간질과 나의 분리단계, 간질에 대한 조절단계, 간질과 나의 일치단계를 거치면서 일어나고 있었는데, 청소년들의 적응과 관련된 경험들은 다음과 같다.

청소년들은 체육시간이나 수련회와 같은 단체 활동에서 자신이 일방적으로 문제가 있는 사람인 것처럼 공개되는 것 자체를 힘들어하였다. 또한 선생님의 시선으로 볼 때 좀 힘든 활동이라고 생각되는 것들에 대해서는 일부러 배려하여 제외시켜 주었으나 그것이 지나친 배려로 받아들여지고 오히려 더 이질감을 느끼게 하였다. 한편 자신의 상태에 상관없이 뇌전증을 가지고 있는 것에 대해 사람들의 차별적인 시선을 의식하였다.

대부분 자신의 성격이 내성적이고 친구를 잘 못 사귀며 사람들과 같이 있는 것보다 혼자 있는 것이 편하다고 하는 등 집단 속에서의 불편감을 드러내었다. 또한 뇌전증을 가진 후 또래들은 점점 청소년들을 멀리하는 한편 노골적으로 피하고 괴롭히는 등 따돌렸다.

발작을 하는 자신의 모습이 개구리 같다거나 추하다는 표현을 하는 등 자괴감을 가지고 있었고, 발작을 하고 있는 동안 상황을 자신이 통제 할 수 없었던 것에 대해 공포를 느끼고 있었다. 한편 뇌전증을 가지고 있는 것에 분노감을 가지기도 하였다.

청소년들은 장기간의 약물 복용에 따른 부담감을 가지고 있었다. 매일같이 정기적으로 약을 먹어야 한다는 것은 청소년들을 지치게 하였고, 약에 대해 질리도록 하였으며, 경험해보지 않은 사람은 이해하지 못할 정도로 힘들어하고 있었다.

청소년들은 선생님이나 친구들에게 자신이 뇌전증을 가지고 있다는 사실이 알려졌을 때의 결과에 대해 걱정하고 불안해하였으며, 뇌전증을 가지고 있다는 것은 비밀이고 사생활인데 그것이 노출되는 것에 기분이 나쁘면서 분노감도 가지고 있었다. 청소년들은 다른 질병보다 더 정신적인 피해가 큰 뇌전증을 가지고 살아가면서 뇌전증과 끊임없이 보이지 않는 싸움을 해야 하고, 제한된 정서 표출과 죄책감을 가지고 있었다. 또한 삶을 무의미하게 느끼기도 하였고, 언제 완치가 될지 모르는 막막함을 가지고 있었다.

> 엄마 아빠가 마음이 아프잖아요. 그래서… 제가 아무리 속마음을 풀 데가 없어도 될 수 있으면 집에서 내색을 안했죠. 내색 안하고 그냥 집에서도 그냥 그렇게… 웃기만 했어요. 그래서 엄마 아빠가 헤프다고 너는 왜 헤프냐?

청소년들이 심리적인 낙인을 가지고 있기도 하지만 실제로 우리 사회에는 뇌전증을 가진 사람들에 대한 낙인이 존재하고 있다. 뇌전증이 공개적으로 웃음거리가 된다던지 뇌전증에 대한 부정적인 말들을 통해 낙인은 강화가 된다. 대중매체는 낙인이 강화되는 강력한 수단이다. 예로부터 뇌전증을 지랄병이라고 하여 아직까지도 국어사전에 지랄병이라고 나와 있을 만큼 우리나라 문화 고유의 편견 또한 사회적 낙인의 일부이다. 제도에 의해서도 낙인이 형성될 수 있다. 장애인을 위한 제도 자체도 하나의 낙인으로 인식되고 있다.

> 간질은 장애인 판정받으면 안되요. 절대, 절대, 아 그럼 제가 뭘 하든지 다 장애인으로 해야 되잖아요. 뭐 서류에도 장애인으로 등록되고 주차할 때도 장애인 주차장에 해야 하고… 그럼 사람들이 다 저를 장애인으로 볼 거 아니예요. 전 장애인 싫어요. 왜 제가 장애인이예요? 누가 그렇게 바꿨어요?

병원에서 만들어진 뇌전증 관련 자료나 학교 교과서에 나온 뇌전증에 대한 정보는 청소년들에게 도움이 되지 않았다. 약물이나 기타 뇌전증치료, 일상생활관리와 같은 전반적인 뇌전증 관리에 대해 지식이 부족하였고, 뇌전증 정보도 능동적으로 찾는 것이 아니라 수동적으로 획득하고 있었다.

뇌전증을 가진 청소년이 학교생활을 하는데 있어서 선생님의 이해는 매우 중요하다. 장기적인 병원 방문이나 발작 후 휴식을 취해야 한다는 것을 선생님이 이해하지 못한 상태에서 대화를 했을 때 뇌전증을 가진 학생은 마음의 상처를 입게 된다. 또한 선생님들이 배려한다는 생각으로 뇌전증을 가진 학생들의 활동에 지나치게 간섭을 하게 되면 한편 고맙다는 생각이 들긴 하지만 거부감을 더 많이 느끼게 된다.

약물치료 이외에 대중매체나 인터넷, 민간시설 등을 통해 알려진 다양한 치료방법들을 시도하고 있었고, 이러한 방법들 중에는 검증되지 않은 것도 있었다.

장기간 뇌전증치료를 하는데 따른 경제적 부담을 호소하였고, 기억력이나 집중력이 떨어지면서 공부하기가 힘들고 학습 성과가 친구들에 비해 떨어져 열등감을 느끼고 있었다. 또한 뇌전증 치료과정에 따른 여러 제약 때문에 운전이나 친구들과 어울리는 등의 사회생활에 제한을 받았다. 또한 약물 이행을 힘들어 하였으면서도 막상 약물치료 종료에 대해서는 발작 가능성 때문에 불안해하였다.

청소년들은 미래에 결혼과 임신을 할 수 있는지, 직업을 가질 수 있는 지에 대해 고민하는 등 사회인으로서의 미래 역할에 대해 확신하지 못하였고, 뇌전증 때문에 미래의 꿈을 포기해야 하는 상황을 경험하기도 하였다.

> 난 결혼할 때 숨기고 결혼 할 수 있을까. 결혼을 하고서 숨기고 결혼을 했다고 해도 임신을 할 때 어차피 남편이 알게 될 거 아니예요. 의사와 상담을 하게 되면 알게 될 거 아니예요. 그러면 처음부터 말하고 결혼해야 되나, 숨기고 결혼해야 되나… 그런 생각 되게 많이 했어요.

청소년들은 뇌전증을 가지고 살아가면서 주위사람들의 도움을 경험하였다. 의사는 나을 수 있다고 위로해 주었고 노력하면 잘 할 수 있다는 용기를 주었다. 종교활동 또한 위안을 주었고, 학교에서도 단짝 친구는 물론 별로 친하지 않은 친구도 관심을 보여 주어 고마움을 느꼈다. 또한 부모는 청소년들이 약물이행을 잘 할 수 있도록 청소년들을 지지하였다.

발작 증상이 없거나 잘 조절되고 있을 경우 청소년들은 자연스러운 일상생활을 영위하게 되고, 기분이 좋고 환자라는 느낌을 갖지 않게 되었다.

제각기 전조증상이 있을 때 마인드 콘트롤이나 수면을 취하는 등 자기조절법을 터득하고 있었다. 또한 약을 잊어버리지 않고 복용하기 위해 여러 가지 방법을 강구해 놓고 있었으며, 스트레스를 받을 때에는 나름대로 해소하려고 관리전략을 가지고 있었다.

자신이 뇌전증을 가지고 있다는 것을 타인에게 드러내지 않기 위하여 다양한 방법을 사용하고 있었다. 발작 증상을 누구에게나 흔히 있을 수 있는 감기나 두통, 허약함이라고 포장하였고, 때로는 유머를 사용하여 재치있게 발작에 대해 이야기하였다. 또한 뇌전증을 가지고 있다는 사실을 아예 말하지 않음으로써 비밀시 하기도 하였다.

> 친구들은 제가 빈혈이 심한 줄 알아요. 증상이 딱 그렇잖아요. 어지럽다 그러면, 그래서 제가 수업 도중에라도 엎드려 있거나 양호실 가서 누워 있는 거에 대해 당연한 걸로 아는 거 같았어요. 잘됐죠. 뭐. 뭐… 만만한 빈혈인거 같아요. 빈혈이라 그러면 다 그런가보다…

잘 조절되지 않는 발작으로 인해 화가 난 감정을 부모님이 속상해 할까봐 밖으로 표출하지 못하고 속으로만 삭히게 되는 현상 등이 있었다.

청소년들은 "다른 사람은 더 심한지?" "나보다 더 약을 오랫동안 먹은 사람도 있는지? 어렸을 때부터 약을 먹은 사람도 있는지?"라는 물음을 통해 자신의 상태가 심하지 않다는 것을 확인하고자 하였고, 다른 사람의 발작하는 모습을 보면서 자신이 그처럼 상태가 심하지 않은 것에 대해 위안을 느꼈다. 또한 자신에게는 거품을 물고 쓰러지는 증상이 없으므로 일반적으로 인식되는 뇌전증이라고 볼 수 없다며 자신은 뇌전증이 아니라고 스스로 위로하고 있었다.

청소년들은 뇌전증에 대해 관심을 가지고 개방적인 태도를 취하였다. 자신의 발작모습이 담긴 비디오를 보면서 별로 추하지 않은 자신의 모습을 발견하였고, 자기 또래의 뇌전증을 가지고 있는 사람이 발작을 일으키는 모습을 보고 자기 연민을 느꼈다.

지능이 낮은 사람 취급을 받는다거나, 활동에 제한을 받는 사람으로 인식되는 것에 대해 불만을 가졌고 지나친 관심에 대해서도 불편함을 느꼈다. 또한 특별한 아이가 아닌 평범하고 싶은 소망을 가지고 있었다.

> 사실은 아빠가 유난히 저를 많이 챙겨 주시긴 하는데 언니에 비해 저를 편애한다싶을 정도로 그러시거든요. 되게 심하게… 어딜 간다고 해도 저 혼자 못 다니게 하시고, 저 밤에도 못나가요. 이제 대학생인데, 수업 끝나고 바로 집에 들어와야 하고, 저를 생각하시는 거니까 고맙긴 한데 솔직히 답답해요. 답답하고 갑갑하고 숨막히고 좀 그래요.

청소년들은 뇌전증이 완치될 것이라는 기대를 갖고 있었다. 약을 점점 줄여가는 과정을 통해 결국에는 '약을 끊겠구나' 라는 생각을 가지고 있었고, 약물이행을 잘하면 사회생활에 문제가 없을 것이라는 기대를 가지고 있었다.

자신을 타인과 똑같은 사람이라고 인식하고 살아가겠다는 태도를 보인 청소년들이 있는가하면 어쩔 수 없이 이대로 살아가겠다고 하여 삶을 거역하지 않고 지탱하려는 태도를 보이는 청소년들도 있었다.

자신이 뇌전증을 가지고 있는 것에 대해 그냥 운이 나빠 기절하는 것 뿐이고 더 깊이 생각해 봤자 걱정만 되고 머리만 아프다는 청소년이 있는가 하면, 자신의 상태에 궁금한 것이 많지만 비관적인 말을 들을까봐 차라리 모르고 사는 게 마음이 편하다고 하는 청소년도 있었다.

> 그냥 없다고 생각하고 사는 거죠. 음… 없다고 생각한다기 보다 그거에 대해서 생각을 안하고 사는거죠. 생각해 봤자 걱정만 되잖아요. 저는 제 병에 대해 깊게 생각 안해요. 그냥 기절하는 것 뿐이다. 운이 나빠 가지고. 간질이라는 거 알아봤자 좋을 것도 없잖아요. 이건 회피가 아니고 생각을 안 하는 거죠. 긍정적인 의미죠. 그런 거 알아서 나아지는 게 없죠. 알면 깊이 생각하게 되고 그럼 걱정되고…

꿈을 포기했던 청소년이나 현재까지도 빈번하게 발작을 하여 미래를 생각할 수 없었던 청소년은 현실적으로 자신들이 처한 상황에서 가능한 수준의 꿈을 추구하였다. 또한 뇌전증에 대한 우리사회의 현주소를 인정하고 그것을 바탕으로 꿈을 추구하고자 하는 청소년도 있었다.

## 박영숙 등(2011)의 청소년 뇌전증 환자의 생활세계 경험

청소년 뇌전증 환자의 생활세계와 관련된 체험의 의미를 밝힌 박영숙 등(2011)의 연구에서 청소년들은 질병에 대해 스스로 낙인화를 느끼면서 움츠려들 뿐 아니라 주변 사람들을 통해 실제로 낙인화를 경험하였다. 또한 언제 일어날지 모르는 발작과 발작후유증, 장기간에 걸친 약물복용과 부작용, 완치가 쉽지 않은 질병특성 등을 경험하면서 결국 뇌전증을 자신의 일부로 받아들이고 더불어 사는 법을 배우고자 하였다. 청소년 뇌전증 환자들의 생활세계와 관련한 체험들은 다음과 같다.

청소년들은 아동기나 사춘기 초기에 처음 발작을 경험한 후 병원에서 뇌전증 진단을 받게 되었다. 뇌전증이 어떤 병인지 정확히 인식도 하기 전에 자신의 증세를 반복적으로 경험하면서 예사롭지 않은 병임을 인지하게 되었다. 평소에는 건강한 상태이지만 언제 또 발작을 경험할지 알 수 없고 약을 계속 복용해야만 하는 이러한 병이 바로 자신에게 있다는 사실이 쉽게 받아들여지지가 않았다. 뇌전증 환자가 된다는 것은 그 어떤 장애나 외상을 가진 것보다 더 수치스럽고 마음 아픈 일이었다.

> 중 1때 처음 쓰러졌어요. 학교 교실에서. 그러고도 몇 년 동안 나는 관절염인줄 알았거든요. 엄마가 나한테 그렇게 말했고 언니도 그랬어요. 내가 어린나이에 너무 놀랄까봐 가족이 다 날 속인 거예요. 나중에 알고 나서 내가 뭘 잘못했냐고, 왜 날 낳아서 내가 이런 고통당하게 하냐고 대성통곡하며 울었어요(참여자 4).

발작은 신체의 한 부분에서 시작하거나 전조증상이 있는 부분발작도 있지만 전조증상이 없이 전신적으로 시작되는 전신발작도 있다. 전자의 경우 환자자신이나 주위사람이 모르게 나타났다가 사라질 수 있으나 여러 차례 증상이 거듭되면 주위사람의 이상한 시선을 알아차리게 된다. 후자는 의식을 잃고 쓰러지면서 팔다리가 뻣뻣해지고 경련을 일으키는 전형적인 발작 증세를 보이는 경우이므로 환자는 무슨 일이 있었는지 모르고 깨보면 주위사람들의 차가운 시선과 마주치게 된다. 이러한 에피소드가 있은 후 청소년은 친구들이나 동네사람들의 수군거림, 냉대 그리고 싸늘한 시선을 온몸으로 받아야만 했다.

뇌전증은 환자자신도 그 증상이 언제 일어날지 알 수 없는 질병이다. 평상 시 건강하게 학교생활을 잘하는 청소년이 이따금 발작 증세를 보이면 자신은 물론, 한두 번 발작을 지켜본 주위 친구들도 꾀병을 부리는 것처럼 생각되기도 하였다. 청소년들은 발작을 스스로 통제할 수 없기 때문에 수시로 밀려드는 불안감과 두려움에 압도되어 학교에 가는 것조차 꺼리게 되었다. 언제 이 발작이 자신을 괴롭힐지 알 수 없는 일이기 때문에 불안감은 이루 말할 수 없다. 이는 청소년을 자녀로 둔 부모의 경우도 더 말할 나위가 없다.

뇌전증 발작은 매일 나타나는 경우는 드물며, 발작이 일어나도 오랜 시간 지속되지는 않는다. 수분 정도 지속될 뿐이지만 마치 큰 폭풍이 지나간 것처럼 청소년들에게는 심리적 고통과 함께 두통, 어지러움, 심한 피로감, 통증, 불편감, 외상 등 여러 가지 신체적인 증상이 한동안 고통으로 남았다. 따라서 청소년들은 발작이 지나갔다 하더라도 공부를 한다든지 다른 활동을 바로 시작하기가 힘들었다. 또한 발작이 없어도 매일 복용하는 약물 때문에 손 떨림이나 수면장애, 집중력장애 등 다양한 부작용을 경험하였다.

청소년들은 다른 학생들 못지않게 학교생활을 활발히 하고 싶은 욕구를 가지고 있었다. 그러나 주위사람들의 뇌전증에 대한 편견과 또 언제 일어날지 모르는 발작에 대한 불안과 두려움, 약물 부작용과 완치하기 어려운 질병특성 등으로 자신들에게 더 이상 미래는 없다고 생각하였다. 청소년들은 뇌전증으로 인해 다양한 진로계획을 세우고 또래간의 어울림이 활발해야 할 시기에 장래에 대한 고민과 자괴감에 빠져있는 자신을 보게 된다. 청소년들에게 뇌전증이라는 병은 실로 자신들의 삶을 사로잡는 병인 것이다.

수년 동안 약을 먹었지만 발작증상의 조절과 재발의 반복을 경험한 청소년들은 이 병이야 말로 완치되거나 완전히 조절되는 병이 아니라고 생각하였다. 오랫동안 투약을 해왔기 때문에 약물의 이름은 일상생활에서 흔히 먹는 음식 이름처럼 친숙하다. 장기간 매일 빠뜨리지 않고 약을 먹는다는 것은 청소년들에게 여간 힘들고 성가신 일이 아닐 수 없었다. 그러나 약물 불이행 시 언제 또 발작이 일어날지 모르기 때문에 두려움을 덜고 학교생활을 제대로 하기위해서 투약은 무엇보다 중요한 일이다. 이처럼 단 한번이라도 거르는 일이 없이 꾸준히 약을 복용해야하고 정기적으로 병원을 방문한다는 것은 청소년에게 심한 스트레스 요인으로 작용하였다. 청소년들은 지금까지 이러한 일들이 지금까지 되풀이 되어왔고 누가 완전히 나았다는 말을 거의 들어보지 못했기 때문에 투약과 병원방문, 일상생활 관리는 평생 동안 짊어지고 가야 할 짐으로 인식되었다.

> 약은 가끔씩 까먹을 때 있어요. 조금 짜증이 나요. 약 빼먹고 있는 게 조금 짜증이 나요. 약 안 먹고 하면 두려움이 있거든요. 세 살 때부터 아파서 병원을 여러 군데 옮겨 다니면서 나았다가 다시 재발했다가 그랬어요(참여자 8).

청소년들은 언제 일어날지 모르는 발작 때문에 평소 자신의 활동범위를 벗어나면 불안해진다. 따라서 과외의 다른 활동은 제대로 할 수가 없으며 주로 학교와 집만 오가는 생활을 하고 있다. 학교에서 보충수업이나 야간자습, 동아리 활동 등 여러 가지 활동에 참여하고 싶지만 다른 친구들이 하는 만큼 많은 활동을 할 수가 없었다. 뇌전증발작을 조절하기 위해서는 일상생활 가운데 피로하지 않게 하고 심신의 안정을 잘 유지하는 일이 이들에게는 중요하다. 부모님께서도 길에서나 낯선 곳에서 자녀들이 쓰러질까봐 항상 노심초사하며 학교와 집 외에 다른 곳은 가지 않도록 하였으며 최소한의 학업수행활동 외에 다른 활동은 하지 못하게 하였다.

> 학교 가는게 좋지만 쓰러질까봐 너무 걱정이 심해서. 항상 집에서도 제가 쓰러질까봐 학교 집 학교… 아무 곳도 못 가게 하셨죠. 그 덕분에 아마 학교 다니는 동안 아무 일 없었던 거 같지만 너무 싫었죠. 무슨 뇌전증이란 병의 노예처럼 그렇게(참여자 5)

청소년들은 진단 받기 전에 비해 지금의 모습이 많이 달라졌다고 스스로 느꼈다. 무엇보다 다른 친구들이나 주위사람들이 자신을 어떻게 생각하는 지 민감하게 반응하고 그들을 원망하거나 자책하기도 하였다. 청소년기는 자신에 대한 내성과 자아에 대한 탐색경향이 증가하는 시기이다. 특히 뇌전증을 가진 청소년들은 주변사람들을 현실가운데 때로는 상상 속에서 의식하면서 보이지 않는 장벽들을 느꼈으며 하루 중 많은 시간을 깊은 좌절과 자책 속에 보냈다. 주변사람들의 편견과 오해는 물론 쉽게 조절되지 않는 발작, 수년에 걸친 약물복용, 다양한 부작용들, 불확실한 미래 등은 청소년들에게 모두 넘기 힘든 벽으로 느껴졌다.

청소년들은 친구들과 함께 잘 지내고 싶으나 발작을 일으키는 자신을 다른 사람과 다르다고 스스로 느낄 뿐 아니라 친구들을 포함한 주위사람들의 시선을 따갑게 의식하면서 사람들을 만나는 것을 점점 꺼려하였다. 뇌전증에 대한 사람들의 무지와 편견, 그리고 스스로 느끼는 뇌전증에 대한 낙인으로 인해 청소년들은 다른 사람들과 점점 멀어져 갔다.

> 학교에서 발작을 일으킬까봐 학교가기를 꺼려하고 자주 결석을 했어요. 친구들이랑 노는 횟수도 많이 줄어들고 혼자 있게 되더라고요. 그게 오히려 편해요(참여자 7).

청소년의 투병생활에는 가족들 특히 엄마는 그림자 같은 존재이다. 엄마는 뇌전증을 가진 자녀가 조그만 신체적 심리적 손상도 받지 않도록 노심초사하면서 돌보아주는 너무나 고마운 존재인 것이다. 사춘기가 되면서 이러한 엄마의 마음과 손길은 다른 무엇과 견줄 수 없는 사랑과 헌신임을 알면서도 한편으론 부담스럽게 느껴지는 것도 사실이다. 엄마에게 자신의 실제 감정과 생활을 그대로 표현할 경우 엄마가 받게 될 상처와 괴로움이 예상되면서 그 모습을 지켜보는 것이 매우 힘든 일이라고 생각되었다. 따라서 학교에서 자신의 얘기를 털어놓을 수 있는 절친한 친구 한 두 명이 누구보다도 편안함을 준다.

선생님께서 다른 학생들과 확연히 구분이 되도록 배려를 해주시는 것에 대해 감사한 마음이 없진 않지만 그보다 매우 부담스럽고 불편하였다. 또한 학교친구들조차

운동이나 과외 활동에서 자신의 참여를 염려하고 편치 않게 생각하는 것에 대해 친구로서 자신에 대한 배려라고 느껴지기보다 소외되었다고 느껴졌다. 다른 친구들과 다르다는 것을 매번 의식해야하는 것은 불편한 마음을 넘어 더욱 깊은 좌절감을 맛볼 뿐이었다.

뇌전증 환자인 청소년들이 의료인들에 대한 인식은 상당히 부정적이었다. 청소년들은 이전 방문 시에 행한 여러 가지 검사의 결과에 대해 의사가 설명해주기를 기대하였지만 질문을 할 경우에만 그것도 간단히 답하는 방식으로 진료를 마쳤다. 답답한 마음에 간호사에게 물어보지만 원하는 대답을 듣기 어려운 것은 마찬가지였다. 청소년들은 의료인에 대해 대체로 무성의하다고 느꼈다.

학년이 올라가고 투병생활이 해를 거듭해가면서 뇌전증이 결국 자신의 일부라는 것은 부정할 수 없는 사실임을 깨닫기 시작하였다. 뇌전증에 대한 낙인과 언제 일어날지 모르는 발작, 그리고 장기간의 약물복용 및 부작용 등으로 힘겹지만 하루하루를 살아내야 하는 현실 속에서 청소년들은 자신에게 뇌전증이 있고 완치가 쉽지 않으며 평생 지니고 갈 수도 있는 질병임을 인정하지 않을 수 없는 것이다.

> 조금씩 시각이 바뀌어 지더군요. 이렇게 시간이 그냥 흘러가는 게 아깝기도 했구요. 뇌전증을 몸의 일부로 받아들이자. 그냥 여러 병중의 하나를 가지고 있을 뿐이다. 질병 있는 제 자신을 그대로 인정하자 뭐 이런(참여자 9).

뇌전증 환자에 대한 주변인들의 편견과 오해의 장벽은 청소년들을 움츠려 들게 하고 좌절감을 가지게 하는 주요 요인이다. 또한 뇌전증발작에 대한 두려움과 스스로 뇌전증 환자라는 것에 위축되어 친구 등 주변사람들을 만나는 것을 꺼리고 학교에서 활발하게 생활할 수가 없다. 발작 후의 후유증과 약물 부작용도 겪어나가는 힘겨운 일상생활이다. 그러나 투병기간이 조금씩 더해지면서 깨닫게 되는 것은 자신의 곁에서 모든 것을 이해하고 덮어주는 가족, 학교생활에서 항상 자신을 챙겨주는 친한 친구들, 그리고 선생님들의 작은 배려가 이 병을 이겨나가게 하는 힘이라는 것이다.

## 4. 뇌전증 청소년의 문제에 대한 사회복지 대책

뇌전증을 가진 청소년들에 대한 사회복지는 청소년기 발달 및 심리적 특성에 대한 이해와 함께 뇌전증으로 인한 만성적 건강상태가 일상생활에 미치는 다양한 영향에 대해 관심을 갖고, 프로그램을 마련하여야 한다. 이와 함께 청소년들에게 영향을 미치는 낙인의 문제에 개입하는 제도 및 정책적 대안을 필요로 한다. 이를 실천적 대안, 그리고 제도와 정책적 대안으로 구분하여 사회복지대책을 모색하면 다음과 같다.

### 1) 실천적 대안

뇌전증 청소년들이 가진 문제들에 대한 실천적 대안으로 적극적 경청 및 상담, 뇌전증자기관리, 사례관리, 대처훈련, 청소년 캠프, 자조집단에 대해 살펴본다.

#### ‖ 적극적 경청 및 상담 ‖

청소년 뇌전증 환자들이 장기간에 걸친 질병과의 싸움과 사회생활 적응에 도움을 주기위해 적극적인 경청과 상담을 실시하여야 한다. 청소년 환자들의 경험에 대해 귀를 기울이고, 통찰력을 갖고, 공감적 이해를 표명하는 것이 중요하며, 뇌전증의 수용을 돕는 방향에서 상담이 진행되어야 한다. 청소년들의 뇌전증에 대한 심리사회적 적응은 뇌전증과 나의 분리단계, 조절단계, 그리고 일치단계이다(문성미, 2003). 청소년들의 심리적 적응이 어느 단계에 있는지 확인하고, 이를 토대로 적절한 개입을 모색하는 것이 중요하다. 특히 청소년기 발달단계에 있으므로 정체감 확립에 대한 상담을 실시하여야 한다. 상담내용은 자아의 강화, 정서적 지지, 그리고 인지 재구성에 초점을 둔다. 청소년들의 분노 등 억압된 정서의 환기를 돕고, 긍정적인 상호작용을 할 수 있도록 하며, 친구 및 의료인 등의 사회적 지지의 중요성을 인식하고 개입한다.

**-청소년 뇌전증 환자의 심리사회적 적응과정-**

① 뇌전증과 나의 분리단계: 청소년은 뇌전증을 가지고 살아가는 삶 속에서 다양한 형태의 고통을 겪게 된다. 고통을 극복하기 위해 정서적으로 드러내지 않기 위해 억압을 하게 되고 뇌전증을 가지고 있다는 사실을 비밀로 하거나 혹은 위장하는 등 뇌전증을 은폐함으로써 뇌전증과 나를 분리하는 태도를 보이게 된다.

② 뇌전증에 대한 조절단계: 뇌전증과 자신을 분리시켰던 청소년은 점차적으로 신체적 · 정서적으로 뇌전증을 조절하는 단계로 들어서게 된다. 차츰 전조증상을 알아차리게 되면서 청소년을 발작이 나타나지 않도록 하기위한 자기조절법을 개발한다. 약물이행을 위해 자구책을 강구하며, 스트레스 관리방

법들을 개발하는 등 나름대로 자신의 특성에 맞게 증상관리법을 터득하여 실제로 효과를 느끼게 된다. 또한 자신을 다른 사람과 똑같다는 동질성을 추구하며, 차츰 발작이 조절되어 가면서 자신의 상태가 비교적 심하지 않다고 스스로를 위로하는 등 정서적으로 뇌전증에 대한 조절감을 가지게 된다.

③ 뇌전증과 나의 일치단계: 뇌전증에 대한 조절이 가능하게 됨으로써 뇌전증은 더 이상 나와 분리된 것이 아니라 나와 같이 있는 존재로 받아들여지게 된다. 이 단계에서는 뇌전증에 적극적으로 관심을 가지면서 정보를 요구하고 발작 모습을 긍정적으로 받아들이며 자기연민을 느끼는 등 뇌전증에 대해 수용적인 태도를 취하게 된다(문성미, 2003).

‖ 뇌전증 자기관리 프로그램 ‖

뇌전증 자기관리(epilepsy self management)는 뇌전증에 대한 긍정적인 관점의 증진과 함께 치료적 섭생을 더 잘 이행하게 하여 결과적으로 적절한 건강수준의 유지와 삶의 질 증진에 도움이 된다(Cochrane, 1995). 청소년 환자들은 다양하고 높은 수준의 정보가 요구되는 집단으로, 질병관리에서 의료진의 관찰이나 경험보다 환자자신의 측면에서 이루어진 경험에 초점을 맞출 필요가 있다(Unger 외, 2009). 또한 일부 특정한 문제보다는 현재를 살아가는데 좀 더 초점을 맞추기를 원한다. 청소년 환자들 대부분이 질병관리에 대한 부정적 가정과 태도를 갖고 있어 약물복용 등 자기관리를 소홀히 할 수 있다. 청소년 환자들이 갖고 있는 부정적 태도들이 긍정적인 자기관리로 이행되어 정착될 수 있도록 돕는 뇌전증 자기관리 프로그램개발이 필요하다.

‖ 통합적 뇌전증 사례관리 ‖

통합적 사례관리(case management)는 뇌전증을 가진 청소년들의 심리사회적 복합적 문제들에 대해 장기간에 걸쳐 개입하는 것으로, 서신이나 전화, 재활모임, 또는 집단모임을 갖고, 투약상황을 사정하고, 심리적 적응을 도모하며, 삶의 다양한 상황에 대한 구체적인 대처방법을 교육한다. 청소년 뇌전증 환자는 신체적 발달적 상태와 사회적 편견 및 제한에서 비롯하는 비일상적인 다양한 상황에 대처해야 한다. 따라서 처음 진단과정에서 뇌전증에 대한 정보적 요구와 심리정서적 요구를 사정하는 것이 필요하다. 또한 치료과정에서 다양한 발달적 사회심리적 요구를 갖게 되므로 지속적인 사정과 관리가 필요하다(McNelis 외, 2007). 통합적 뇌전증 사례관리는 청소년 뇌전증 환자의 삶의 변천과정에 따른 위기 및 다양한 생활 사건들에 대해 예방적이고, 신속한 대응이 이루어질 수 있도록 한다.

#### ‖ 대처훈련 프로그램 ‖

뇌전증의 낙인에 대한 최선의 대책은 무엇보다도 환자자신이 뇌전증에 대한 올바르고 정확하게 이해하여 확신을 갖는데 있다. 뇌전증에 대한 충분한 지식이 없이 뇌전증의 실체를 확신하지 못할 때, 환자는 낙인과 편견에 의한 희생자가 될 수 있다. 뇌전증 환자들은 다양한 사회상황에서 어려움에 직면할 수 있는데, 특히 뇌전증 은폐가 불가피하게 노출되었을 때 상황에 따른 대처방법을 교육한다. 자기주장(self assertive) 및 자기옹호(self advocate) 등의 내용을 포함한 대처훈련 프로그램이 모색되어야 한다. 청소년들의 상호작용을 긍정적인 방향으로 유도하기 위하여 적극적이고 문제해결 지향적이며, 목표지향적인 대처기술훈련이 필요하다.

#### ‖ 뇌전증 청소년 캠프 ‖

Elliot 등(2005)은 연구에서 뇌전증을 가진 청소년들이 자신감 상실로 사회적 상호작용이 감소되었고, 다양한 활동에 상당한 제약을 받고 있다고 하였다. 뇌전증을 가진 또래와의 긍정적 상호작용 등을 통하여 문제를 완화하거나 공감할 수 있는 뇌전증 청소년 캠프를 실시한다. Sawin 등(2001)이 6세~16세의 뇌전증 아동들을 대상으로 캠프를 실시한 결과에서는 발작이 빈번한 아동일수록 캠프에 더 긍정적인 태도를 보였다.

#### ‖ 자조집단 ‖

자조집단(self help group)은 환자의 발작 형, 그리고 투약종류에 관계없이 남녀 모두의 재활에 매우 긍정적인 도움을 준다. 자조집단의 중요한 치료적 측면은 낙인 시 되는 개인에 대해 긍정적인 정체감을 재구성해 준다는데 있다. 자조집단은 사회 지지체계의 하나로써 성원들 간에 여러가지 정보를 공유하는 장이 되기도 하고, 서로의 마음에 위로가 되어 주기도 하며, 다양한 사회참여를 할 수 있는 치유의 장이 되기도 한다. 우리나라에서 뇌전증 청소년들은 주로 카페 가입을 함으로써 모임을 통한 작은 활동들을 하고 있다.

### 2) 제도와 정책적 대안

뇌전증 청소년들의 문제들은 질병의 관리문제 외에도 사회의 낙인 등에 의한 사회심리적 어려움들이 대부분이다. 따라서 뇌전증 청소년들을 둘러싼 환경에 대한 개입을 지향하여야 한다. 뇌전증에 대한 사회인식을 비롯하여 제도의 부재, 또는 왜곡된 정책으로 인한 문제들에 적극 개입함으로써 청소년들의 문제와 어려움을 해결하는데 주력하여야 한다. 이를 위해 다음과 같은 제도적, 정책적 대안을 고려할 필요가 있다.

#### ‖ 대중매체의 역할 확대 ‖

뇌전증 청소년들이 자아정체감을 형성하는 데에도 일반대중의 가치체계와 대중매체는 매우 영향력이 크다. 낙인은 가족이나 학교, 이웃, 의료인에 의해서 뿐만 아니라 일반대중의 가치체계, 대중매체, 그리고 사회적 관계를 통해서도 생성되고 성장할 수 있다(Ablon, 2002). 이러한 대중매체를 통한 뇌전증에 대한 낙인의 전파는 청소년들이 사회적 낙인을 가지는 큰 원인이 된다. 매스컴에 의해 형성되는 뇌전증에 대한 편견, 차별적 태도 등을 규제할 수 있도록 법제화하는 한편 뇌전증에 대한 올바른 이해를 교육하도록 매스컴의 긍정적 역할을 확대해 나간다.

#### ‖ 학교교육의 실시 ‖

학교에서 선생님의 뇌전증에 대한 가치 판단적인 태도는 뇌전증 청소년들의 낙인을 강화시키는 작용을 한다. 학교교사 및 일반학생들을 대상으로 하는 뇌전증에 대한 지식과 정보에 대한 교육은 뇌전증에 대한 무지에서 비롯하는 오해와 편견을 해소시킴으로서 뇌전증 아동 및 청소년의 사회생활 적응에 도움이 된다. 교사들 대부분이 뇌전증 학생이 일반학급에서 교육받는 것에는 호의적이었지만 교사들의 42.6%가 자신의 학급에서 교육받는 것에는 반대하였는데, 반대하는 이유로는 언제 발작을 일으킬지 모르는 불안감과 발작 시 응급처치 방법에 대한 무지 때문이었다(이해영, 2006). 교사 및 학생들을 주요 대상으로 적절한 매체와 프로그램을 사용하여 지속적으로 교육을 실시하는 것이 중요하다.

#### ‖ 일반인들에 대한 뇌전증의 교육 ‖

일반인들의 뇌전증에 대한 인식의 변화를 위한 사회교육의 실시가 필요하다. 교육의 주체는 정부와 관련 학회 및 협회로서, 대상에 따른 교육의 실시와 교육내용의 차별화가 요구된다. 교육대상은 환자 및 가족, 지역사회 일반인으로 구분하여 교육프로그램을 실시하여야 한다. 또한 교육내용과 방식은 표적집단에 따라 적합하고 다양한 방식으로 운영되어야 하는데, 강의식, 토론, 또는 집단상담 외에도 매스컴,

영화, 팜프렛, 서적 등 다양한 매체와 방법을 고려해야 한다. 일반인들에 대한 교육은 장기적인 계획 하에 사회 내 제도적으로 정착될 수 있도록 한다.

## >>참고문헌<<


문성미(2003). 간질을 가진 청소년의 사회심리적 적응과정에 대한 근거이론. 연세대학교 대학원 간호학과 박사학위논문.

박영숙 · 정은남 · 양진향(2011). 청소년 간질 환자의 생활세계 경험. 기본간호학회지, 18(1), 6-18.

이해영(2006). 간질에 대한 초등학교 교사의 경험, 지식, 태도에 관한 연구. 서울대학교 대학원 석사학위논문.

Ablon, J. (2002). The nature of stigma and medical conditions. *Epilepsy & Behavior*, 3, 2-9.

Admi, H. & Shaham, B. (2007). Living with epilepsy: ordinary people coping with extraordinary situations. *Qualitative Health Research*, 17, 1178-1187.

Anderson, G. D., Pharm, H. K. & Warner, M. H. (2000). Impact of taking antiepileptic drugs at school in a group of children and adolescents. *Epilepsy & Behavior*, 1, 17-21.

Austin, J. K. Dunn, D. W., Perkins, D. M. & Shen, J. (2006). Youth with epilepsy: development of a model of children' s attitudes toward their condition. *Children' s Health Care*, 35, 124-140.

Austin, J. K. Huberty, T. J., Huster, G. A., & Dunn, D. W. (1999). Does academic achievement in children with epilepsy change over time? *Developmental Medicine and Child Neurology*. 41, 473-479.

Austin, J. K. Huster, G. A., Dunn, D. W., & Risinger, M. (1996). Adolescents with active or inactive epilepsy or asthma: A comparison of quality of life. *Epilepsia*, 37, 1228-1238.

Buck, D., Smith, M., Appleton, R., Baker, G. A. & Jacoby, A. (2007). The development and validation of the Epilepsy and Learning Disabilities Quality of Life(ELDQOL) scale. *Epilepsy & Behavior*, 10, 38-43.

Cochrane, J. (1995). Patient education: Lessons from epilepsy. *Patient Education and Counseling*, 26, 25-31.

Eklund, P. G. & Sivberg, B. (2003). Adolescents' lived experience of epilepsy. *Journal of Neuroscience Nursing*, 35(1), 40-49.

Elliott, I. M., Lach, L. & Smith, M. L. (2005). I just want to be normal: a qualitative study exploring how children and adolescents view the impact of intractable epilepsy on their quality of life. *Epilepsy & Behavior*, 7, 664-678.

Fisher, R. S., Vickrey, B, G. & Gibson, P, (2000). The impact of epilepsy from the patient' s perspective. II. Views about therapy and health care. *Epilepsy Res*, 41, 53-61.

Healy, P. (2000). Teenagers need their own epilepsy clinics. *Nursing Standard*, 14(36), 9.

Ismail, H, Wright, J., Rhodes, P., Small, N. & Jacoby, A. (2005). South Asians and epilepsy: exploring health experiences, needs and beliefs of communities in the north of England. *Seizure*, 14, 497-503.

Joachim G. (2000). Stigma of visible and invisible chronic conditions. *J Adv Nurs*, 32(1), 243-248.

Kokkonen, J., Kokkonen, E. R., Saukkonen, A. L. & Pennanen, P. (1997). Psychosocial outcome of young adults with epilepsy in childhood. *Journal of Neurology, Neurosurgery, Psychiatry*, 62, 265-268.

Lee, K. W. (2005). *Textbook of Neurology*. Seoul: E Public.

McEwan, M. J., Espie, C. A., Metcalfe, J., Brodie, M. J. & Wilson, M. T. (2004). Quality of life and psychosocial development in adolescents with epilepsy: A qualitative investigation using focus group methods. *Seizure*, 13, 15-31.

McNelis, A. M., Buelow, J., Myers, J. & Hohnson, E. A. (2007). Concerns and needs of children with epilepsy and their parents. *Clinical Nurse Specialist*, 21, 195-202.

Olsson, I. & Campenhausen, G. (1993). Social adjustment in young adults with absence epilepsies. *Epilepsia*, 34(5), 846-851.

Park, M. J. (2010). *Drug compliance of pediatric patients with epilepsy*. Unpublised master' s thesis. Gachon University of Medicine and Science, Incheon.

Sawin, K. J., Lannon, s. L., & Austin, J. K. (2001). Camp experiences and attitudes toward epilepsy : A pilot study. *Journal of Neuroscience Nursing*, 33(1), 57-64.

Sbarra, D. A., Rimm-Kaufman, S. E., & Pianta, R. C.(2002). The behavioral and emotional correlates of epilepsy in adolescence: a 7-year follow-up study. *Epilepsy & Behavior*, 3, 358-367.

Unger, W. R. & Buelow, J. M. (2009). Hybrid concept analysis of self-management in adults newly diagnosed with epilepsy. *Epilepsy & Behavior*, 14, 89-95.

Wilde, M. & Haslam, C. (1996). Living with epilepsy : a qualitative study investing the experiences of young people attending outpatients clinics in Leicester. *Seizure*, 5, 63-72.

Wirrell, E. C., Camfield, C. S., Camfield, P.R., Dooley, J. M., Gorden, K. E. & Smithy, B. (1997). Long-term psychosocial outcome in typical absence epilepsy. *Archives of Pediatric and Adolescent Medicine*, 151, 152-158.

# 제 7 장 뇌전증 아동 가족: 어머니의 삶과 탄력성

가정 내 뇌전증 아동의 출현과 그로 인한 다양한 문제들은 가족들이 극복해야 할 스트레스 원천으로 작용한다. 부모들은 아동이 경련 시 불안과 공포를 경험하며, 질병이 장기화됨에 따라 가족전체의 삶이 심각한 영향을 받게 된다. 가족의 위기에 직면하여 취약한 가족은 와해로 이어지기도 하지만, 어떤 가족은 보다 강한 가족이 되기도 하는데, 고 위험(high risk)에 직면하여 나타내는 가족의 긍정적 자질은 탄력성(resilience)[1]의 개념으로 설명된다. 이 장에서는 뇌전증 아동 가족의 특성과 문제, 그리고 어머니의 삶과 경험들을 살펴보고, 뇌전증 아동 가족의 적응적 특성으로 가족탄력성을 이해하고, 이를 증진하기 위한 사회복지개입 방안을 제시한다.

## 1. 뇌전증 아동 가족

신체적 질병과 장애는 가족위기를 초래하는 중대한 사건 중의 하나로서, 뇌전증을 가진 만성질환아의 발생은 환자를 비롯한 그 가족들에게 충격적인 사건이 된다.

자녀에 대한 뇌전증의 진단은 가족에게는 '완전한 아동의 상실', 그리고

1) 탄력성(resilience)은 탄성, 회복력, 복원력, 적응유연성 등의 용어로 국내에서 사용된다. 사회복지에서 이 개념은 역경을 통해 더 강해지고 더 많은 자원을 보유할 수 있는 능력이자 위기나 도전에 반응하여 이를 감당하고 스스로를 바로 세우며 성장하는 적극적 과정이라는 개념이다(Walsh, 1998).

'다른 아이들과는 다른 아이' 라는 인식을 갖게 하는데, 이로 인하여 부모들은 심각한 상처를 받는다. 부모는 일반적으로 뇌전증의 진단에는 두려움, 분노, 죄의식, 그리고 슬픔으로 반응하며, 또한 가족의 커다란 재난으로 여기기도 한다. 부모들은 다른 사람들이 뇌전증 자녀에 대한 부정적 낙인을 갖는 것을 두려워하며, 그릇된 낙인의 개념을 그대로 받아들인다.

질병이 장기화됨에 따라 가족 전체적인 삶이 영향을 받게 된다. 아동양육과 보호의 문제, 가족통합의 약화, 가족구성원의 신경쇠약(Ellis 외, 2000) 및 건강문제와 재정적 부담이 따른다. 가족 내 스트레스와 함께 적응상의 문제가 야기되는데, 낮은 가족 친밀성과 함께 낮은 가족의사소통이 보고된다(Ferrari 외, 1983). 가족들에게 높은 수준의 우울과, 분노, 죄의식, 그리고 무기력감과 좌절이 있으며(Thomas 외, 1999), 뇌전증 아동 가족은 천식아동 가족에 비하여 낮은 자아존중감과 높은 수준의 스트레스를 갖고 있다(Austin, 1988). 사회의 낙인은 뇌전증을 가진 아동뿐만 아니라 다른 가족성원에게까지 여러 형태로 부과되므로 가족은 보다 많은 문제들을 수반하게 된다. 형제들 역시 심리사회적 위험에 놓여 있음이 발견되며, 형제들에게서 행동장애의 비율이 높다. 뇌전증의 질병특성인 불예견성, 불통제성, 그리고 부정적 사회인식 등은 부모의 아동에 대한 과잉보호의 문제를 갖게 하거나 불안을 야기 시켜 아동과 부모관계에서 과잉상호작용과 가족의 적응에도 어려움을 가중시키게 되는데, 가족이 적절한 지지를 받지 못할 경우 가족 전체에 위기감이 초래되기도 한다.

뇌전증 아동의 발생과 같은 가족 위기적 사건에 대처하는 가족의 적응방식은 가족에 따라 다양하게 나타난다. 문제와 어려움에 직면하여 가족위기를 적극적으로 극복해내는 가족이 있는가 하면, 이에 압도당하여 와해되거나 해체되는 가족도 있다. 근래에 가족학자들은 가족의 위기에 대해 유연하게 대처하는 적응적인 가족의 자질을 탄력성(resilience)이라는 개념으로 설명하고 있다. 이러한 탄력성 개념에서 볼 때, 뇌전증을 가진 아동의 출현이라는 위기와 고위험 상황에 직면하여 가족들 중에는 보다 긍정적인 가족결속과 적응이 나타날 수 있음이 시사된다.

## 2. 뇌전증 아동 가족의 특성과 문제

가정 내 뇌전증 아동의 출현으로 겪게 되는 부모들의 심리사회적 어려움과 문제들은 매우 다양하다. 뇌전증치료의 어려움, 아픈 자녀에 대한 보호부담, 다른 동반장애의 문제, 양육의 어려움과 가족역동의 변화, 가족스트레스 및 대처, 그리고 뇌전증에 대한 낙인 등이다.

### 1) 뇌전증치료의 어려움

가족은 성장발달의 과정 중에 있는 뇌전증 아동에 대한 일상생활 관리와 함께 질환을 주의 깊고, 장기간에 걸쳐 돌보아야 함으로 신체적, 심리적 스트레스와 고통이 수반된다. 재정적 곤란과 함께 아픈 아동에 대한 책임이 부모에게 부과되면서 가족의 기능에도 장애를 초래하게 된다. 많은 경우 부모들은 아동기의 뇌전증에서 뚜렷한 원인을 밝히지 못한 채 치료를 지속하는 경우가 많다. 따라서 자신의 불안을 달래기 위해 논리적, 비논리적으로 뇌전증의 원인에 대한 이론을 상상하기도 한다(Travriger, 1966). 이는 부모의 사회적 지위나 교육 정도와는 아무런 관련이 없는데, 이러한 상상은 부모자신의 불안을 고조시키고 치료 자체에도 방해가 된다. 원인이 불분명하거나 치료예후를 예측할 수 없는 질병에서 비롯하는 문제들은 부모들에게 자녀의 치료 및 미래에 대해 확신을 갖지 못하게 하므로 방황의 시기를 갖게 한다. 특히 새로 진단된 뇌전증 아동의 가족들은 뇌전증에 대한 치료 및 관리에 대한 정보부족으로 상당한 어려움을 겪고 있으며, 이러한 문제들은 가족의 대처와 적응에도 어려움을 야기한다.

### 2) 자녀에 대한 보호부담

뇌전증 자녀를 둔 부모들에게 보호부담의 문제가 있다. 부모들은 사회의 낙인과 함께 아동이 경련 시 느끼는 불안과 공포로 인하여 심각한 심리사회적 스트레스를 경험한다. 부모를 대상으로 조사한 연구에 의하면, 31%의 부모는 경련 중 사망할 수도 있다고 믿고 있었으며, 37%는 뇌전증에 의해 지능이 떨어졌다고 생각하고 있었다. 또한 부모는 언제 뇌전증 발작이 일어날지 모른다는 불확실성 때문에 불안과 공포감을 갖는다. 가장 큰 공포는 바로 자녀의 죽음으로, 실제로 경련 중 사망하거나 다칠 확률은 극히 희박하다(Appolone 외, 1980).

우리나라의 부모들은 자녀의 지능, 성격, 주의산만, 결혼문제, 직업문제 등을 주로 걱정한다(박혜영, 1998). 부모가 우려하는 점은 약물의 독성이 가장 많았고 그 다음으로 장래의 직업, 갑작스러운 사망, 결혼문제 등의 순이다(김보영, 2002). 특히 어머니는 일차적 보호자(primary caretaker)로서 가정 내에서 중심적으로 아동을 돌보는 역할을 하게 되므로 사회적 상황에 대한 스트레스와 불만족, 그리고 보다 많은 문제들을 갖는다. 어머니는 과도한 부양부담을 지니고 있으며, 사회적 낙인 문제로 가족생활에도 제한과 어려움이 따른다.

### 3) 동반장애의 문제

뇌전증 아동은 발작이 질병의 주된 문제이다. 그러나 어떤 아동의 경우는 지체장애, 인지장애 등 동반장애의 문제를 갖는 경우가 있다. 동반장애의 여부에 따라 뇌전증만을 가진 아동(epilepsy-only)과 동반장애를 수반한 아동(epilepsy-plus)으로 구분된다. epilepsy-only는 뇌전증이 아동의 주된 문제이며, 전체 뇌전증 아동의 약 3분의 2를 차지하는데, 뇌전증만을 갖고 있는 아동 집단은 의학적 · 정신사회적 측면의 문제들이 감소되며 질환의 심한 정도에 따라 다양해진다. epilepsy-plus는 정신지체나 신체적 장애를 동반하거나 매우 난치성인 뇌전증을 가진 아동들로 전체의 3분의 1을 차지한다. 이러한 집단은 뇌전증자체의 문제 외에도 신체, 또는 지체장애가 심하고 빈번한 경련으로 인해서 일관된 기능상의 제한을 가지게 된다(Laybourn, 1994).

동반된 장애나 경련의 심각한 정도는 가족의 정신사회적, 경제적 어려움과도 밀접하게 관련된다. 국내의 한 연구에서 아동의 경련빈도와 동반장애는 어머니의 스트레스에 가장 큰 영향을 미치는 요인이었다(송자경, 2003).

### 4) 자녀양육과 가족역동(family dynamics)

뇌전증의 불예측성, 불통제성, 부정적 사회인식(Austin 외, 1988; Sbarra 외, 2002) 등 질병의 특성과 관련된 문제들은 부모의 과잉보호 및 불안을 야기 시켜 부모자녀와의 관계 및 가족의 적응에 심각한 어려움을 가중시킨다. 비예측적인 경련은 아동뿐만 아니라 가족의 통제감을 훼손시키고, 부모들의 양육문제들을 초래하는데(Ziegler, 1981), 부모들은 과도하게 아동을 통제하거나, 또는 통제를 하지 않기 때문에 양육에 실패하였다고 보고된다. 아동의 경련의 불예측성과 이에 대한 통제의 무능력감은 부모들로 하여금 무의식적으로 아동에게 적대적, 또는 거부적이 될 수도 있음이 지적된다(Carol, 1981). 만성적으로 뇌전증을 앓아온 아동의 어머니와 형제에게서 높은 심리적 장애가 보고되는데(Hoare, 1984), 형제들의 경우 자녀에게 집중되는 부모들의 관심으로 상대적으로 소외되기 때문에 이로 인한 심리적 갈등과 적응문제가 따른다. 가족들은 자녀의 치료 및 양육 문제로 많은 시간을 소비하며, 따라서 친구, 또는 친척들과 관계가 소원해지거나 상호작용에도 변화가 수반된다.

### 5) 가족스트레스와 대처

뇌전증 아동 가족에게서 높은 스트레스가 보고된다. 뇌전증 아동 가족에게서 나타나는 우울, 분노, 죄의식, 무력감과 좌절감, 신경쇠약 등은 다른 만성질환을 가진 아동가족보다 높은 비율이다(Ellis 외, 2000). 많은 부모들이 아픈 자녀에 대한 불안, 근심, 우울, 스트레스 및 만성적인 슬픔과 같은 정서적인 어려움을 겪고 있다.

스트레스에 적절히 대처하지 못하는 부적응적 가족의 경우 과도한 스트레스는 부모와 아동의 상호작용에 영향을 미치며 학대적 또는 징벌적인 양육태도를 갖게 할 수 있다. 경제적 파탄, 또는 가족기능이 마비되기도 하고, 심한 경우 질환을 앓는 아동의 포기, 또는 방치 등이 나타날 수 있다. 당뇨, 또는 천식과 같은 다른 만성질환을 가진 아동의 부모들에 비해 뇌전증 아동의 부모들은 낮은 자존감과 높은 스트레스를 지니고 있다(Austin 외, 1994). 특히 일차적 양육자인 어머니들이 정신적 질병이 발생할 정도의 위험에 놓여 있다(Ferrari 외, 1983). 부모들의 구체적인 스트레스 내용은 확실한 치료방법이 없는 것, 회복이 불확실한 것, 오랜 기간 치료를 받아야 하는 것, 아이가 고통스러워하는 것을 옆에서 지켜보는 것, 약을 계속 먹여야 하는 것, 불구나 재발될 가능성, 아이의 미래에 대한 걱정, 부모로서의 자신감이 없어지는 것 등이다(김경희, 1996).

많은 연구들은 뇌전증 아동 가족에 대해 높은 가족스트레스와 역기능을 갖게 되는 것으로 기술하고 있지만 이와 비교되는 연구결과들이 있다. 즉, 뇌전증 아동의 부모에서 정신적 문제가 증가되지 않았으며(Hoare, 1984), 가족들이 대체적으로 대처를 잘하는데, 특히 뇌전증만을 가진(epilepsy-only) 아동의 부모들, 또는 아동의 상황에 긍정적 태도를 갖는 부모들이 대처를 잘한다는 것이다(Austin 외, 1988). 이러한 연구결과들이 제시하는 것은 뇌전증 아동 가족에게 많은 문제와 어려움들이 있지만 그에 대한 대처와 적응은 가족에 따라 상이할 수 있음을 시사한다. 국내 한 연구에서 뇌전증 아동 가족스트레스는 4점 만점 평균 2.10점으로 보고하였다(송자경, 2003). 다른 연구에서도 5점 만점 2.37점을 보고하여 어머니들은 자녀의 뇌전증에서 비롯하는 스트레스원에 대해 어느 정도 적응하고 있었다(김보영, 2002).

### 6) 뇌전증에 대한 낙인

뇌전증에 대한 사회적 태도와 편견은 아동 뿐만 아니라 가족에게도 광범위한 영향을 미친다. 과거 뇌전증은 끔찍한 천벌이나 불치의 병으로 오해되어왔으며, 이외에도 유전되는 병 등 그릇된 개념이나 속설 등은 부모들로 하여금 부정적 개념과 인식을 갖게 하는데, 낙인으로 인하여 부모들은 다른 만성질환을 가진 자녀 부모들에 비해 질병에 적응하는 과정에서 더 많은 어려움을 겪는다. 낙인으로 자녀가 뇌전증이라는 것을 숨기게 되고, 따라서 뇌전증에 대한 적절한 정보를 찾기가 용이하지 않을 뿐만 아니라 적절한 사회적 지지를 받을 기회를 상실한다. 특히 뇌전증에 대한 왜곡되거나 부적절한 정보는 가족들로 하여금 부적절한 대처와 부적응으로 이끌 수 있다. 가족은 낙인에 의한 직접적인 피해를 보기도 하는데, 뇌전증을 가진 자녀의 학업, 직업, 결혼문제는 물론 다른 자녀의 혼사문제에 까지도 불이익을 경험하기도 한다. 가족들은 외부행사, 오락 등 가족활동에 제한을 갖거나 이웃과의 관계에서 소원함을 갖는 등 가족전체의 삶의 질에 부정적 영향을 받는다.

## 3. 뇌전증 아동 어머니의 삶과 경험

뇌전증과 같은 아동의 만성질환은 부모 모두의 대응을 어렵게 하지만 특히 어머니에게 더욱 심각한 문제를 초래한다. 어머니는 아동양육에 대한 일차적인 책임자로서 자녀의 건강관리를 위해 많은 시간을 할애하여 돌보아야할 책임과 그 외에도 다른 자녀들과 남편을 돌보는 일, 집안유지, 생계유지 등의 기본적 기능에서의 주된 책임에서 오는 어려움이 있다. 어머니는 아버지에 비해 아동의 불건강으로 인한 죄책감과 신체적 정신적 스트레스를 더 많이 경험하며, 불안과 슬픔을 더 많이 호소한다(탁영란, 2001).

특히 발작의 예측 불가능함, 그리고 불확실한 예후 등 질병의 불확실성은 자신이 아이의 상태를 조절할 수 없다고 느끼게 하므로 어머니들은 무능감, 좌절감, 절망감, 공포감 등을 느끼게 된다. 경련의 불예측성과 이에 따른 통제할 수 없다는 무력감으로 인해 무의식적으로 아동을 적대적 또는 거부적으로 대하기도 한다(Carol, 1981). 아동의 경련에 불안을 느끼는 어머니는 아동을 과잉보호하거나, 아동의 활동을 제한하고, 다른 사람들에게 아동의 질병사실을 숨긴다. 어머니는 가족 내에서 아픈 아동의 문제로 가장 많은 역할반응을 보이는데, 약을 복용하도록 하고, 위로해주며, 고통스러워하며, 수면 중 일어나는 발작을 우려하여 환자와 함께 잠을 자며, 죽고 싶은 생각, 그리고 가정을 떠나려는 생각이 가족성원들 가운데 가장 많은 빈도이다(송자경, 1988).

이러한 문제들은 어머니의 과다한 역할 부담과 함께 아동의 양육에도 부정적 영향을 미치며 되며, 결국 어머니의 적응을 방해하게 된다. 어머니는 장기간의 간호에 지치게 되며, 아동의 경련을 직접 목격하는 등 예상치 못했던 상황을 경험하기 때문에 스트레스와 생활의 변화가 매우 크다. 따라서 이러한 문제가 지속되면 신체적 불건강은 물론 생에 대한 의욕상실, 무력감, 또는 안녕감의 저하를 초래하여 삶의 질이 저하된다(George 외, 1986; 김지연, 2008). 부모들의 삶의 질은 아동의 발작 증상이 심하고 동반된 문제가 많을수록 자아존중감이 낮고, 스트레스와 같은 정서적 문제를 더 많이 경험하는 등 삶의 질이 낮았다(Camfield 외, 2001). 특히 난치성 뇌전증 아동의 어머니는 사회 환경에 대한 불만족과 스트레스가 매우 높은 반면 지지받는 정도는 매우 낮았다(Thompson 외, 1992).

국내 한 연구에서는 뇌전증 아동 어머니의 삶의 질이 높을수록 아동의 삶의 질도 높게 나타났으며, 따라서 아동의 발작을 최소화하고 동시에 어머니에게 발작 시 적절히 대처하는 방법을 교육하여 어머니의 삶의 질을 증진시키는 다양한 개입방법의 개발이 필요하다고 하였다(우재연, 2004). 뇌전증 아동 가족의 삶의 질에는 아동의 나이, 경련의 형태, 경련빈도, 항경련제 가지 수, 동반장애, 장애유무 등이 영향을 미쳤으며, 이외에도 사회적 낙인이 매개변인으로 영향을 미쳤다(김노은, 2009).

국내에서 질적 연구를 통하여 밝힌 뇌전증 아동 어머니의 경험에서 남편의 적극적인 지지가 있는 어머니들은 문제중심적이면서 적극적인 '헤쳐 나가기'를 할 수 있었으며, 성공적으로 적응하였다. 어머니의 경험은 다음의 8개 범주로 도출되어 기술되었다(김소희, 2009).

**‖ 맞닥뜨림 ‖**

어느 날 갑자기 목격하게 된 뇌전증발작에 충격을 금치 못했다. 그러나 일부 어머니들은 아이가 출생 직후 혹은 영, 유아기부터 발달이 늦거나 열성경련을 하였으나 병원에서 검사를 해도 특별한 이상이 없다는 이야기를 들었다. 어떤 어머니는 뇌염 후유증으로 뇌전증이 발생되기도 하였으나 어른들로부터 늦되는 아이도 있고 어릴 때 경기를 하면서 큰다는 이야기에 대수롭지 않게 여기거나 막연한 의심을 하였지만 점차 나아질 것이라는 기대를 가지기도 하였다. 그러다가 어느 날 갑자기 찾아온 뇌전증발작을 목격하면서 공포에 짓눌리게 되었다. 이어 의사로부터 뇌전증진단을 받고 공포에 짓눌려 있던 가슴이 무너져 내렸다.

### ‖ 낙인인식 ‖

어머니들은 과거에 뇌전증발작을 직접 목격한 경우 매우 부정적인 기억을 지니고 있었으며 직접 목격하지 않은 경우 막연하게 알고 있는 뇌전증에 대한 오해와 그런 오해들이 빚어낸 사회적인 낙인으로 자신은 물론이고 자녀까지 지나치게 통제함으로써 스스로를 얽어매고 고통 받고 있었다. 일부 어머니는 가까운 친지의 발병과 치료과정을 지켜보면서 나을 수 있는 병이라고 생각하며 병원에서 많은 뇌전증 아동과 그 어머니들을 보고 자신만이 가지고 있는 고통이 아님을 알기도 하였다.

### ‖ 자녀건강 ‖

뇌전증 이외의 건강문제가 동반되면 어머니들은 자녀의 건강을 돌보는데 더 많은 어려움을 경험하였다. 특히 선천성 장애나 뇌손상의 후유증 등으로 인해 일상생활에 많은 도움이 필요한 경우 어머니들이 경험하는 심신의 고통은 더욱 심하였다. 또한 자녀가 어릴 적부터 유난히 몸이 약해 끊임없이 병치레를 한 경우 뇌전증으로 인해 장기적으로 약물을 복용하는 것은 내키지 않는 일이 되어버린다.

### ‖ 성격경향 ‖

뇌전증 아동을 키우는 데 있어 어머니 자신의 성격경향은 자신에게 닥친 현실을 인식하고 적응해 가는데 큰 영향을 미쳤다. 외향적이며 적극적인 성향을 가진 어머니는 비록 지금의 상황이 어렵기는 하나 만족하려고 노력하고 해결방법을 찾아다니며 주변에 도움을 청하기도 하였다. 한편 내성적이고 꼼꼼하며 남에게 신세지기 싫어하는 성격을 지닌 어머니는 기댈 곳 없는 현실의 상황을 매우 힘들어하며 외로움을 느끼지만 말할 데가 없어 힘들어 하였다.

### ‖ 멍에를 이고지고 가시덤불을 헤맴 ‖

전생에 빚을 진 사람이 이생에서 부모가 된다고 했던가? 자신의 자녀가 뇌전증을 진단 받았다는 자체를 믿을 수가 없어 현실에서 밀어내기 위해 어머니들은 몸부림을 쳤다. 여러 병원을 찾아다니고 그도 못 미더워 한방치료, 대체요법 등 안 해 본 것이 없었지만 뇌전증이라는 질병의 특성으로 하루하루가 불안하고 초초하였다. 또 자녀의 아픔이 자신의 아픔이고 자신의 탓으로 느껴 죄책감에 시달리며 살아왔다. 힘들고 고생스럽지만 벗어던지지도 못하고 힘에 부치다 삶의 무게에 짓눌려 정말이지 모든 것을 내려놓고만 싶어 하였다.

### ‖ 지지체계 ‖

어머니들은 뇌전증이라는 질병에 대해서는 가장 먼저 전문가로 부터의 지지를 경험하였다. 친절하고 자상한 의사로부터 많은 정보와 지지를 얻는가 하면 불친절하고 권위적인 의사에게 서운함을 느끼기도 하였다. 수많은 환자로 득실거리는 병원에서 홀대받거나 진료시간에 쫓겨 제대로 상담조차 하지 못하고 병원 문을 나오면서 아쉬움을 느꼈다. 또한 어머니들은 종교적인 지지를 경험하였으나 대부분 어머니들의 종교적 지지는 종교 지도자나 그와 관련된 사람들에게 받는 사회적인 지지라기보다는 그들에게 조차 자녀의 질병을 밝힐 수 없어 자신만이 절대자를 믿고 의지하는 개인적 지지에 가까웠다.

학령기 아동을 둔 어머니들이 경험하는 중요한 지지의 하나가 아이의 담임교사와 관련된 지지로 대부분 자녀들이 학교에서 생활하고 있기 때문에 아이의 건강에 대한 담임의 이해와 협조는 큰 위로와 힘이 되며 질환과 아이에 대한 이해가 부족한 교사를 만날 경우 마음고생은 더 심해졌다. 혼자 어렵게 고군분투 해가다가 친정 부모를 비롯한 주변이 도움을 받거나 내 스스로 손을 뻗어 도움을 요청하였다.

또 인터넷 카페나 인터넷 사이트를 통해 같은 병을 가진 아이의 엄마들을 알게 되어 동병상련을 느끼고 서로 정보교환하며 맘을 터놓고 위로 받으며 힘을 얻었으며 절친한 자신의 이웃과 절친한 친구, 아이의 친구들, 그리고 갑작스런 발작으로 응급실로 갈 때 얼굴도 알지 못하는 사람들의 협조에 많은 감사를 느꼈다. 그러나 장애를 가진 아이와 같은 반을 하지 않겠다는 보통의 어머니들과 낯선 사람들의 시선과 부족한 배려에 힘들어 하기도 하였다. 또한 장애를 가진 뇌전증 아동의 어머니들은 장애아나 학습부진아를 위한 교육제도, 의료보호나 간병인제도, 장애인 복지제도 등 제도적 도움에 대해 크고 작은 불만들을 가지고 있었다.

### ‖ 함께 가기 ‖

어머니들이 중심현상을 해결하기 위해 선택한 작용/상호작용은 '함께 가기' 였다. '함께 가기' 는 나 자신은 물론이고 아이와 질병, 가족을 비롯한 주변까지 모두 함께 가야함을 의미한다. 어머니로서 자녀를 홀로 세워 놓을 때 까지 함께 가야하는 것은 당연지사이나 뜻밖에 찾아와 떨쳐내려고 그렇게 몸부림 쳤던 뇌전증과 그로 인한 불안과 걱정 그로 인한 고통 역시 결국 함께 가야만 하는 것들임을 알게 되었다.

‖ 지켜봄 ‖

어머니들은 아이와 함께 걸어오면서 결국 엄마와 아이는 독립된 개체로서 각자의 길이 있음을 느꼈다. 그러나 엄마의 심정은 완전한 제3자 될 수 없기에 돌보고 키워서 발판 만들어 보내놓고는 지켜볼 수밖에 없다. 다행스럽게도 함께 가기가 잘 이루어졌다면 발작이 점차 조절이 되고 세상과 어울려 가는 아이를 바라보며 자신이 성숙해졌음을 느끼고 현실에 대한 만족과 주변에 대한 감사를 느끼면서 안도함으로 커가는 아이를 지켜보았다. 그러나 일부 어머니의 자녀는 발작조절이 되지 않고 약물 부작용과 이상행동을 보이며 친구들 사이에서 따돌림을 당하는 등 부적응을 나타냈다. 또 과잉보호로 인해 의존적이고 이기적인 아이가 되어가면서 어머니들은 아이와 뇌전증, 뇌전증에 대해 부정적인 시각으로 가득한 이 사회로부터 중심을 잡지 못하고 휘둘리면서 어쩔 수 없이 아이를 지켜보게 되었다.

## 4. 뇌전증 아동 가족탄력성과 사회복지개입

### 1) 가족탄력성 개념

가정 내 뇌전증 아동의 발생과 같은 가족 위기적 사건에 대처하는 가족의 적응방식은 가족에 따라 다양하게 나타난다. 역경과 어려움에 직면하여 가족위기를 적극적으로 극복해내는 가족이 있는가 하면, 위기와 문제에 압도당하여 와해되거나 해체되는 가족도 있다.

일반적으로 뇌전증 아동의 출현이라는 문제에 직면하여 가족은 높은 스트레스와 부적응 문제들을 갖는 것으로 간주된다. 실제로 뇌전증 아동 가족은 당뇨병 등 다른 만성질환을 가진 아동 가족에 비해 높은 스트레스와 가족갈등을 경험할 가능성이 많고, 따라서 다양한 어려움에 직면하는 경우가 많다. 많은 연구들은 뇌전증 아동의 출현과 이로 인한 고 위험(high risk)에 처한 가족에 대한 시각은 가족스트레스 등 가족의 적응에 부정적 영향을 초래할 것이라는 가정을 갖는 결핍관점(deficit perspective)에서 가족을 설명하였다.

근래에는 가족의 위기에 대해 유연하게 대처하는 적응적인 가족의 자질을 탄력성(resilience)이라는 개념을 사용하여 설명한다. 즉, 스트레스를 겪는 가족들 중에는 그들 나름대로의 강점을 갖고 있는 가족들이 많으며, 이러한 강점은 스트레스에 대한 취약성을 상쇄시켜서 가족들을 견디어 나가게 한다는 점이 강조되며, 이를 가족에 대한 탄력성 개념으로 설명하고 있다.

탄력성은 '의미심장한 역경의 상황 가운데 긍정적 적응을 하는 역동적 과정'으로(Luther 외, 2000) 정의된다. 탄력성은 주로 적대적 환경을 극복하고 기대 이상의 긍정적 결과를 성취해 내는 개인적 특성, 즉, 대 참변과 같은 고위험 상황에서 생존한 사람들의 높은 수준의 기능을 설명하는데 사용하였다.

Fraser 등(1999)은 탄력성을 '발달과 인생과정의 성과가 상당히 위협받는 상황에서 성공적인 적응과 관련된 현상의 부류'로 규정하고, 핵심 개념을 다음의 3가지 요소로 요약하고 있다. 첫째, 고난 극복, 즉 높은 위험에 노출됨에도 불구하고 성공적인 상태를 유지하는 것, 둘째, 어려움 속에서 유능감 유지, 즉 위험한 상황에 성공적으로 적응하는 것, 셋째, 정신적 외상으로부터 회복, 즉 부정적인 사건을 성공적으로 조절하는 것이다.

가족탄력성(family resilience)은 개인의 적응적 자질인 개인탄력성과 관련된 연구로부터 비롯하였다. 개인탄력성 개념을 가족에게 적용한 학자로 McCubbin과 Walsh가 잘 알려져 있다. McCubbin(1988)은 가족탄력성을 '가족이 위기적 상황에 직면하여 적응을 이루고, 변화에 대응하여 혼란에 빠지지 않게 저항하도록 돕는 가족의 특성들, 차원들, 그리고 자산들'로 정의하였다. 한편 Barnard(1994)는 가족의 탄력성은 부모와 아동사이에 역할 바뀜이 없고, 가족의식(family rituals)을 유지하며, 유아기 시절 가정 내 최소한의 갈등만이 있는 가족과 관련된다고 하였다.

가족탄력성은 가족 내 어려움과 문제들을 강점의 시각에서 보며, 높은 위험에 처한 가족들이 보다 성공적 적응을 하는 가족 내 기제(mechanism)에 초점을 둔다. 이러한 관점에서는 손상된 가족으로 바라보는 것이 아닌 도전받는 가족으로 변화시키며, 회복의 가능성을 지지한다. 가족에 대한 탄력성 접근에서는 개인과 가족의 성장은 역경에 직면하여 협력적인 노력으로 만들어질 수 있다는 신념에 기초한다(Walsh, 1996).

뇌전증 아동 가족의 경우 뇌전증 아동의 출현이라는 위기와 고위험 상황에 직면하여 보다 긍정적인 가족결속과 적응이 나타날 수 있음이 시사되며, 이는 가족탄력성 개념으로 설명할 수 있다. 아동의 뇌전증에 대한 긍정적 의미와 해석, 신앙으로의 가치 고양, 그리고 자조집단 등 참여를 통해 어려움을 극복하고 의미를 창조(creative meaning)해 나가는 가족들은 탄력적 가족의 중요한 특성으로 간주된다.

### 2) 뇌전증 아동 가족의 탄력성

가족탄력성 관점에서는 아동의 뇌전증을 수용하고 극복해 나가는 과정에서 가족의 일체감과 연대감이 회복되는 등 가족의 긍정적 자질이 활성화되어 보다 강한 가족으로 변화할 수 있는 것으로 본다.

일반적으로 경련의 잦은 빈도는 가족의 적응에 부정적 영향을 미치는 것으로 알려져 있다. 이외에도 경련의 조절에 대한 가족의 인식은 중요한 요인이다(Austin, 1988). 가족의 적응에는 부모들의 태도, 확대가족지지, 그리고 경제적 효능감 등이 영향을 미친다. 가족 내 자원이 많은 가정, 즉, 확대가족지지가 있거나, 경제적 효능감이 높고, 가족통제가 높은 가족이 긍정적 적응을 하는 것으로 알려진다. 반면, 가족지지가 없고, 경제적으로 어려운 환경가운데 있는 가족은 부적응과 연관되는데, 특히 어머니에게 확대가족지지가 없는 경우의 가족은 부적응과 연관된다.

탄력적 가족은 보다 양육적이고 융통성 있는 가정환경을 조성하기 때문에 뇌전증 아동의 심리사회적인 성장과 발달에 도움이 되는 것으로 간주된다. 한 국내연구에 따르면(송자경, 2003), 뇌전증 아동 가족의 탄력성은 높은 수준의 가족적응과 연관되었으며, 또한 아동의 바람직한 사회적응과도 밀접하게 연관되었다. 즉, 가족탄력성이 높을수록 가족의 적응도 높았고, 아동의 사회적응도 높은 수준이었다. 이것은 뇌전증 아동 가족 탄력성을 강화하는 개입을 통하여 가족 및 아동의 적응에 도움을 줄 수 있음을 제시하는 것으로, 가족탄력성을 강화하는 개입이 가족사회복지실천에서 요구됨을 시사하는 것이다.

국내 한 연구에 나타난 어머니의 탄력적 특성은 자녀의 뇌전증 사실에 직면하여 어머니 자신, 이웃과 사회, 뇌전증 자녀, 가족, 종교, 그리고 건강 등에 대해 긍정적인 인식의 변화와 함께 확장된 세계관을 보여준다. 어머니의 탄력적 특성을 구체적으로 살펴보면 다음과 같다(송자경, 2008).

#### ‖ 어머니 자신 ‖

어머니 자신의 경우 역경/고통에 직면하여 현재의 삶 수용, 의미의 재구성, 새로운 자아의 발견 등 탄력성의 구체적 내용들이 발견되었다. 어머니는 역경가운데 고통을 경험하면서 좌절과 우울, 갈등, 불안 등 정서적 반응과 원망도 나타나 어려운 상황을 반영하고 있었다. 그러나 능동적으로 현재의 삶을 수용하고 과거를 돌이켜보면서 많은 자기반성을 하였다. 예를 들면, "아이의 병을 통해 나 자신을 돌아보며", "아이가 아프기 전에는 너무나 행복했고 오만했다", "생활 속에서 교만했던 마음이 점차 사라지고", "세상사는 데는 아픈 고통도 겪고 살아야 된다" 등이다.

또한 "조그만 일에도 감사 할 줄 아는 마음", "이제는 겸손하게 감사하는 마음으로" 등으로 현재의 삶에 대한 감사와 겸손의 태도를 나타내었다. 어머니들은 자신의 내부로부터 긍정적 자아를 발견해 나가고 있었다. 예를 들면, "삶을 더욱 진지하게 생각하는 기회", "어두운 곳 볼 수 있는 계기", "누구에게나 뜻하지 않은 일이 닥칠 수 있다는 생각" 등이다. 또한 역경과 고통에 직면하여 새로운 긍정적 의미를 부여하고 있다. 의미의 재구성의 예를 들면, "내 자신의 성숙도에도 큰 영향을 미쳤다고 본다", 또는 "다른 어떠한 어려운 일이 있어도 극복할 수 있다고 생각," "고난을 통해 강해짐" 등이다.

### ‖ 이웃, 사회 ‖

이웃, 또는 사회는 어머니 자신 다음으로 중요한 탄력성의 근원으로 나타났다. 예를 들면, "자녀를 통한 타인과 사회의 관념이 바뀌고", "어려운 이웃에 눈길을 돌리게 되었다", "나의 어려움을 통해 어려운 일들이 이웃이 피부로 느껴져서" 등 많은 응답이 발견되었다. 어머니들은 동병상련으로부터 다른 질병으로 어려움을 겪는 이웃에 대해 관심을 확장하고 있었다. 그리고 이웃과의 상호작용을 통해 뇌전증을 앓는 아동에 대한 희망과 믿음을 키워나가고 있었다. 또한 가진 것에 대해 감사하는 마음을 갖고, 이웃을 배려하며, 가능한 작은 도움으로부터 보다 적극적인 행동적 형태의 사회에 대한 봉사활동으로 발전해 나가고 있었다. 어머니들은 아픈 자녀를 계기로 이웃과 세상에 대한 확장된 세계관과 가치관을 갖고 이를 구체화하는 활동을 하게 되었다.

### ‖ 뇌전증을 가진 아이 ‖

뇌전증자녀는 많은 어머니들이 탄력성을 발휘하게 하는 근원이었다. "아픈 아이"로서 그리고 "시간이 갈수록 나에게 너무나 소중한 아이", "우리 곁에 있는 아이", "노력하는 아이" 등 다양한 모습으로 자녀의 특성이 발견되었다. 어머니들은 아픈 자식에 대해 성장과 발전 가능한 범위 내에서 기대하며, 또한 아이 곁에 머물며 사랑하고자 하였다.

### ‖ 가족 ‖

가족은 어려움들을 이겨 나갈 수 있도록 하는 삶의 근원으로 중요하게 인식하고 있다. 예를 들면, "가족 간의 화합", "가정의 소중함", "부부가 합심해서 아이를 생각하고" 등이다. 부부협력을 포함한 가족의 협력이나 상호작용은 중요한 탄력성의 요소로서 중요시 하였으며, 가족에 대한 언급이 많이 발견되었다. 또한 아이의 질병은 이혼을 염두에 두었던 가족을 하나로 결속시키기도 하였다. 예를 들면 "아이를 위하여 깨뜨리려던 가정을 다시 회복하게 되었다" 등이다.

### ∥ 종교/신앙 ∥

종교/신앙을 탄력성의 근원으로 제시한 응답들이 많이 발견되었다. "아이를 창조하신 하나님을 깊이 신뢰하는 기회", "깊이 있는 신앙생활을 하게 되었으며" 등이다. Werner 등은 영성적 연대성에 의한 의미부여가 장기적 탄력성에 매우 중요함을 발견하였으며, 실제로 심장수술을 한 노인에 대한 연구에서는 종교적 이유로 희망, 위안, 평안을 찾을 수 있는 사람은 그렇지 않은 사람보다 생존율이 세배가 높다는 것을 지적하였다(양옥경 외, 2001). 종교적 믿음은 마음의 평안과 고통을 완화시키며, 이들의 심오한 영향은 위기를 이겨낼 수 있다는 신념을 제공하고 어려움을 수용케 한다. 종교적 믿음의 힘은 역경의 삶을 수용하도록 하고 당면한 어려움들을 극복해 나갈 수 있게 하는 중요한 역할을 하였다.

### ∥ 건강 ∥

또한 탄력성의 근원으로 건강과 관련된 응답들이 있었다. 어머니는 건강의 중요성을 인식하고, 이를 증진하고자 하는 노력을 통해 탄력성을 강화하는 노력이 필요함을 인식하고 있었다. 또한 "부모의 원만한 관계가 아이의 정서적 인지능력 발달에 끼치는 영향" 등으로 응답하여 어머니들이 인식하는 건강이란 단지 신체적으로 질병이 없는 상태를 의미하기보다는 정신력, 그리고 부모와 아동과의 관계의 소중함과 부모자녀관계가 아동의 발달이나 성장에 미칠 수 있는 영역까지를 포함하였다.

이상에서 어머니들은 자녀의 뇌전증으로 인한 고통과 괴로움에 직면하여 현재의 삶을 있는 그대로 수용하며, 의미를 재구성하는 노력과 함께 새로운 자아의 발견 등 긍정적 적응요소들을 발휘해 나가고 있다. 아픈 자녀를 통하여 세상을 보는 시각이 새롭게 변화하고 넓게 확장되었으며, 어려운 이웃을 돕는 활동에도 적극적인 노력을 기울이게 되었다. 또한 가족 및 건강의 중요성을 인식하며, 종교 및 신앙생활 등 보다 다양한 영역에서 인식의 변화가 있었다. 이러한 점들은 뇌전증 아동 어머니의 중요한 탄력적 특성들이라고 할 수 있다.

따라서 어머니가 지닌 잠재적 능력과 적응특성들을 강화하도록 함으로서 보다 유연하고 적응적인 가족으로 어려움과 위기에 잘 대처해나가도록 하는 것이 중요하다.

### 3) 뇌전증 아동 가족탄력성 증진을 위한 사회복지 개입

가족탄력성 관점에서는 역경에 처한 가족을 위험에 처한 가족으로 보지 않고 성장의 잠재력을 가진 도전받는 가족이라는 시각으로 본다. 따라서 개인이나 가족 모두 갑작스러운 위기나 역경에도 불구하고 상호협력적 노력을 통하여 가족강점(family strength)이 개발되거나 강화될 수 있다고 본다. 뇌전증 아동 가족의 탄력성 증진을 위한 사회복지개입은 다음에 초점을 두고 개입을 마련한다.

#### ‖ 어머니의 강점 등 내적자원 활성화 ‖

현재까지는 임상실천현장에서 뇌전증 아동의 어머니가 가진 장점이나 잠재적 특성을 이해하려는 노력이 적었고, 따라서 가족의 강점들은 간과되거나 소홀히 취급되어져 왔다. 그러나 어머니가 가진 탄력성에 대한 발견과 재확인으로 사회복지전문가의 변화된 시각과 함께 개입방법의 모색이 요구된다고 하겠다. 강한 자존감, 자기효능감, 자신의 삶에 대한 긍정적 확신 등 어머니가 갖는 내적자원들에 대한 체계적 평가를 통하여 사회복지적 개입에서 이를 활성화 할 수 있는 전략이 필요하다.

#### ‖ 인지적 측면에서의 개입 ‖

개입전략으로 신념의 재구성, 또는 강화를 통한 인지적 측면에서의 개입방안 모색이 강구되어야 할 것이다. 현재까지 임상실천현장에서는 어머니의 강점을 인식하지 못하고 뇌전증을 갖게 된 아동으로 인해 희생적인 보호자로서의 이해의 범주에서 크게 벗어나지 못하였으며, 따라서 그 개입도 결핍관점에 기반한 내용들이 중심을 이루어왔다. 개인들이 고통에 대한 긍정적 의미를 발견하도록 돕는 것은 강점치료에서 중요한 방법이 될 수 있다. 이러한 의미의 재구성은 가족복지전문가에 의해 보다 정교하게 뇌전증 아동 어머니의 적응과정(김소희, 2009)[3]인 문제인식단계, 문제 재인식단계, 그리고 관계 재정립단계를 반영한 것으로 마련하도록 한다.

---

3) ① 문제인식 단계: 이 단계는 어머니들은 감정적이고 소극적인 대처를 하는 시기로서, 아동과 어머니 자신을 동일시하는 시각에서 벗어나도록 하며, 불안, 분노 등 부정적 감정을 표현하도록 하고, 자조집단에 참여를 통해 정서적 지지를 한다.
② 문제의 재인식 단계: 어머니들은 모든 것을 자신의 탓으로 생각하던 시각에서 벗어나 현실인식을 갖게 되는 시기로서, 처한 상황, 문제, 자신의 존재와 역할을 다시 인식하는 단계이다.
③ 관계 재정립 단계: 어머니들이 자녀와의 분리를 통해 자신의 존재감을 확인하며 아이와 자신의 미래를 준비하는 단계이다.

### ‖ 영성적 접근 방법 모색 및 프로그램 개발 ‖

가족의 탄력성 향상에 있어 영성적(spirituality) 접근방법의 모색과 프로그램 개발의 중요성에 대한 재고이다. 영성적 측면은 사회복지임상에서 가장 간과되어 온 측면이 있었으나 최근 그 중요성이 새로이 부각되고 있다. 임상실천가들은 어머니의 이야기의 경청과 공유를 통하여 고통을 삶의 일부로 자각하고 수용함으로써, 클라이언트의 탄력성을 재발견하도록 기여할 수 있다(양옥경 외, 2001). 어머니의 고통과 관련된 경험을 통해 자신의 경험을 새롭고 건강한 시각으로 바라보면서 그 안에 내재된 변화와 성장을 위한 가능성과 기회를 탐색할 수 있도록 이러한 요소들은 유용한 개입전략으로 모색되어야 할 것이다.

### ‖ 사회적 지지망 확보 ‖

사회적 지지망(social network) 확보를 통한 가족체계의 안정을 도모하는 것의 중요성에 대한 인식이다. 우리나라의 한 대학병원에서 펼치고 있는 인터넷을 통한 뇌전증 아동 부모들의 자조모임(self group)은 가족들 간에 유사한 문제들에 대한 대처, 정보의 교류 및 의사소통으로 사회적 지지체계로서 기능하며, 가족체계의 안정에도 크게 기여할 수 있어 바람직하다고 하겠다. 많은 경우 가정 내에 뇌전증 아동이 있음을 숨기고, 따라서 지역사회와의 관계에서 폐쇄성을 갖기 쉽기 때문에 보다 차별화된 계획 및 프로그램마련으로 가족들이 능동적으로 사회적 서비스를 찾아 활용하며, 사회봉사활동 등 보다 적극적으로 사회적 관계를 유지해 나갈 수 있도록 개입방안 마련과 지원이 필요하다.

## >>참고문헌<<

김경희(1996). 간질 자녀를 둔 어머니의 스트레스 완화를 위한 집단 프로그램의 효과성에 관한 연구. 이화여자대학교 석사학위논문.

김노은(2009). 간질아동 부모의 삶의 질에 관한 연구. 이화여자대학교 사회복지전문대학원 박사학위논문.

김보영(2002). 간질아동 모의 스트레스에 관한 연구. 한국아동복지학, 14, 37-63.

김소희(2009). 간질 아동 어머니의 경험에 대한 근거 이론적 접근. 부산대학교 대학원 박사학위논문.

김지연(2008). 사회적지지 중재가 간질아동 어머니의 불확실성, 대응 및 삶의 질에 미치는 효과. 경북대학교 대학원 박사학위논문.

박혜영(1998). 경련성 질환을 가진 자녀를 어떻게 키울 것인가? 경련성 질환 환아를 둔 부모를 위한 지침서. 서울대학교병원 경련성질환 부모교실. 40-49.

송자경(1988). 간질아동에 대한 부모들의 태도 및 그 역동에 관한 고찰. 최신의학, 31(4), 129-142.

송자경(2003). 간질아동과 가족의 적응에 관한 연구 -가족통정감과 가족강인성을 중심으로-. 이화여자대학교 사회복지학과 박사학위논문.

송자경(2008). 간질아동 어머니의 탄력성에 관한 내용분석. 호원대학교 논문집, 30, 307-330.

양옥경 · 최명민(2001). 한국인의 한과 탄력성(Resilience). 정신보건과 사회사업, 11(6), 7-29.

탁영란(2001). 선천성 심장병환아 어머니가 인지하는 가족 스트레스, 사회적 지지, 대처. 아동간호학회지, 7(4), 451-460.

Appolone, C. & Gibson, P. (1980). Group work with young adult epilepsy patients. *Social Work Health Care*, 6(2), 23-32.

Austin, J. K. (1988). Childhood epilepsy, child adaptation and family resources. *Journal of Child and Adolescent Psychiatric and Mental Health Nursing*, 1, 18-24.

Austin, J. K. Smith, S., Risinger, M. & McNelis, A. (1994). Childhood epilepsy and asthma: A comparison of quality of life. *Epilepsia*, 35, 608-615.

Austin, J. K. & McDermott, N. (1988). Parental Attitude and coping Behaviors in families of children with Epilepsy. *Journal of Neuroscience Nursing*, 20(3), 174-179.

Barnard, C. P. (1994). Resiliency: A shift in our perception? *American Journal of Family Therapy*, 22, 135-144.

Camfield, C., Breau, L. & Camfield, P. (2001). Impact of pediatric epilepsy on the family: a new scale for clinical and research use. *Epilepsia*, 42(1), 104-112.

Carol, A. (1981). Preventive Social Work Intervention with families of children with epilepsy. *Social Work in Health Care*, 139-148.

Ellis, N., Upton, D. & Thompson, R. (2000). Epilepsy and the family: a review of current literature. *Seizure*, 9, 22-30.

Ferrari, M., Matthews, W. & Barabas, G. (1983). The family and the child with epilepsy. *Family Process*, 22, 53-59.

George, L. K. & Gwyther, L. P. (1986). Caregiver well-being: A multidmensional examination of family caregivers of demented adults. *The Gerontologist*, 26, 253-259.

Fraser, W. M., Richman, J. M., & Glinsky, M. J. (1999). Risk, protection, and resilience: toward a conceptual framework for social work practice. *Social Work Research*, 23(3), 131-140.

Hoare, P.(1984). The develoment of psychiatric disorder among school children with epilepsy. Dev Med Child Neurol, 24, 14-19.

Laybourn, A. & Hill, M. (1994). Children with epilepsy and their families: needs and services. *Child Care, Health and Development*, 20, 1-14.

Luther, S. S., Cicchetti, D. & Becker, B. (2000). The construct of resilience: A critical evaluation and guidelines for future work. *Child Development*, 7(3), 543-562.

McCubbin, M. A. (1988). Family stress, resources, and family types: chronic illness in children. *Family Relations,* 37, 203-210.

Sbarra, D. A., Rimm-Kaufman, S. E. & Pianta, R. C. (2002). The behavioral and emotional correlates of epilepsy in adolescence: a 7-year follow-up study. *Epilepsy & Behavior*, 3, 358-367.

Thomas, S. V & Bindu, V. B. (1999). Psychosocial and economic problems of parents of children with epilepsy. *Seizure*, 8, 66-69.

Thomson, P. L. & Upton, D. (1992). The impact of chronic epilepsy on the family, Seizure. 1, 43-48.

Travriger, R. (1966). Some parental theories about the causes of epilepsy. *Epilepsia*, 7, 339-343.

Walsh, F. (1996). The concept of family resilience: Crisis and Challenge. *Family Process*, 35(3), 261-281.

Ziegler, R. G. (1981). Impairments of control and competence in epileptic children and their families. *Epilepsia*, 22, 339-346.

# 제 8 장 뇌전증과 사회적 낙인

뇌전증은 인류의 역사로 볼 때 가장 오래된 질병의 하나로 과거에는 신의 천벌이나 저주의 개념으로 인식되었다. 따라서 뇌전증을 갖고 있는 사람들은 사회적으로 소외되거나 배척되는 일이 빈번하였다. 근래에 이르러 다양한 항경련제의 개발 등 현대의학의 발전에 힘입어 많은 환자들의 발작이 잘 조절되어 발작의 두려움 없이 건강한 생활을 할 수 있게 되었다. 그러나 오늘날에 있어서도 뇌전증에 대한 낙인은 사회의 저변에 면면히 존재하며, 환자의 취업, 결혼, 학업 등 삶에 다양한 형태로 부정적 영향을 미치고 있다. 본 장에서는 뇌전증의 사회적 낙인에 대한 개념을 이해하고, 낙인이 뇌전증 환자에게 미치는 영향 및 낙인의 해소방안, 그리고 우리사회의 뇌전증에 대한 사회인식과 태도에 대해 살펴본다.

## 1. 뇌전증과 낙인

고대부터 뇌전증은 종교적인 질병으로 생각해왔고 신약에서는 귀신들린 병으로 여겨졌다. 당시 많은 그리이스와 라틴 성직자들은 '뇌전증 환자들은 마귀에 사로 잡혔고', '더러운 벙어리와 귀먹은 영혼'으로 간주하였다(International League Against Epilepsy, 2003).

낙인은 고대 그리이스 시대에 노예나 범죄자, 또는 반역자 등을 구별하기 위하여 몸에 표시한 문신으로, 어떤 사람에게 낙인을 부과한다는 것은 그 사람, 또는 그 사람의 행동을 사회적으로 받아들일 수 없다는 것을 의미한다. 뇌전증의 사회적 낙인은 뇌전증으로 인해 환자 스스로 느끼는 불명예스러운 사회적 수치심으로 정의된다(Goffman, 1963). 뇌전증은 예측할 수 없는 돌발적인 행동장애를 일으키는 질환이기 때문에 환자들은 불명예스러운 낙인과 함께 수치심을 느끼기도 하고, 사회에서 차별을 당하기도 한다.

역사적으로 볼 때, 사회적으로도 뇌전증 환자에 대한 다양한 차별행위가 자행되었다. B.C. 1700년 경 바빌로니아 Hammurabi 왕의 통치시절 뇌전증 발작을 일으키는 노예는 팔린 지 한 달 안에 전 주인에게 되돌려 질수 있었으며, 돈도 되돌려 받을 수 있도록 하는 바빌로니아 상법이 있었다(de Boer, 1995). 영국의 어느 지방에서는 뇌전증 환자에 대한 결혼 금지법을 시행하기도 했었으며, 캐나다에서는 정신병원 같은 곳에 수용했었다. 카메룬의 시골에서 뇌전증 환자는 마을에서 추방되며, 사람들은 그와 접촉하는 것을 꺼리고, 나이지리아에서는 뇌전증이 전염되는 것으로 믿었다.

근래에 현대의학의 발전과 함께 과거의 치유될 수 없는 만성질환으로부터 치유되는 질병으로 뇌전증의 개념을 바꾸게 되었다. 그러나 뇌전증에 대한 오래된 비과학적 믿음의 잔재들은 일반인들의 인식에 부정적 영향을 미치고 있으며, 이로 인하여 뇌전증 환자의 삶의 질과 사회생활을 어렵게 만들고 있다. 오늘날에 있어서까지도 뇌전증은 사람들로부터 차별을 당하거나, 이혼을 초래하는 원인이 될 수 있으며, 직업을 얻는 데에도 장애와 어려움을 수반한다.

발작이 잘 조절되는 상황에 있는 환자라고 할지라도 뇌전증에 대한 사회적 낙인의 문제들로부터 완전히 자유로울 수 없으며, 이는 뇌전성 발작 그 자체보다 더 큰 어려움과 삶에 도전이 되고 있다. 뇌전증 환자의 심리사회적 안녕과 삶의 질 향상은 낙인의 문제들에 대한 인식과 함께 이를 해소하기 위한 적절한 사회적 노력이 수반되어야 한다.

## 2. 낙인과 뇌전증 환자

### 1) 낙인과 뇌전증 환자의 특성

뇌전증에 대한 낙인의 문제로 인하여 환자들은 질병 그 자체에서 비롯하는 문제들보다 더 많은 어려움을 갖고 생활한다. 환자들의 어려움과 문제들을 사회적 · 가정적 · 개인적 특성을 중심으로 살펴보면 다음과 같다.

### (1) 사회적 특성

뇌전증은 역사적으로 볼 때 매우 불행한 과거를 갖고 있다. 마귀에 잡히거나 저주받은 자에게 일어난다고 생각되었는데, 어원에서도 그 모습을 찾아볼 수 있다. 영어인 epilepsy에는 넘어지다, 병에 잡히다, 마귀에 잡히다라는 의미가 내포되어 있으며, 우리나라에서는 지랄병, 혹은 천질(天疾)로 불리기도 했는데 여기에는 미친병, 하늘이 노한 병이라는 뜻이 내포되어 있다. 과거 뇌전증에 대한 그릇된 믿음과 오해로 인하여 환자들은 사회로부터 격리되거나 멸시를 받는 대상으로 전락하였는데, 뇌전증이 현대의학적으로 규명된 현대에 이르러서도 사회적 편견 등 사회적 낙인이 사회 내 잠재하고 있어 환자의 고용 및 결혼 등 삶의 다양한 영역에서 차별로 나타난다.

우리나라 5개 대학병원에 내원하는 성인 뇌전증 환자 384명과 일반인 1,540명 등 총 1,924명을 대상으로 실시한 연구결과에 따르면, 실업률은 일반인에 비해 1.7배, 미혼률은 2.6배 높았으며, 또한 교육수준과 취업률도 일반인의 절반수준에 그쳐 우리사회에서 뇌전증 환자가 사회적 차별을 받고 있음을 알 수 있다(Yoo 외, 2009).

### (2) 가정적 특성

뇌전증 환자가 발생함에 따라 가족들은 당황해하며, 가정 내에 환자가 있음에 대하여 수치와 죄의식을 느끼게 된다. 또한 환자의 치료문제나 결혼, 진학, 직장 등의 여러 가지 문제를 갖고 환자와 함께 고통을 겪게 된다.

뇌전증 환자의 가정에서 흔히 볼 수 있는 문제는 과잉보호와 거부이다. 부모들은 자녀의 외부활동을 제한하고 과잉보호하여 결과적으로 심리사회적 성장에 불리한 영향을 미치게 된다. 가정 내에서 뇌전증과 관련된 문제들에 대해 은밀하게 의사소통을 한다. 가족 전체적으로 원활한 의사소통의 흐름을 상실하고, 가족응집성의 결여, 그리고 다른 가족구성원들이 심리사회적 질병(psychosocial sickness)을 갖게 되기도 한다. 한편 부모들은 사회적 편견 등의 부정적 인식과 낙인을 인식하고, 주위사람들에게 뇌전증 환자가 있다는 것을 숨기려하는 경향을 갖고 있다. 이러한 문제는 뇌전증에 대한 올바른 정보를 획득하는데 어려움을 주게 되어 치료에도 부정적 영향을 미치며, 사회의 필요한 자원과 서비스를 획득하는 데에도 방해가 된다.

환자의 장기간의 치료에 따르는 어려움과 사회생활의 적응문제, 그리고 부모의 좌절과 부적절한 대처 등 부모 자녀사이에서 갈등상황이 유발될 수 있으며, 가족은 스트레스와 위기에 처할 수 있다.

(3) 개인적 특성

환자들은 갑작스럽게 시작된 발작에 당황해하며, 뇌전증의 원인을 찾아내고자 하며, 뇌전증을 갖게 된 사실에 대해 많은 심리적 갈등과 고통을 느낀다. 많은 경우 환자들은 진단의 초기과정에서 진단을 부정한다. 대발작(grand mal) 등 발작 시 의식을 잃는 경우 자신에게 뇌전증이 있음을 다른 사람의 반영에 의하여 경험하게 되며, 이에 대한 반응으로 뇌전증이 있음을 부정하거나, 질병을 소홀히 취급하거나, 건강을 확인하기 위한 노력을 한다. 이 과정에서 안심을 시켜주는 의사들을 찾아다니기도 하며, 사약 등 민간요법에 탐닉하기도 한다. 대부분의 환자들은 자신의 병을 다른 사람에게 숨기려하는 경향을 갖고 있다. 어떤 사람이 자신에게 뇌전증이 있다는 사실을 알게 되면 그 사람과의 교제나 접촉을 완전히 끊기도 하고, 심지어 살고 있던 고장을 떠나 타지로 거주지를 옮기기도 한다.

환자들은 편견과 부정적 사회인식 등 낙인을 내면화(internalize)하여 대인관계 및 사회생활에서의 장애와 어려움을 갖는다. 결혼에 대해서는 부정적이거나 소극적 태도를 갖고 있다. 그리고 결혼을 한 경우에도 결혼생활의 유지에 많은 어려움을 갖는데, 뇌전증 환자에게서 높은 독신비율, 그리고 낮은 결혼율과 함께 높은 이혼율이 보고된다(Yoo 외, 2009).

뇌전증 환자들은 간헐적으로 일어나는 예기치 않은 발작, 그리고 뇌전증을 갖고 생활하는데 장애와 적응의 어려움으로 불안, 우울, 의기소침, 두려움, 좌절 등의 정서적 문제들을 많이 갖는다. 환자에게 나타나는 성격장애로서 뇌전증성 성격(epileptic personality)이 기술되는데, 일반적으로 성적행동(sexual behavior)의 변화, 집착적이고 강박적인 사고, 종교적인 심취, 그리고 불안정한 감정의 경험 등이다.

이상과 같이 뇌전증 환자들은 발작 그 자체에서 오는 문제보다는 사회의 낙인에 의해 사회적, 가정적, 그리고 개인적 측면의 어려움과 문제들이 나타난다. 발작이 잘 조절되는 상황에 있는 뇌전증 환자라고 할지라도 낙인에 의해 다양한 어려움과 사회심리적 문제에 노출될 수 있음을 이해하는 것이 무엇보다도 중요하다.

### 2) 뇌전증에 대한 낙인의 영향수준

낙인은 뇌전증 환자의 삶에 개인 내적 수준(internalized level), 대인관계적 수준(interpersonal level), 그리고 제도적 수준(institutional level)에 영향을 미친

다(Muhlbauer, 2002; Jacoby 외, 2007).

### (1) 개인 내적 수준

개인 내적 수준에 미치는 낙인은 뇌전증 환자의 반응과 관련된다. 뇌전증의 진단은 환자들에게 부정적으로 해석되며, 수치심으로 압도당하는 일정한 기간을 갖게 된다. 한 번 뇌전증으로 진단받게 되면, '뇌전증 정체감'을 갖는 개인으로, 다른 사람들의 부정적 반응과 인식가운데 놓이게 된다(Scambler, 1989). 영국, 프랑스, 독일, 헝가리, 스페인 등 유럽 15개 지역 뇌전증 환자 5,000명에 대한 조사(Baker 외, 1999)에서는 51%의 환자들이 낙인되었으며, 18%는 심각한 낙인을 경험하였다.

뇌전증에 대한 낙인은 지각된 낙인(felt stigma)과 실제적 낙인(enact stigma)으로 그 개념이 구분된다(Scambler 외, 1986)[1]. 뇌전증 환자의 약 70%가 낙인을 경험하는데, 낙인에 대한 경험은 실제적 낙인보다 지각된 낙인이 사회심리적으로 더 중요한 의미를 갖는다(Rafael 외, 2010). 최근 2년간 뇌전증 발작이 없는 성인 환자들을 대상으로 한 연구에서 직업이 없는 환자들 중 그 이유가 뇌전증 때문인 경우가 3%에 불과하였음에도 불구하고 32%는 뇌전증 때문에 직업을 가지기가 힘들다고 생각하였다(Jacoby, 1994). 또 다른 연구에서는 직장에서 실제적으로 차별했다는 근거가 없음에도 불구하고 1/3의 환자들이 뇌전증이 직업을 갖는데 영향을 미쳤다고 스스로 비난을 느끼는 것이 직업 및 고용안정에서의 큰 문제가 되었다(Jacoby, 1995).

부모들이 갖는 뇌전증에 대한 태도는 뇌전증 아동들의 낙인인식에 매우 중요한 영향을 미친다. 뇌전증 진단에 대한 부모들의 반응에 따라 아동은 자신만의 해석과 의미를 갖는데, 부모들의 반응이 부정적일 때 아동은 뇌전증을 수치스럽게 생각한다. 가족들은 환자가 어릴 때부터 뇌전증을 앓고 있다는 사실을 비밀로 하고 외부에 알려지지 않게 하며, 가정 내에서도 뇌전증이라는 말을 대화중에도 극히 삼가 한다. 이러한 가족들의 태도는 뇌전증 아동의 지각된 낙인(felt stigma)에 의미심장한 영향을 미치게 된다.

환자들이 내면적으로 낙인을 관리하는데 대해 사용하는 방어기제와 전략은 다양하다. 뇌전증의 진단에 대해서는 거부와 재협상을 사용한다. 사회적 위축과 소외는 발작이 다른 사람들에게 노출되는 것을 막기 위한 것이며, 불안은 다른 사람들의 부

---

1) 실제적 낙인은 실질적으로 행해지는 차별로서 놀림이나 야유와 같은 구체적인 어떤 사건으로 인하여 경험되는 낙인이다. 반면, 지각된 낙인은 낙인에 대한 두려움과 수치로서 실제적 낙인 보다 많은 개인적 고통과 불행감을 갖게 되는데, 뇌전증 환자가 완벽히 사회적 참여를 하는데 있어 중요한 방해물이 되고 있다.

정적 반응에 대한 것으로 자신의 발작을 감추기 위한 방어기제의 사용이라고 할 수 있다. 부모를 비롯 의미있는 타인(significant others)에 의한 과잉보호는 의존성을 증가시키게 된다. 많은 경우 뇌전증 환자들은 스스로에 대해 무가치하며, 적응적이지 않고, 성숙되지 못하며, 안정적이지 않고, 잘 대처해 나가지 못하고, 성공적이지 않고, 사람들과 잘 어울리지 못하는 것으로 기술하고 있다. 특히 아동 및 청소년들의 지각된 낙인은 자신에 대한 낮은 평가와 함께 증가하는 불안 및 우울로 나타난다(Jacoby 외, 2007).

### (2) 대인관계적 수준

뇌전증에 대한 낙인은 대인관계적 수준에서 영향을 미치는데, 이것은 뇌전증에 대한 일반인들의 태도들과 관련된다. 고대시대에는 뇌전증은 사악한 것으로 죄, 또는 악마에 사로잡힌 것과 연관되었다.

많은 경우 뇌전증에 대한 의학적 설명은 낙인과의 관련성, 공격적, 범죄 행동과 연관된 연구들로서 비정상적인 성적(sexual) 활동이나, 유전적 퇴화, 그리고 뇌전증성 성격(epileptic personality)과 연관되어 기술되고 있다. 이러한 기술들은 뇌전증에 대한 부정적 고정관념과 함께 낙인을 강화하는 것이다.

최근 일반인들의 뇌전증에 대한 지식수준의 향상에도 불구하고 여전히 낡은 사고는 지속되고 있으며, 오해와 부정적 태도를 갖고 있다. 오스트리아에서는 15%의 응답자는 자녀가 뇌전증 환자와 노는 것을 반대하였다. 체코에서는 29%가 뇌전증은 정신병의 한 형태라고 생각하였다. 영국에서는 1,600명중 절반 이상이 뇌전증 환자들을 차별적으로 취급하는 것에 동의하였다. 많은 사람들이 뇌전증에 대한 사회적 소외와 배척이 있으며, 신뢰할 수 없으며, 비정상적인 것에 기인하는 두려움을 가졌으며, 환자들의 절반 정도가 일반인들에 비해 성격적인 문제를 갖고 있다는데 동의했다(Jacoby 외, 2007).

미국 전 지역 성인 758명에 대한 연구결과에서 뇌전증 환자에 대한 태도를 특징짓는 4개의 범주를 발견하였다(Dilorio 외, 2004). 첫째, 사람들은 뇌전증 환자들에 대한 부정적 고정관념을 갖고 있다는 것, 둘째, 위험과 안전에 대한 관심은 뇌전증환자가 발작할 경우에 대한 사람들의 염려를 반영한다는 것, 셋째, 일과 역할기대는 직업과 사회적 역할에 대한 뇌전증 환자의 능력에 관한 믿음이라는 것, 넷째, 두려움과 사회적 회피는 뇌전증 환자에 대한 신경이 쓰이거나 또는 뇌전증을 가진 사람과 있게 되는 두려움에 대한 정서적 반응이라는 것이다. 많은 사람들이 발작 시 죽을 것이라고 믿었고, 66.5%의 사람들은 발작 시 입에 무엇인가를 끼워 넣어야 한다고 생각했다.

뇌전증에 대한 낮은 지식은 높은 낙인의 인식과 연관된다. 19,000명을 대상으로 한 조사에서 일반 청소년들은 뇌전증 환자들에 대한 많은 부정적인 인식을 갖고 있었다. 예를 들면, 52%는 뇌전증에 대해 전혀 듣지 못했고, 46%는 뇌전증의 전염여부에 대한 확신이 없었다. 그리고 40%는 뇌전증 환자들이 위험한지 어떤지에 대한 확신이 없었다. 31%만이 뇌전증 환자와 데이트를 고려한다고 답했고, 75%는 뇌전증 환자들이 건강한 또래보다는 흠이 있을 것이라고 생각했다(Austin 외, 2002).

(3) 사회제도적 수준

사회제도적 수준에 미치는 낙인은 사회 내 법, 또는 제도와 관련된 것이다. 뇌전증에 대한 법적 차별은 정도의 차이는 있지만 세계적인 것으로, 결혼, 임신, 이민에 대한 규제를 포함하고 있다. 어떤 나라들은 뇌전증 환자들에 대한 차별적인 법들을 최근에 와서야 폐지하였다. 뇌전증 환자에 대한 법적 차별은 삶의 다양한 영역에서 보다 구체적 어려움으로 직접적으로 작용하게 된다.

근래에 많은 나라들이 뇌전증을 “장애”로 인식하기 시작하였다. 뇌전증 환자에 대한 사회적 제한과 관련된 대표적인 문제는 고용문제로서, 영국에서는 뇌전증을 가진 사람들을 다양한 직업영역에서 제한하고 있다. 군에 입대하는 것으로 부터 교사, 의학, 정치, 소방사, 그리고 교도소 등 직업을 갖는 것이 제한된다. 많은 나라들이 뇌전증 환자가 운전하는 것에 대한 법적 제한을 두고 있는데, 발작이 없는 일정한 기간이 지난 후 비로소 운전면허를 소지할 수 있다.

### 3) 낙인이 뇌전증 환자에게 미치는 영향

뇌전증에 대한 낙인은 환자의 삶의 질과 건강, 결혼률, 교육과 고용기회, 그리고 사회서비스의 이용 등 삶 전반에 걸쳐 광범위한 영향을 미친다.

**(1) 삶의 질과 건강**

낙인은 개인의 성장발달을 저해하는 중요한 요소이며, 낙인이 높은 사람은 대인관계나 일을 할 때 스트레스를 더 많이 받게 되고, 신체적 건강이 저하되며, 삶의 질이 떨어진다.

많은 경우 뇌전증 환자들의 삶의 질은 사회의 낙인에 의해 부정적 영향을 받는다. 뇌전증 환자들의 삶의 질에 심리적 고통, 고독, 적응과 대처, 그리고 낙인의 인식이 가장 중요한 영향을 미쳤는데, 이러한 인식은 질병이 경한 사람과 심각한 사람들 사이에 차이가 없었다(Suurmeijer 외 2001).

사회적 낙인과 뇌전증 환자의 삶의 질과의 관계에 대한 많은 연구가 있었는데, 특히 환자들이 지각하는 낙인은 전체적인 안녕과 매우 중요한 연관을 가졌다(Collings, 1990). 한국판 뇌전증 환자 삶의 질(QULIE-31) 도구를 사용한 국내연구에서 뇌전증 환자 삶의 질 총점은 49.7로 낙인을 느끼지 않는 환자 63.1에 비해 낮았다. 사회적 낙인을 심하게 느낄수록 삶의 질이 낮았는데, 사회적 낙인을 심하게 느낄수록 문제해결에 대한 통제감 및 자신감이 더 적었고, 문제해결에 대한 무기력감은 더 심했다. 그리고 불안 및 우울은 더 심했고, 자아존중감은 더 낮은 점수를 보였다(이상암 외, 2002).

사회적 낙인은 사회심리적 스트레스와 건강에도 영향을 미친다. 미국의 질병관리통제센터(CDC: Centers for Disease Control & Prevention)에서는 뇌전증 환자들에 대한 건강-관련 삶의 질에 대한 조사결과에서 일반 사람들보다 실질적으로 삶의 질이 나쁜 것으로 보고하였다. 일반 사람들의 경우 18.5%가 좋지 않은 건강을 보고한 반면, 뇌전증 환자의 경우 45.9%였다.

#### (2) 결혼률

뇌전증을 가진 남녀의 낮은 결혼률은 뇌전증에 대한 사회적 낙인에 기인한 것으로 볼 수 있다.

Fisher 등(2000)은 뇌전증을 가진 남자의 결혼률은 51%인 반면, 일반 사람들은 63%라고 하였다. 뇌전증을 가진 48%의 여성만이 결혼했으며, 이는 일반 사람들의 결혼율 59%에 비교하여 낮은 비율이다. 또한 뇌전증 환자들의 낮은 사회참여의 기회는 출산율까지도 저하시킨다.

#### (3) 교육과 고용기회

낙인에 의해 뇌전증 환자들은 사회에서 각종 불이익에 노출되기 쉽다. 실제로 취업, 결혼, 운전, 그리고 보험 등에서 사회적 편견과 낙인의 영향을 받는다.

뇌전증 환자들은 장애를 갖지 않은 사람들보다 고등학교 졸업을 적게 하였는데, 미국에서 일반 인구의 전체 졸업비율이 81.7%인데 반하여 뇌전증 환자들은 64%에 불과하였다. 그리고 대학 졸업비율은 일반 사람들(23%)에 비교하여 더 낮은 비율(20%)이었다. 또한 환자들은 25%가 불고용 상태였는데, 이러한 불고용의 64%는 뇌전증에 기인한 것이었다(Morrell, 2002). Nisa(2007)는 일반인은 19%가 비고용되고 있음에 비하여 뇌전증 환자는 58%가 비고용되고 있다고 하였는데, 사회의 낙인에 의해 뇌전증 환자의 실업률이 높고 일자리가 부족하게 된다고 밝히고 있다. 영국의 한 보고에서는 철강 산업에 근무하는 뇌전증 환자 45명중 약 반이 뇌전증으로 고생하고 있었으나 이들의 작업능력은 정상인과 동일하였음에도 불구하고 1/3이 뇌전증이라는 이유로 직장을 그만두거나 직업의 종류를 바꾸게 되었다.

**(4) 사회서비스 이용**

뇌전증 환자의 고용경험을 조사한 스웨덴의 한 연구(Chaplin 외, 1998)에서 직업상의 문제는 35%가 경험하였다. 9%는 불고용이었으며, 16%는 장애수당을 받아왔다. 발작이 잘 조절된 환자들은 고용이 더 잘되었고, 직업상의 문제들을 덜 경험하였으나, 뇌전증으로 인한 제한을 느꼈으며, 낙인을 경험하였다.

그러나 발작이 불완전 조절되는 환자들의 50%가 직업상의 문제들을 경험하였다. 특히 젊은 환자들은 뇌전증이 현재의 고용상황에 부정적 영향을 미치는 것으로 느꼈다.

## 3. 뇌전증에 대한 낙인의 해소

뇌전증과 관련된 사회적 낙인을 경감하기 위한 개입은 크게 구분하여 일반인들에 대한 개입과 환자에 대한 개입으로 나눌 수 있다(Birbeck, 2006).

먼저 일반인에 대한 개입은 대중매체의 뇌전증에 대한 부적절한 표현에 항의, 사회적 캠페인 등 사회적 낙인을 경감시킬 수 있는 주요 집단에 대해 교육하는 것이다. 환자에 대한 개입은 상담과 함께 낙인의 사회구조적 측면을 경감시킬 수 있는 정책형성 및 옹호, 그리고 심리교육집단프로그램을 실시하는 것이다.

한편 Morrell(2002)은 뇌전증에 대한 사회적 낙인의 해소 방안으로 양질의 의료적 치료 및 정보의 제공, 자기옹호(self-advocacy), 그리고 법적 규제를 제시하였다. 이를 살펴보면 다음과 같다.

### 1) 의료적 정보의 제공

오해와 편견으로 비롯한 낙인은 적절한 의료적 서비스와 뇌전증에 대한 정확한 정보를 제공하면 소멸된다. 따라서 뇌전증에 대한 교육은 환자 개인뿐만 아니라 지역사회를 대상으로 실시한다.

일반인들의 뇌전증에 대한 오해는 낙인과 사회적 편견을 갖도록 한다. 특히 미디어에서의 뇌전증에 대한 잘못된 전달은 문제가 된다. Krauss 등(2000)이 1991년부터 1996년 사이의 인쇄된 미디어들을 조사하여 뇌전증에 대한 이야기(story)들을 확인하였다. 의사, 공공 자료, 환자와 가족, 뇌전증협회, 그리고 기타 자료들을 분석하였는데, 중요 주제들은 뇌전증을 극복한 개인적 이야기, 새로운 약물치료, 약물을 사용하지 않는 치료법, 그리고 과학적인 발전에 관한 내용들이었다. 미디어의 내용들은 31%가 부정확하였는데, 과학적인 부정확, 치료효과에 대한 과장, 그리고 발작과 관련된 과장된 위험성들에 관한 것들이었다. 미디어들은 새롭게 발작이 시작된 환자들에게 부정확한 정보를 제공하였으며, 이에 덧붙여서 미신적 상상과 주술적인 치료방법을 제안하기도 하였다. 여기에 환자들은 스스로가 뇌전증에 대한 부정확한 정보의 근원지가 되었다. 30%의 환자들이 뇌전증이 정신장애, 또는 전염이라고 믿고 있었고, 41%는 발작 시 입에다 물건을 끼워 넣는 것은 적절하다고 믿었다. 그리고 25%는 여성이 임신했을 때 항경련제를 복용해서는 안 된다고 믿었다. 이러한 뇌전증에 대한 그릇된 지식은 환자들의 연령, 뇌전증의 유병 기간, 그리고 교육정도와는 아무런 상관관계를 갖지 않았다.

뇌전증의 초기단계에서 발작을 신속하게 조절하는 것은 환자들로 하여금 낙인에서 비롯하는 손상을 줄일 수 있도록 한다. 환자들의 대부분은 낮은 자기평가와 함께 뇌전증에 대한 오해로 심각한 심리사회적 문제들을 수반하게 되는데, 초기아동기에 올바른 인식과 신념이 형성되지 않으면 청소년기에 들어서 뇌전증에 대한 왜곡된 견해와 인식을 갖기 쉽다.

청소년들에게 뇌전증장애는 많은 어려움과 스트레스를 수반한다. 실제로 23%에 달하는 많은 청소년들은 우울증을 갖는다. 우울은 뇌전증에 대한 부정적 태도와 함께 가족관계에 문제를 야기하며, 통제소재[2](locus of control)의 문제를 수반한다.

### 2) 자기옹호

뇌전증에 대한 오해와 낙인에 대한 최선의 대책은 무엇보다도 환자자신이 뇌전증에 대한 정확한 인식을 갖는데 있다. 뇌전증에 대한 충분한 지식이 없이 뇌전증의 실체

2) 통제 소재(locus of control)는 자신의 문제나 사건의 원인이 자신의 내적요소에 있다고 생각하는지, 아니면 외부적 요소에 있다고 생각하는지에 관한 것이다. 전자는 내적통제소재(internal locus of control)로서 자신의 능력, 노력, 의지, 정서, 동기 등에 의한 것으로 지각하는 것이다. 후자는 외적통제소재(external locus of control)와 관련되며, 신의 통제나 의지 밖의 힘으로 지각하는 것이다.

를 확신하지 못할 때, 낙인과 편견에서 비롯하는 두려움의 희생자가 될 수 있다. 따라서 환자들에게 적절한 자기옹호(self-advocacy)를 교육하여야 한다.

개인, 또는 가족상담은 환자들의 자기평가를 강화하는데 도움을 줄 수 있다. 환자로 하여금 현실적인 기대를 갖고 생활계획을 세워 나갈 수 있도록 하는 것이 무엇보다도 중요하다. 환자 자신이 인생의 주체가 되며, 변화에 대한 능동적 참여자로서 느끼고 생활할 수 있도록 한다(Cochrane, 1995).

의료진들은 뇌전증 환자의 적절한 자기옹호를 위해 장애에 대해 축소하거나, 과장하지 않은 정확한 정보를 제공하여야 한다. 인터넷 등 뇌전증에 대한 부정확한 정보의 출처에 대해 경고하며, 뇌전증에 대한 교육은 뇌전증재단과 같은 신뢰할 수 있는 조직으로 부터 받도록 한다.

### 3) 법적 규제

뇌전증에 대한 제도와 법은 일반인의 태도 변화를 이끌 수 있다.

1973년 미국의 연방재활법(Rehabilitation Act)은 낙인과 발작장애를 가진 사람들을 법적 장애로 간주하였다. 많은 환자들이 발작의 유무에 따라 직업을 갖거나, 해고되며, 교육과 능력의 문제로 불고용되기도 한다. 대부분의 고용주들은 환자들이 발작으로 손상된 것으로 간주하며, 발작이 잘 조절되는 사람들까지도 차별한다. 미국에서는 발작이 잘 조절된 환자들은 치료를 계속함에도 불구하고 장애가 있다는 증거를 제시해야 한다. 작업 수행에서 능력의 손상이나, 발작이 있다거나, 신경학적인 증상을 보인다던지, 또는 기억력이나 피로 등 약물 부작용 등은 일상생활을 수행하는데 있어서의 장애로 간주된다.

외국의 여러 나라들은 장애인들에 대한 사회적 편견을 해소하고 사회인식의 변화를 위해 장애인 차별을 금지하는 법들을 갖게 되었으며, 장기적으로 사회교육을 실시하여 많은 효과를 거두고 있다.

장애인에 대한 대표적인 반차별법에는 미국의 장애인법(ADA: Americans with Disabilities Act)이 있다. 이 법은 43백만 명의 장애인들이 미국의 사회적 경제적인 주류로 진입하도록 하였다. 이 법에서는 장애인에 대한 고용, 이동, 공공편의, 서비스, 그리고 통신에 있어 장애에 대한 차별을 금지하고 있는데, 뇌전증 장애인들의 사회정의 측면에서도 가치가 있는 것으로 다른 나라들의 법적 발전을 이끄는 모델로서 중요한 의의를 지닌다.

미국을 포함한 헝가리, 체코 등 유럽 여러 나라에서는 뇌전증에 대한 사회태도 변화를 위해 일반인을 대상으로 꾸준히 사회계몽 및 교육을 실시하고 있다. 이러한 사회교육의 효과를 확인하기 위한 미국에서의 한 연구(Caveness 외, 1980)는 1949년부터 1979년까지 5년 마다, 그리고 1987년도에 조사를 실시하였는데, 이 조사결과에서 뇌전증 환자에 대한 사회 일반인들의 편견의 수준은 시간이 지날수록 감소함을 보였다. 1949년부터 1979년까지 뇌전증 환자가 직업을 가져도 된다고 생각하는 비율이 45%에서 79%로 증가하였다. 그러나 심각한 수준의 차별은 여전히 존재하는데, 1979년에는 자녀를 뇌전증 환자와 결혼시킬 수 있다고 대답한 응답자는 18%였으며, 1987년에는 44%가 자동차를 운전하는 것을 반대했다(Lamartina, 1989). 이러한 결과는 사회적 낙인의 상당한 부분들은 일반인들에 대한 장기적인 사회교육을 통해 해소될 수 있음을 제시한다.

## 4. 우리나라의 뇌전증에 대한 사회인식

우리나라의 경우 뇌전증에 대한 사회적 편견이 다른 나라에 비해 훨씬 심각한 수준이다. 오석환 등(1971)은 뇌전증에 관한 정신의학적 연구를 통하여 우리 사회에 뇌전증 환자에 대한 부정적인 감정과 경계적이고 거부적인 태도가 매우 높다고 하였으며, 부정적 태도와 편견 등 낙인의 문제를 지적하였다. 이후 현재까지 많은 연구들이 뇌전증에 대한 부정적 사회인식과 태도에 관한 문제들을 보고하고 있다.

김석대(1977)의 조사에서  환자들은 뇌전증의 원인을 심리적 개념으로 이해하려는 경향이 두드러졌으며, 다양한 원시적 약물요법을 사용하였고, 뇌전증에 대한 그릇된 인식으로 사회로부터 고립되며 병을 숨기려는 경향이 있다고 하였다. 환자들이 자신의 병을 유전으로 생각하는 경우는 19%였다.

김명규 등(1994)이 광주시민을 대상으로 한 연구에 의하면, 뇌전증에 관한 전반적인 인식에 있어 잘못된 오해나 편견의 정도가 다른 나라에 비해 현저하였으며, 질병의 원인에 대한 인식은 선천적 유전적이라고 생각하는 경우가 42%였고, 정신병의 일종이라고 생각하는 경향이 13%로 다른 나라에 비해 높았다. 뇌전증 환자의 사회활동에 대해 발작이 잘 조절되는 상황에 있는 전제하에서도 매우 부정적이었는데, 운전해서는 안 된다, 위험하다, 아이를 가져서는 안 된다, 정상인 보다 열등하다 등의 태도가 있었다.

뇌전증에 대한 사회적 태도의 변화를 살펴보기 위해 1995년도와 1999년도에 두 차례에 걸친 조사에서 일반인들의 뇌전증에 대한 친숙도는 의미있게 증가하였으나 질병의 원인에 대해 천벌, 정신질환, 영양부족, 또는 수혈 등과 같은 잘못된 믿음이 여전히 존재하였다. 그러나 경련발작으로 사망한다거나, 자동차운전을 해서는 안 된다 등에 대한 태도는 현저하게 감소하였다(김인규, 2002).

이예이 등(1997)의 조사에서 일반인들의 48%만이 뇌전증 환자에게 일자리를 주어야 한다고 생각했으며, 자녀가 뇌전증 환자와 함께 노는 것에 대해 54%가 반대하였으며, 자녀가 뇌전증 환자와 결혼하는 것에 대해서는 95%가 반대했다. 응답자의 40%는 뇌전증은 특정한 사람, 혹은 특정집안에서 발생한다고 답하여 자신들과는 전혀 무관한 병으로 생각하였다. 뇌전증 환자는 다른 신체적 질병에 걸릴 확률이 크며, 당뇨병이나 고혈압보다 치료가 더 힘들다고 하였다. 또한 항경련제로 완치되지 않으며 발작만 억제할 뿐이라고 대답하여 약물치료에 대한 신뢰도가 낮았고, 일생동안 낫지 않는 병이라고 하였다.

초등학교 교사들을 대상으로 한 조사에서 교사들 대부분이 뇌전증 학생이 일반학급에서 교육받는 것에는 호의적이었지만 42.6%가 자신의 학급에서 교육받는 것에는 반대하였다. 반대하는 이유로는 언제 발작을 일으킬지 모르는 불안감과 발작 시 응급처치 방법에 대한 무지 때문이었다(이해영, 2006).

뇌전증 환자들은 51%가 낙인을 느끼며, 이중 18%는 심각한 낙인을 경험하였다. 환자들은 '뇌전증이 있다는 것을 숨기고 싶다, 뇌전증 때문에 주위 사람들에 미안하다, 언제 경련을 할지 몰라 두렵다, 창피하다' 등으로 응답하였다(윤수영 외, 2001). 이상암 등(2002)의 연구에서는 약 31%의 환자가 사회적 낙인을 느꼈다. 심한 사회적 낙인을 느끼는 환자는 약 9%로서 사회적 낙인을 느끼는 환자의 비율은 예상했던 것보다 낮은 수치라고 하였는데, 사회로부터의 차별, 내향성 성격을 가진 환자, 그리고 문제해결에 대한 통제감이 낮은 환자가 낙인을 보다 많이 느꼈다.

서울에 거주하는 918명을 대상으로 한 조사(Choi-Kwon 외, 2004)에서 5%만이 뇌전증은 정신병의 한 형태라고 하였고 2%가 전염성 질환이라고 하였다. 미신은 광범위하였는데, 사람들은 뇌전증의 원인이 유전이라고 강조하였다(47%). 뇌전증의 증상, 치료, 예후에 관하여 비과학적인 믿음들을 갖고 있었는데, 예를 들면, 25%는 현대의 치료에도 불구하고 뇌전증이 치료되지 않는다고 하였고, 23%의 사람들은 암(cancer)보다도 심각한 질병이라고 생각하였다. 50%이상이 환자가 결혼하거나 환자들을 고용하는 것, 그리고 뇌전증을 가진 여성이 아이를 갖는 것에 반대하였다. 사람들은 뇌전증 환자가 치료하기 힘들고, 유전적인 질병이라고 믿는 경향이 있었다. 뇌전증에 대한 지식의 주된 출처는 입에서 입으로 구전(78.3%)된 것으로, 4%

만이 학교 공교육을 통하여 뇌전증에 대한 정보를 갖게 되었다는 것은 한국의 뇌전증에 대한 공식적 교육이 부적절하였음을 제시하는 것이라고 하였다.

우리나라 전국 5개 대학병원에 내원하는 성인 뇌전증 환자 384명과 일반인 1,540명 등 총 1,924명을 대상으로 실시한 연구결과(Yoo 외, 2009)에서 환자의 실업률은 일반인에 비해 1.7배, 미혼률은 2.6배나 높았다. 또한 교육수준과 취업률도 일반인의 절반수준에 그쳤다. 일반인들은 특히 자녀들의 뇌전증을 가진 또래와의 교우관계나 결혼 등에서 부정적 태도를 보였다.

뇌전증 환자의 결혼지위에 관한 20세에서 60세 사이 584명을 대상으로 조사한 연구결과에 따르면(Kim 외, 2010), 환자의 43.0%가 독신이었고, 결혼률은 57.0%로서 일반인구 결혼률 80.4%(한국통계연보, 2005)에 비교하여 크게 낮은 비율이었다. 또한 이혼율은 11.4%로서 일반인구 5.1%(한국통계연보, 2005)에 비교하여 두배나 높은 비율로서 결혼의 어려움, 결혼생활의 유지 등 결혼문제에서 사회적 차별을 경험하고 있음을 알 수 있다.

한국보건사회연구원(2011)의 조사에 따르면, 뇌전증 환자는 결혼문제, 취업, 결혼, 직장생활(소득 · 동료와의 관계 · 승진문제), 그리고 보험제도상 계약시 전체장애인에 비교하여 높은 차별을 인식하였다. '장애란 이유로 차별을 받고 있다' 고 느낀 경우 58.5%, 그리고 뇌전증 환자에 대한 차별인식은 '많다' 는 87.4%의 높은 비율로서, 사회적 차별을 인식하는 비율이 전체 장애인 평균보다 높았다.

이상에서 우리나라의 뇌전증에 대한 오해와 편견은 사회 내 깊숙이 잠재되어 있으며, 환자들에 대한 사회적 차별은 심각한 수준이라고 할 수 있다. 그러나 아직도 우리나라의 뇌전증 문제에 관한 근본적 해소와 대책을 위한 사회적 분위기 및 여건이 충분히 성숙되지 못한 상태에 있어 뇌전증에 대한 낙인을 해소 할 수 있는 사회적 대책마련이 시급하다. 뇌전증 환자 및 가족, 그리고 사회 내 일반인들을 대상으로 지속적인 사회교육과 캠페인 등을 통해 사회적 편견을 불식시키고, 각종 제도나 미비한 법에서 비롯하는 차별의 해소와 생활환경의 장애를 제거하여 뇌전증장애인들이 보다 질적인 삶을 살 수 있도록 하여야 한다.

## -뇌전증 장애인의 사회참여 경험에 나타난 낙인-

### ♣ 대화의 두려움

뇌전증 장애인들이 피할 수 없는 대인관계에서는 발작을 숨기고 싶어 했으며, 초면인 사람들과의 대화에 있어서는 두려움과 공포감을 느낀다고 하였다. 대인관계에서 긴장을 하는 이유 중의 하나가 사람들이 말하는 의미를 잊어버리거나 기억이 흐려지기 때문이라고 하였다. 뇌전증 장애는 지적장애를 동반하며, 대부분의 뇌전증 장애인들이 뇌전증을 가지고 있다는 것에 대해 수치감을 가지고 있으며, 약으로 발작이 잘 조절되고 있다고 할지라도 예측할 수 없는 발작발생에 두려움을 항상 가지고 있다.

### ♣운전은 불안함

뇌전증 장애인들은 운전에 있어 제한을 받는데, 우리나라 도로교통법[3]에서 뇌전증 장애인의 운전규제 및 허용기준이 규정되어 있다. 뇌전증 발작과 상관없이 발생한 교통사고에 대해서는 보험혜택을 받지 못하는 불이익이 있다. 뇌전증 장애인들은 운전면허와 보험에의 제약 때문에 운전면허를 따지 않거나 운전면허를 따고도 운전을 하지 않는 경우가 많다. 또 뇌전증이라는 사실을 숨기고 불법운전을 하기도 한다(고성호 외, 2001). 뇌전증 장애인의 운전은 법적인 차원에서 이루어지기도 하지만 사회적 편견과 비난을 의식해서 뇌전증장애인 스스로가 제한을 하기도 한다.

### ♣뇌전증 장애를 드러내지 않음/발작이 최대의 걸림돌

뇌전증 장애인이라는 사실 자체만으로도 불명예의 낙인이 찍힌다는 수치심을 느낀다. 예상치 못하게 발생하는 뇌전증발작은 자신뿐 아니라 주변에 있는 사람도 당황스럽게 한다. 발작 후 주변사람을 창피한 마음에 볼 수가 없고 도망가고 싶은 생각만 있을 뿐이다. 특히 어린시절 뇌전증이 있는 경우는 낮은 지능, 사회적 기능, 행동문제, 주의력 결핍 등으로 사회적 능력이 부족하게 된다. 그리고 발작으로 인하여 놀림감이 되는 것을 방지하기 위해 공부보다는 발작을 멈추는데 급급하여 또래간의 관계가 부족하게 되거나 사회적 기술에 문제가 있게 되며, 학업성취도가 일반 평균에 비해 낮다(김문엽, 1977). 특히 10대의 경우 신체적 이미지를 매우 중시하는 시기여서 최고목적은 정상으로 보이게 하는데 있다. 뇌전증 장애는 독립심에 손상과 낙인을 주게 되므로 그 결과로 성숙과 사회적 발달에 어려움을 줄 수 있다(Yu, 2008). 성인이 되어서 뇌전증 장애를 갖게 된 경우도 발작을 멈추게 하거나 숨기는데 급급한 것으로 나타났다.

---

3) 우리나라에서 도로교통법(192.12.8제정) 제 7장 운전면허에 관한 법률 제 70조 운전면허의 결격 사유 제 2항을 통해 모든 간질환자의 운전을 금하고 있다. 이를 보완하기 위하여 도로교통법 시행령(1999.4.30 제정) 74조 1항 및 2항을 마련하여 의사의 확인(진단서)이 있는 경우 운전을 허용하고 있다.

♣결혼의 어려움

결혼률은 일반인에 비해 뇌전증 장애인(특히 만성의 경우)이 더욱 낮다(은헌정, 2004). 결혼은 직업이 있는 경우 결혼할 가능성이 높은 것에 비해 뇌전증 장애인의 경우 직업을 갖고 유지하기기 쉽지 않으므로 낮은 결혼 율을 보인다. 발작의 추한 모습 때문에 결혼을 아예 포기하거나, 결혼상대자가 있어도 발작을 보고 나면 도망 가버리기 때문에 결혼이 성립되지 않는다. 여성의 경우 임신문제에 앞서 발작하는 추한 모습을 보이고 싶지 않아서 모두 혼자 살고 있는 점이 두드러진다. 몇몇 참여자들은 일상생활에 지장이 없다면 결혼이 가능하다고 생각한다. 뇌전증 장애인 남녀에게서 성적 각성의 장애와 성적 충동의 저하가 결혼에 영향을 미칠 수 있음(은헌정, 2004)을 보인다.

♣가족 간의 유대관계가 좋지 않음

뇌전증 장애인들은 가족 간의 관계에서 두 가지 상반된 반응을 보였다. 하나는 장애를 극복하고자 정성을 다하는 것이고, 다른 하나는 뇌전증장 애인이 같은 가족임을 창피함으로 느끼는 것이었다. 초기에 가족들은 최선을 다하지만 약을 복용해도 뇌전증 증세가 계속 나타나거나, 뇌전증 장애임을 인정하려하지 않고, 지속적으로 약을 복용하지 않게 되면, 뇌전증을 고쳐보려는 가족과 뇌전증 장애인 사이가 멀어지게 되고 가족들이 결국은 포기하게 된다. 가족 중에 뇌전증 장애인이 있음을 은폐하고 밖으로 나가지 못하게 하는 경우도 있다. 결국 가족으로부터 위로도 받지만 상처도 받게 된다. 간질이라는 병명에서 주는 나쁜 이미지는 가족에게까지 부정적 영향을 미치므로 간질이라는 병명에 모두 반대하고 있었으며, 새로운 명칭인 뇌전증으로 불리기를 희망하였다.

♣취업이 힘듦

뇌전증장애인들은 발작의 발현으로 직장생활을 하기가 어려운 것으로 나타났다. 직장의 문제는 자신의 문제와 환경의 문제로 나뉘는데, 예측불가능하고, 격렬한 발작, 낮은 자존감, 소극적인 대처양식, 낮은 자기효능감으로 인하여 직업기회의 면에서 실패를 경험할 확률이 높기 때문이다. 또한 동료들의 시선이나 따돌림 등에 스트레스를 받고 스스로 낙인 감정을 가지고 있어 직장을 그만두기도 하였다. 뇌전증장애인은 주위환경의 스트레스를 이기지 못해 자살을 시도하기도 한다. 환경적인 면에서 동료들의 편견과 사회적 낙인으로 인한 고용주의 권고사직 등을 통해 직장생활을 지속하지 못하는 경우가 많다. 다시 말해 뇌전증 장애인의 낮은 자존감이나 소극적인 대처양식 등의 개인적 문제와 사회적 낙인으로 인해 사회참여가 불리함을 보여준다.

♣비장애인과 동행하고 싶음

뇌전증 장애인은 장애인이지만 비장애인과 같은 대우를 받기를 원한다. 뇌전증 장애인들은 눈에 보이는 다른 장애인들과는 달리 보이지 않는 장애로 인하여 자신과 속한 환경사이에서 많은 갈등을 갖는다. 뇌전증발작으로 쓰러졌는데도 불구하고 술 취해서 쓰러진 것으로 오해받기도 한다. 쓰러질 때 생명도 위험할 수 있지만 도움을 받지 못하는 경우가 많다. 일반인들은 뇌전증 장애를 잘 알지 못 할뿐 아니라 이해하지도 못한다는 점이다.

출처: 박미숙(2010). 간질(뇌전증)장애인의 사회참여경험. 전북대학교 대학원 사회복지학과 박사학위논문.

## >>참고문헌<<


고성호 · 정 부 · 김현영 · 김주한 · 김승현 · 김희태 · 김명호 · 이규용 · 이영주 · 유현정 · 노학재(2001). 간질과 운전. 대한간질학회지, 5, 70-74.

김명규 · 조기현 · 정인숙 · 김세종(1994). 간질에 대한 사회적 태도에 관한 연구 -광주지방을 중심으로-. 대한신경과학회지, 12(3), 410-427.

김문엽 · 송수식(1997). 간질환자의 삶과 질의 평가. 대한간질학회지, 1(1), 52-59.

김석대(1977). 일부농촌지역 간질환자의 사회정신의학적 조사. 신경정신의학, 16(2), 137-146.

김인규(2002). 전남 농촌 지역에서 간질에 대한 사회적 태도의 추세 변화. 전남대학교 대학원 석사학위논문.

김지언(2008). 간질환자의 사회적 문제, 삶의 질, 법적 문제와 효과적인 대응방법. 대한간질학회지, 12(1), 3-10.

박미숙(2010). 간질(뇌전증)장애인의 사회참여경험. 전북대학교 대학원 사회복지학과 박사학위논문.

한국보건사회연구원. 2011년 장애인 실태조사, 정책보고서 2011-82.

오석환 · 유계준(1971). 간질에 관한 사회정신의학적 연구. 신경정신의학, 10(1), 1-18.

윤수영 · 홍승봉 · 곽준규(2001). 간질환자의 Stigma와 삶의 질에 관한 연구. 대한간질학회지, 5, 172-176.

은헌정 · 최관호 · 이선미 · 김태형 · 최말례(2004). 간질 환자의 인구학적 특성, 임상 특성, 정신병리 및 대처방식과 심리사회적 적응과의 관계, 대한간질학회지, 8(1), 31-40

이상암 · 유희정 · 허경 · 박형국 · 신동진 · 송홍기 · 정원영 · 권호영 · 이성수 · 김요식 · 김성은 · 이병인(2002). 한국에서의 간질의 사회적 낙인. 대한간질학회지, 6(2), 128-136.

이예이 · 김성수 · 임정근 · 이상도 · 박영춘(1997). 대구경북지역 일부주민의 간질에 대한 지식과 태도. 대한신경과학회지, 15(2), 257-266.

이해영(2006). 간질에 대한 초등학교 교사의 경험, 지식, 태도에 관한 연구. 서울대학교 대학원 석사학위논문.

Austin, J. K., Shafer, P. O. & Deering, J. B. (2002). Epilepsy familiarity, knowledge and perceptions of stigma: report from a survey of adolescents in the general population. *Epilepsy Behav*, 3,

368-375.

Baker, G. A., Brooks, J., Buck, D., & Jacoby, A. (1999). The stigma of epilepsy: a European perspective. *Epilepsia*, 41(1), 98-104.

Birbeck, G. (2006). Interventions to reduce epilepsy-associalted stigma. *Psychology, Health & Medicine*, 11(3), 364-366.

Caveness, W. F., Gallup, G. H. Jr. (1980). A survey of public attitudes toward epilepsy in 1979 with an indication of trends over the past thirty years. *Epilepsia*, 21, 509-518.

Chaplin, J. E., Webster, A. & Tomson, T. (1998). Factors associated with the employment problems of people with established epilepsy. *Seizure*, 7, 299-303.

Choi-Kwon, S. Park, K. A. Lee, J. J., Park, M. S., Lee, C. H., Cheon, S. E., Youn, M. H., Lee, S. K,. & Chung, C. K. (2004). Familiarity with, knowledge of, and attitudes toward epilepsy in residents of Seoul, South, Korea. *Acta Neurol Scand*, 110, 39-45.

Cochrane, J. (1995). Patient education: Lessons from epilepsy, *Patient Education and Counseling*, 26, 25-31.

Collings, J. A. (1990). Psychosocial well-being and epilepsy: An empirical study. *Epilepsia*, 31(4), 418-426.

de Boer, H. M. (1995). Epilepsy and Society. *Epilepsia*, 36, 8-11.

Dilorio, C. A., Kabau, R., Holden, E. W., Berkowitz, J. M., Kamin, S. L., Antonak, R. F., Austin, J. K., Baker, G. A. Bauman, L, J., Gilliam, F,, Thurman, D. J. & Price, P. H. (2004). Developing a measure to assess attitudes toward epilepsy in the US population. *Epilepsy Behavior*, 5, 965-975.

Goffman, E. (1963). Stigma: notes on the management of spoiled identity. *Englewood Cliffs: Prentice-Hall*, 1-128.

International League Against Epilepsy. (2003). Introduction, *Epilepsia*, 44(6), 12-14.

Jacoby, A. (1994). Felt versus enacted stigma : A concept revised evidence from a study of people with epilepsy in remission. *Social Science & Medicine*, 38, 269-274.

Jacoby, A. (1995). Impact of epilepsy on employment status: findings from a UK study of people with well controlled epilepsy. *Epilepsy Res*, 21(2), 125-132.

Jacoby, A. & Austin, J. K. (2007). Social stigma for adults and children with epilepsy. *Epilepsia*, 48(9), 6-9.

Kim, Myeong-kyu., Kwon, Oh-Young., Cho, Yong-Won., Kim, Yosik., Kim, Sung-Eun., Kim Hoo-won., Lee Sang Kun., Jung, Ki-Young & Lee Il Keun. (2010). Marital status of people with epilepsy in Korea. *Seizure*, 19, 573-579.

Krauss, G. L., Gondek, S., Krumholz, A, Paul, S. & Shen, F. (2000). “The scarlet E”. the presentation of epilepsy in the English-language print media. *Neurology*, 54, 1894-1898.

Muhlbauer, S. (2002). Experience of stigma by families with mentally ill members. *J Am Psychiatr Nurses Assoc*, 8, 76-83.

Morrell, M. J. (2002). Stigma and epilepsy. *Epilepsy & Behavior*, 3, 21-25.

Nisa, P. Varma, Padmavaathy, N. Sylaja, Lincy George, P. Sankara Sarma, Kurupath Radhakrishnam. (2007). Employment concerns of people with epilepsy in Kerala, south India, *Epilepsy & Behavior*, 10, 250-254.

Rafael, F., Houinato, D., Nubukpo, P. Dubreuil, c. M., Tran, D. S., Odermatt, P., et al. (2010). Sociocultural and psychological features of perceived stigma reported by people with epilepsy in Benin. *Epilepsia*, 51, 1061-1068.

Scambler, G. & Hopins, A. (1986). Being epileptic: Coming to term with stigma. *Social Health Illness*, 8, 26-43.

Scambler, G. (1989). *Epilepsy*. London: Tavistock Press.

Suurmeijer, T. P., Reuvekamp, M. F. & Aldenkamp, B. P. (2001). Social functioning, psychological functioning and quality of life in epilepsy. *Epilepsia*, 42, 1160-1168.

Yoo, Jae-Kook., Jung, Ki-Young, Park, Kun-Woo. Lee, Dae-Hie., Lee, Sang Kun., Lee, Il Keun., Cho, Yong Won., & Kim, Myeong-Kyu. (2009). Familiarity with, understanding of, and attitudes toward epilepsy among people with epilepsy and healthy controls in south Korea. *Epilepsy & Behavior*, 16, 260-267.

Yu, A. Lee, Elaine Wirrell, E. M. S. Sherman, & Lorie Hmiwka. (2008). Health behavior in teens with epilepsy: How do they compare with controls?. *Epilepsy & Behavior*, 13, 90-95.

## 부록: 국내 뇌전증환자의 낙인과 관련된 연구

| 연구자 | 년도 | 연구주제 | 결 과 |
|---|---|---|---|
| 박충서 | 1968 | 우리나라 간질실태조사 | 결핵이나 나병에 뒤지지 않게 흔한 간질환자에 대해서는 계몽도 선전도 없고, 치료 면에 있어서도 하등의 국가적인 개입이나 대책이 없음을 지적. |
| 오석환 외 | 1971 | 간질에 관한 정신의학적 연구 | 우리 사회에 간질환자에 대한 부정적인 감정과 경계적이고 거부적인 태도가 매우 높음. |
| 이화자 외 | 1973 | 간질환자의 간호에 관한 심리적 고찰 | 간질환자들이 타인과의 접근을 꺼리고, 창피함과 절망감을 가짐. |
| 김석대 | 1977 | 일부농촌지역 간질환자의 사회정신의학적 조사 | 간질환자들은 간질의 원인을 심리적 개념으로 이해하려는 경향이 두드러졌으며, 다양한 원시적 약물요법을 사용함. 간질에 대한 그릇된 인식으로 사회로부터 고립되며 병을 숨기려는 경향. |
| 노승호 | 1982 | 간질환자의 비관에 관한 연구 | 간질환자 뿐만 아니라 가족도 사회일반의 간질에 대한 멸시, 오해, 편견 등을 두려워하고 대인관계에서 방어적인 태도를 취함. |
| 송자경 | 1982 | 간질환자의 특성과 의료사회사업적 접근의 필요성 | 간질에 대한 그릇된 인식과 편견, 오해 및 무지 등은 환자 및 가족에게 사회생활에 심각한 장애요인. |
| 송자경 | 1986 | 간질환자 실태조사 | 간질환자의 18.9%가 원시적 약물인 사약을 사용한 경험이 있고, 가족이나 이웃에게 병을 숨기려하는 경향. |
| 박근무 외 | 1989 | 간질환자의 심리변화에 관한 연구 | 간질환자는 여러 가지 불리한 조건과 좌절을 경험할 수 있고, 정신적 장애, 제한된 사회생활로 인한 불리한 입장. |
| 김명규 외 | 1994 | 간질에 대한 사회적 태도에 관한 연구 -광주지방을 중심으로- | 간질의 원인에 대한 인식은 선천적 유전적이라고 생각하는 경우가 42%였고, 정신병의 일종이라고 생각하는 경향이 13%로 다른 나라에 비해 높았다. |

| 박상준 외 | 1996 | 전남 농촌지방에서<br>간질에 대한 사회적 태도 | 응답자의 62%가 간질이 악마의 저주나 신벌에 의해 발생하는 것으로 이해. 간질환자에게 일자리를 주는 것에 45%가 반대, 자녀가 간질환자와 함께 노는 것에 대해 54%가 반대. |
|---|---|---|---|
| 허 균 | 1997 | 간질과 정신의학 | 간질의 성공적인 치료를 위해서는 심리적 사회적 측면에서의 접근이 필요. |
| 김은자 | 1998 | 잠재력훈련 집단상담이 성인<br>간질환자의 치욕감에<br>미치는 효과 연구 | 간질환자가 느끼는 낙인과 유의한 관계가 있는 특성은 직업이 없는 이유와 처음 경련한 나이. |
| 김명규 외 | 2000 | 간질치료에 있어서 농촌지역<br>주민들의 민간요법에 대한 인식 | 간질의 치료방법으로 간질환자의 22%가 민간요법을 기술하고 그 중 55%가 주술적인 내용이었음. |
| 윤수영 외 | 2001 | 간질환자의 stigma와<br>삶의 질에 관한 연구 | 간질환자의 51%가 낙인을 느낌. |
| 김인규 | 2002 | 전남 농촌 지역에서 간질에 대한<br>사회적 태도의 추세 변화 | 일반인의 간질에 대한 인식변화를 1995년과 1999년 두 차례에 걸쳐 조사함. 교육 후 간질의 원인에 대한 이해도와 태도에서 추세변화가 관찰되나 간질에 대한 뿌리 깊은 선입견을 개선하는데 효과적이지 못했음. |
| 윤영진 | 2002 | 간질에 대한 사회적 인식도<br>향상을 위한 방안 | 장미회를 이용하는 환자를 대상으로 조사하여 환자 및 가족에 대한 교육이 무엇보다 중요함을 언급. |
| 이상암 외 | 2002 | 한국에서의 간질의 사회적 낙인 | 사회의 실제적 차별과 환자 자신의 성격 등 대처방식이 사회적 낙인 결정에 중요.<br>간질환자의 31%가 사회적 낙인을 느낌. |
| 문성미 | 2003 | 간질을 가진 청소년의<br>사회심리적<br>적응과정에 대한 근거이론 | 간질을 가진 청소년들의 사회심리적 적응과정은 '고통의 극복과정'으로, 심리적 낙인, 또래로부터의 사회적 격리, 사회문화적 낙인 등으로 힘들어함. |
| Choi-Kwon 외 | 2004 | 한국 서울 거주민들의 간질에<br>대한 친숙성, 지식 및 태도 | 사람들은 간질의 증상, 치료, 예후에 관하여 비과학적인 믿음들을 갖고 있었으며, 50%이 |

| | | | 상은 간질환자가 결혼하거나 간질환자들을 고용하는 것, 그리고 간질을 가진 여성이 아이를 갖는 것에 반대. |
|---|---|---|---|
| 이해영 | 2006 | 간질에 대한 초등학교 교사의 경험, 지식, 태도에 관한 연구 | 교사의 42.6%가 간질학생이 자신의 학급에서 교육받는 것에 반대. |
| 변용찬 | 2008 | 간질 인을 위한 사회복지정책의 현황과 방향 | 간질장애인은 다양한 영역에서 사회적 차별을 인식함. 보호의 대상으로부터 인권의 관점에서 접근이 필요함. |
| Yoo, Jae-Kook 외 | 2009 | 한국의 간질에 대한 친숙성과 이해 및 태도에 관한 간질환자와 일반인들의 비교 | 간질환자의 실업률은 일반인에 비해 1.7배, 미혼률은 2.6배 높았다. 또한 교육수준과 취업률도 일반인의 절반수준에 그쳤다. 이러한 수치는 간질과 간질환자에 대한 사회적 편견과 차별이 있음을 시사하는 것. |
| 김노은 | 2009 | 간질아동 부모의 삶의 질에 관한 연구 | 간질아동부모의 삶의 질에 직접효과가 가장 큰 것은 지각된 낙인, 월수입, 종교 유무의 순으로 나타남. |
| 박미숙 | 2010 | 간질(뇌전증)장애인의 사회참여경험 | 간질장애인들의 사회참여경험으로 대화의 두려움, 간질장애를 드러내지 않음, 결혼의 어려움, 취업이 힘듦, 비장애인과 동행하고 싶음 등이 도출됨. |
| Kim, Myeong-kyu 외 | 2010 | 한국의 간질환자의 결혼지위에 관한 연구 | 간질환자의 43.0%가 독신이었으며, 결혼률은 57.0%로서 이는 한국통계연보(2005) 일반인구 80.4%의 결혼률에 비교하여 크게 낮은 비율을 보고함. |
| 박영숙 외 | 2011 | 청소년 간질환자의 생활세계 경험 | 간질을 가진 청소년들은 질병에 대해 스스로 낙인화를 느끼면서 움츠려들 뿐 아니라 주변사람들을 통해 실제로 낙인화를 경험하였다. |
| 한국보건사회연구원 | 2011 | 2011년 장애인 실태조사 | 결혼, 취업, 직장생활에서 소득·동료와의 관계·승진문제, 그리고 보험제도상 계약시 간질장애인은 전체장애인 평균보다 높은 비율로 사회적 차별을 인식. |

# 제 9 장 뇌전증 환자 삶의 문제와 사회복지실천

항경련제의 사용과 철저한 자기관리를 통해 70~80%의 뇌전증 환자들은 발작으로부터 해방되었지만 여전히 많은 사회심리적 문제와 사회적 장애를 갖고 생활한다. 뇌전증 환자들은 발작조절이나 약물 부작용 등의 문제 외에도 대인관계, 직업 및 결혼 등 사회생활의 다양한 문제를 갖고 있으며, 정신적, 사회적 도움을 필요로 한다. 뇌전증 환자들에 대한 사회복지서비스는 질병으로 비롯되는 사회심리적 문제들에 적절히 대처해 나갈 수 있도록 마련되어야 한다. 이 장에서는 뇌전증 환자의 삶의 문제와 사회서비스 욕구를 살펴보고, 팀 접근(team approach)과 사회복지 실천과정 및 기술을 이해하고, 뇌전증 환자들에 대한 사회복지서비스 현황 및 요구되는 사회복지서비스를 실천적 및 정책적 차원에서 살펴본다.

## 1. 뇌전증 환자의 삶의 문제

뇌전증 환자는 매년 약 2~3만 명이 발생하고 있으며, 외국의 문헌에서 유병율이 100명 중 한 명(1.0%) 정도로 알려져 있다는 점을 감안하면, 우리나라에는 약 45만 명 정도의 뇌전증 환자가 있을 것으로 추산된다. 뇌전증은 뇌세포의 갑작스럽고 비정상적인 흥분으로 인해 발작증세가 간헐적으로 반복해서 나타나는 것 뿐 아니라 다양한 의학적 사회심리학적 특성을 내포하고 있는 만성적인 장애이다(Hauser 외, 1993).

항경련제 약물을 복용하는 뇌전증 환자들의 70~80%는 일 년 내 발작을 경험하지 않고 생활을 해나갈 수 있지만(Sander, 1993), 일과적으로 반복되면 시간이 경과됨에 따라 심각한 사회심리적 문제들을 야기 시키게 된다. 또한 사회 속에 내재된 사회적 낙인의 영향으로 뇌전증을 가졌다는 사실 그 자체 하나만으로도 환자의 심리, 정서, 사회생활, 그리고 가족들에게 주는 영향이 심각하다. 대부분의 환자들은 자신이 환자라는 강박관념에서 벗어나지 못하며, 항상 발작의 가능성을 생각하고 생활해야 한다(김문엽 외, 1997).

뇌전증 환자들이 일상적 삶에서 겪는 어려움은 예측 없이 찾아오는 발작의 두려움과 장기간의 치료 및 약물복용에 따른 부작용, 질병치유에 대한 불확실감 등이다. 환자들의 삶은 사회적 환경으로부터 손상받을 수 있는데, 고용에서의 차별, 지역사회와 시민활동에서의 참여의 감소, 낙인, 가족관계에서의 문제들을 포함한다. 발작을 억제하기 위해 약을 장기간에 걸쳐 복용해야 하는 것은 경제적 부담을 초래한다. 그리고 약물복용에서 오는 부작용은 신체적, 사회적 기능을 파괴하고, 그리고 빈번한 진료소 방문은 정상적인 일상을 방해할 수 있다(Saburi 외, 2006).

Baker(1995)는 적어도 2년 동안 발작이 잘 조절된 환자들에게 낙인, 정서적 고통, 자존감 및 자신감 등의 걱정이 잔존한다고 하였는데, 그 이유는 발작이 다시 재발하지 않는다고 결코 확신할 수 없으며, 이러한 불확실한 삶이 심각한 심리적 상황을 초래한다고 하였다. 불안감은 대다수의 뇌전증 환자들이 겪는 공통적인 정서장애로서 Mittan(1996)은 환자의 50%가 집안에서 지내고 있고, 불안과 두려움 때문에 사회생활을 꺼려하고 있다고 밝히고 있다.

뇌전증 환자들 중 상당수는 사회적 편견과 차별 때문에 직업 및 교육을 받는데도 어려움을 가지고 있다. 직업이 있더라도 파트타임이 많으며, 경제적 어려움과 자신감, 또는 자아존중감이 결여되어 있다(Baker 외, 1997). 뇌전증을 가진 사람들은 그렇지 않은 사람들에 비해 자존감과 삶의 만족이 낮고, 사회적 문제, 신체적 건강, 걱정, 그리고 부정적 상태를 보였다(Collings, 1990). 그리고 친구가 없고, 친구가 있다고 하더라도 진정한 우정을 경험하지 못했으며, 8%만이 결혼을 했거나 동거를 하였다(Thompson 외, 1988). 뇌전증 환자의 사회심리적 적응에 대해 Psychosocial Effect Scale척도를 사용한 조사에서는 91%가 최소한 한 개의 영역에서 사회심리적 적응의 어려움을 호소했고, 15%는 모든 영역에서 사회심리적 적응의 어려움을 갖고 있었다. 이 척도는 발작을 받아들이는 태도, 발작의 두려움에 대한 적응, 직장에서 비난의 두려움에 대한 적응, 미래에 대한 자신감, 여행에 대한 자신감, 사교생활, 여가생활, 인생에 대한 전망의 변화, 가족과의 의사소통, 약물이행, 의료진에 대한 신뢰, 우울 또는 정서적 반응, 사회적 고립감에 대한 적응, 기력저하에 대한 적응 등 14개 영역에서 뇌전증 환자들의 사회심리적 적응을 측정하도록 고안된 것이다(Chaplin 외, 1992).

이와 같이 뇌전증 환자들은 우울 및 불안 등 정서적 문제를 비롯한 대인관계, 가족관계, 직업 및 결혼 등 매우 다양한 삶의 영역에서 어려움을 갖고 있다. 환자들의 삶의 문제들은 발작이 빈번하게 일어나지 않음에도 항경련제 투약치료는 장기간 지속해야 한다는 것, 그리고 뇌전증을 가졌다는 사실 하나만으로도 '간질환자'라는 불유쾌하며 낙인적인 정체감으로 사회의 몰이해와 편견 등 인식의 범주 안에 속하게 되는 것과 관련된다.

## 2. 뇌전증 환자의 사회적 서비스 욕구

뇌전증 환자들에 대한 사회서비스 욕구를 확인하기 위해 성인, 아동, 그리고 부모들을 대상으로 많은 연구들이 수행되었다.

뇌전증 환자를 대상으로 한 연구에서는 50%가 자신의 발작유형에 대해 알지 못했고, 항경련약물의 목적이나 약명, 용량에 대해 정확히 알지 못하였다. 31.4%는 뇌전증의 본질과 원인 등 기본적 정보를 알기 원했으며, 40%는 교육문제, 직업, 여가활동, 복지혜택 등 포괄적인 정보를 알고자 하였다(Goldstein 외, 1997). 환자들의 65%가 재활서비스를 원하였으며, 재활서비스 전문가와의 실질적 접촉은 27%가 원하였다. 뇌전증 진단을 받은 첫해에는 심리학자들로 부터 서비스 받기를 원했으며, 고용문제에 대해서는 사회복지사의 도움을 가장 많이 원했다. 뇌전증 환자들에 대한 재활서비스는 의료적 정보에 대한 접근성을 높이는 것, 특별한 욕구와 문제를 가진 집단에 대한 의료 팀(team) 접근, 그리고 심리학자, 또는 사회복지사의 집중적 투입을 포함하는 것이다(Chaplin 외, 1998).

의료인은 환자에게 뇌전증의 원인 및 종류, 항 경련제의 부작용, 약물의 상호작용, 음주와 운전에 대한 교육을 제공하지만 직장 및 학교 문제, 가정생활, 사회생활과 자조집단에 대해서는 거의 언급하지 않았다(Buck, 1996). 뇌전증에 관한 인터넷 상의 정보 교환을 조사한 Hoch 등(1999)의 연구에 의하면, 질문한 환자의 20%가 의료인이 충분한 정보를 제공하지 않았으며, 의료인이 건강관련 정보제공을 꺼리거나 정보를 제공할 능력이 없는 것으로 인지하였다.

의사들은 아동에게 뇌전증 발작에 대해 결코 설명하지 않았고, 의사가 설명을 해준 아동들의 절반은 그 말을 이해하지 못했다. 또한 2/3의 아동은 항경련제에 의한 피로를 호소하였고, 절반은 무력감, 두려움, 다른 사람과 다름을 느꼈다(Brown, 1994). 발작을 새롭게 시작한 아동을 대상으로 한 조사에서 38%의 아동이 항경련제가 어떻게 작용하는지 설명을 못 들었다고 생각하고 있었고, 두려움이나 걱정에 대해 말할 기회가 없었다(McNelis 외, 1998). 아동들은 발작 조절에 대한 정보를 얻기 원했고, 사고를 예방하기 위한 정보, 발작의 원인에 대한 정보를 얻기 원했다. 한편 부모들은 뇌전증자체에 관련된 정보를 포함하여 보다 포괄적인 내용의 사회심리적 정보와 지지를 필요로 하였다.

자녀의 뇌전증 사실을 처음 알게 된 부모들에게 병원에서 받은 진료와 정보제공에 대한 설문조사에서 약1/3의 어머니와 1/5의 아버지들이 발작과 처방된 약물, 앞으로 일어날 일들에 대한 대처법에 대한 정보들에 대해서 불만을 표현하였다. 어머니들의 절반은 앞으로 학교에서 발작을 일으킬 경우에 대처하는 방법에 대한 설명이 부족하다고 하였고, 첫 발작이후 6개월 동안 2/3의 부모들이 더 많은 정보와 지지를 요구하였다(Austin 외, 2000). 국내연구에서는 부모들이 자녀의 정신적인 문제에 대한 상담, 그리고 자녀가 고민할 때 부모로서 도와줄 수 있는 방법에 대해 가장 많은 도움을 받고 싶어 하였다(신영희, 2004). 부모가 원하는 도움은 뇌전증에 대한 정보 제공이 가장 많았으며, 뇌전증에 대한 홍보, 심리적 도움, 그리고 경제적 도움의 순이었다(김노은, 2009).

의료서비스에 대한 요구로서 환자들은 뇌전증에 영향을 미치는 식이요법[1], 발작시 대처방법, 그리고 약물치료를 제시하였다. 반면, 의료인들은 환자에 대한 교육으로 발작시 대처방법, 뇌전증과 관련된 일상생활, 그리고 약물치료에 대한 교육을 제시하였다(최미리 외, 2000). 이와같이 환자와 의료인들은 서로 다른 교육요구를 가지고 있었는데, 환자들은 발작조절이나 약물 부작용 외에도 정신적, 사회적 도움을 필요로 하는 반면, 의료인들은 주로 발작조절에 관심을 두었다(De Boer, 1995). 환자들의 77.5%가 자조집단이 필요하다고 하였다. 상당수는 자조집단에 참여할 생각이 있다고 하였으며, 자조집단에서 치료계획 및 질병, 그리고 재활에 대한 정보교환 등을 원하였다(김인정, 2002).

한 국내연구에 나타난 뇌전증 환자들의 삶의 어려움은 미래 삶에 대한 걱정이 가

---

1) **케톤 식이 요법:** 약물치료에 잘 조절되지 않는 간질의 경우에 지방성분이 많고 탄수화물과 단백질이 적은 음식을 이용한 치료를 말함. 소아 연령에서 영아 연축, 근간대성발작, 비정형적 결신발작, 탈력발작이라는 종류의 발작을 보이는 간질에서 효과가 있다. 그러나 오랜 기간 동안 음식물을 미리 정확하게 계산하여 정해진 만큼의 칼로리, 지방, 단백질, 탄수화물을 먹여야 하는 어려움이 있는데 입맛에 맞지 않을 수도 있고, 설사, 구토, 요로 결석, 성장, 영양의 문제 등과 같은 부작용이 생길 수도 있다.

장 높았고, 그 다음으로 스트레스관리, 대인관계, 직장업무수행, 경제적 곤란 등의 순이었으며, 8개 영역에서 3.0이상의 어려움을 느꼈다. 환자들이 원하는 사회적 서비스는 의료비 문제 상담이 가장 높았으며, 스트레스 관리 상담, 증상 상담 등으로 제시된 모든 영역에서 3.0이상의 도움을 필요로 하였다〈표 1〉.

〈표 1〉 뇌전증 환자의 삶의 문제와 사회적 서비스

| 삶의 어려움(*) | 평균(점) | 순위 | 사회적 도움(**) | 평균(점) | 순위 |
|---|---|---|---|---|---|
| 미래 삶 걱정 | 3.59 | 1 | 의료비 문제 상담 | 3.74 | 1 |
| 스트레스관리 어려움 | 3.47 | 2 | 스트레스관리 상담 | 3.73 | 2 |
| 대인관계의 어려움 | 3.44 | 3 | 간질의 증상 상담 | 3.70 | 3 |
| 직장 업무수행 어려움 | 3.41 | 4 | 약물요법 상담 | 3.69 | 4 |
| 경제적 곤란 | 3.40 | 5 | 재활 및 직업문제 상담 | 3.43 | 5 |
| 의료서비스 이용 어려움 | 3.30 | 6 | 대인관계 상담 | 3.25 | 6 |
| 발작의 두려움 | 3.28 | 7 | 간질환자들과의 모임 | 3.07 | 7 |
| 가족갈등 | 3.08 | 8 | 가족/부부문제 상담 | 3.04 | 8 |
| 약물복용의 어려움 | 2.94 | 9 | 간질 전문잡지 | 3.00 | 9 |

*1: 전혀 심각치않다, 2: 대체로 심각치 않다, 3: 그저그렇다, 4: 대체로 심각하다, 5: 매우 심각하다
**1: 전혀 필요치않다, 2: 대체로 필요치 않다, 3: 그저그렇다, 4: 대체로 필요하다, 5: 매우 필요하다.
출처: 송자경, 간질환자의 우울에 대한 연구: 자기효능감 및 가족강인성과의 관계를 중심으로, 한국가족복지학, 2009, 27, p..117.

## 3. 뇌전증 문제에 대한 사회복지실천

뇌전증 환자들에 대한 사회복지실천은 환자로 하여금 가정이나 직장에서 사회심리적으로 잘 적응하도록 돕고, 자신의 능력의 최대한까지 발휘하며, 사회에 통합하여 생활함으로서 보다 나은 삶의 질을 원조하기 위한 목적을 갖는다. 따라서 낙인 등 사회환경에서 비롯하는 스트레스와 압력 등 생태체계론적 관점(eclological perspective)[2)]과 시각을 갖는 것이 필요하다. 사회복지실천 개입의 대상은 개인, 가족, 그리고 지역사회로서 이들의 바람직한 변화를 추구한다.

### 1) 뇌전증 문제에 대한 팀 접근: 다 학제적 팀

뇌전증 환자에 대한 의료적, 사회심리적 치료는 다양한 분야의 전문가들로 구성된 치료 팀에 의해 수행된다. 다 학제적 팀은 다양한 전문직 및 학문분야가 함께 협동하는 것을 의미한다. 다 학제적 조직의 팀워크는 소규모집단으로 이루어지며, 집단 유대감과 같은 집단 역동이 작용하고 있고, 의사결정의 공유를 중요하게 여기며, 빈번하고 정기적인 직접적 의사소통형태를 갖는다. 팀 협력은 직접 대면방식, 전화, 문서 등의 방법으로 이루어진다.

뇌전증 환자에 대한 팀 접근은 발작의 치료, 심리적지도, 정신증상의 치료, 교육, 신체기능훈련, 사회복귀지도, 보호대책 등을 중심으로 이루어진다. 팀 접근에서 함께 일하는 전문가들은 의사, 간호사, 작업치료사, 임상심리사, 사회복지사 등이다.

일본에서는 포괄치료(comprehensive therapy)라는 용어를 사용하여 뇌전증 환자 치료에 발작의 문제, 심리적 문제, 정신증상, 신체증상 등과 함께 결혼, 출산 등 가정생활, 그리고 학교 및 직업의 사회생활 문제를 포함하고 있다. 포괄치료의 내용은 발작의 치료, 심리적 지도, 정신증상의 치료, 교육, 신체기능훈련, 사회복귀지도, 보호대책 등이다〈표 2〉.

〈표 2〉 뇌전증 환자에 대한 포괄치료 팀

| 뇌전증 환자 | 포괄치료 | 치료 팀 | 관련기관 |
|---|---|---|---|
| 가정생활(결혼, 출산 등) | 발작의 치료 | 의사 | 각 진료기관 |
| 사회생활(학교, 직업 등) | 심리적 지도 | 간호사 | 간질센타 |
| 발작의 문제 | 정신증상의 치료 | 임상심리사 | 사회복지시설 |
| 심리적 문제 | 교육 | 교사 | 보호시설 |
| 정신증상 | 신체기능훈련 | 이학요법사 | 보건소 등 관계기관 |
| 신체증상 | 사회복귀지도 | 작업치료사 | 민간단체 |
| 지능장애 | 보호대책 | 사회복지사 | 자원봉사조직 |
| 성격장애 | 기타 | 보건간호사 | 사회 내 협력자 |
| 정신병 증상 | | 기타 | |

출처: 송자경(1982). 간질환자의 특성과 의료사회사업적 접근의 필요성에 대한 연구, 이화여자대학교 석사학위논문. p.53

2) **생태체계론적 관점**(eclological perspective): 생태체계론적 관점은 환경속의 한 개인이 가지고 있는 다양한 방향의 상호작용에 대해서 이해함을 요구한다. 즉, '환경속의 인간' 이라는 개념 속에는 개인의 환경적 요구, 내부적 요구, 환경적 지지 혹은 적응능력을 등을 포함하는 개념이다. 이러한 관점에서 인간의 문제는 개인의 극복능력과 환경이 주는 요구, 혹은 개인의 소망이 환경적 지지와 균형이 맞지 않을 때 발생한다고 본다.

### 2) 사회복지 실천과정

사회복지 실천과정은 초기과정, 중기과정, 그리고 종결과정으로 이루어진다.

#### (1) 초기과정

사회복지사가 환자와 가족을 만나는 공식적인 방법은 의사의 협의진료 의뢰에 의해 이루어진다. 많은 경우 지역사회 내 사회복지기관이나 단체로부터 의뢰가 이루어기도 하고, 스크리닝 제도, 그리고 아웃리치(outreach)에 의해 대상자가 발굴되기도 한다. 아웃리치는 서비스의 존재를 알지 못하거나 서비스를 이용 할 수 있는 능력이 없는 대상자를 적극적으로 찾아 서비스를 제공받도록 하는데 유용한 방법이다. 특히 뇌전증 환자의 경우 다른 사람에게 질병사실의 노출을 꺼리는 경향으로 서비스를 적극적으로 찾지 않은 환자의 특성으로 볼 때 아웃리치는 효과적인 접근 방식이라고 할 수 있다. 초기과정에서는 대상자에 대한 감정이입과 함께 서비스를 계획하기 위한 자료수집이 이루어진다. 자료수집이란 정보를 모으는 일로 환자와 가족의 욕구와 문제에 관한 객관적인 자료를 확보하는 활동이다. 병력, 성장배경, 가족력, 정서적 상태, 경제적 상황, 대상자의 생활환경 등을 중심으로 자료를 수집한다.

#### (2) 중기과정

수집된 자료를 토대로 환자의 기능상태, 장점과 약점, 그리고 지원체계 등을 사정한다. 의료적 기능의 사정은 환자의 의료적 기능 상태에 초점을 맞추어 진행되어야 한다. 장애 여부, 일상생활동작(ADL: Activity of Daily Living)을 파악하고, 치료 예후에 대한 환자와 가족의 기대수준, 환자의 잔존능력 및 추가적 치료 여부에 대해 파악되어야 한다. 심리적 기능 상태는 환자와 가족이 받는 스트레스의 정도와 그에 대한 대응 능력 및 대처 방식 등에 초점을 맞추어 욕구와 문제가 규명되어야 한다. 질병에 대한 환자와 가족의 반응, 신체 이미지의 변화에 따른 수용과 적응, 방어기제 등을 사정하며, 심리상태가 치료과정에 미치는 영향에 주목한다. 사회적 기능 상태는 질병이나 장애 정도가 환자와 가족이 사회적 역할을 수행함에 있어 미치는 영향을 파악한다. 역할 수행, 타인과의 관계형성 및 영향을 미치는 요인에 대하여 파악한다. 의료적 상태에 영향을 미치는 주거환경과 지역사회자원, 육체적 · 심리적 안전을 확보할 수 있는 환경에 대해 파악하여야 하며, 학력, 직업 경력, 종교, 사회적 활동 정도, 사회문화적 수준 등과 같은 사회제도 등의 자원체계에 대한 사정이 이루어져야 한다. 또한 경제적인 소득원과 원조자원에 대한 사정이 이루어져야 한다.

이 단계에서 자료수집과 사정에 근거하여 사회복지사와 대상자가 상호 합의하에 목표를 설정하게 된다. 사정을 통하여 대상자의 욕구와 문제가 규명되면, 개입해야 할 목표를 구체화한다. 의료적인 목표를 염두에 두고, 사회복지사가 개입하여야 할 목표를 설정하여야 한다. 표적문제는 대상자가 중요하게 생각하고, 시급히 해결되기를 원하며, 문제 상황을 대표하는 해결의 가능성이 비교적 뚜렷한 문제들로 정의한다(엄명용 외, 2007). 사회복지사는 스트레스를 경감하며, 대응(coping)을 위하여 개인과 환경자원을 강화하고, 스트레스에 의해 발생한 고통스러운 감정을 다룬다. 그리고 질병 또는 장애에 의해 손상된 개인과 환경과의 관계를 증진시키도록 함으로써, 대상자가 자신의 목적과 과업을 달성할 수 있도록 원조해야 한다(Germain, 1984).

#### (3) 종결과정

종결은 현재까지 진행되어온 개입과정을 평가하고 마무리하는 과정이다. 따라서 초기계약에서 계획되었던 개입기간이 종료되거나 표적목표가 달성될 때 이루어진다. 설정한 개입목표가 달성되었거나 대상자가 독자적인 기능수행과 역할 수행 상 어려움이 없는 경우 종결한다. 종결과정에서는 개입을 통해 획득된 변화가 유지될 수 있도록 하는 것이 중요하며, 직면하는 유사한 어려움과 문제 상황에서 적절히 대처해 나갈 수 있도록 지지한다. 뇌전증 환자들은 장기치료와 사회심리적 문제들로 불안과 두려움을 갖고 사회복지사와의 지속적 관계에 있기를 원하는 경우가 많다. 종결과정에서 대상자와의 관계에 대한 정서적 반응을 해결하며, 의존성을 감소하고, 사회복지사와의 관계가 자연스럽게 분리될 수 있도록 하여야 한다.

### 3) 사회복지 실천기술

사회복지 실천기술로서 뇌전증의 수용, 자아의 강화, 정서적 지지, 자기옹호, 대처교육에 대해 살펴보면 다음과 같다.

#### (1) 뇌전증의 수용

뇌전증 환자의 치료는 과도한 불안이나 스트레스 없이 뇌전증을 갖고 있음을 수용(acceptance)하도록 하는데서 치료를 시작할 수 있다. 뇌전증의 진단에 대한 저항이나 부정으로 투약치료를 할 준비가 되지 않은 환자는 불안과 공포를 완화시키고, 질병을 수용하도록 하며, 장기적인 투약치료에 임할 수 있도록 마음의 준비를 시켜야 한다.

### (2) 자아의 강화

환자들은 예측하지 못하는 발작과 사회적 낙인 등 심리적으로 취약한 상태에 놓이기 쉽다. 또한 장기간에 걸친 투약치료에 따른 어려움과 사회생활을 해 나가는데 있어 장애와 제약에 직면하며, 치료자에게 의존적이 되기 쉽다. 의존을 감소시키고, 자아의 강화(ego strength)에 치료의 중점을 두도록 한다.

### (3) 정서적 지지

사회적 지지와 정서적 안정은 사회심리적 적응을 촉진시키는 요인으로, 억압된 정서가 적절히 표출될 수 있도록 정서적지지(emotional support)가 필요하다. 아동의 경우 적극적인 경청 등 효과적인 의사소통과 함께 뇌전증에 대한 필요 이상의 두려움과 공포를 없애도록 한다. 부모들에게도 질병의 의학적 측면뿐만 아니라 심리사회적인 측면에 대한 이해를 갖도록 하며, 불합리한 생각, 두려움 등을 완화시킴으로서 양육적인 환경을 조성할 수 있도록 한다.

### (4) 자기옹호

뇌전증 환자에게 효과적인 자기옹호(self-advocacy)를 교육한다. 의료인을 비롯한 사회복지사는 장애에 대해 최소화하거나 과장하지 않도록 적절한 정보제공이 필요하다. 또한 개인상담, 또는 가족상담은 자기존중감 증진에 도움이 될 수 있다. 환자로 하여금 현실적인 기대를 갖고, 생활계획을 세워 나가도록 하는 것 등은 무기력감과 우울로 침체되는 것으로 부터 도움을 줄 수 있다.

### (5) 대처교육(coping education)

환자에게 직장 및 대인관계에서의 뇌전증 노출 등 다양한 상황에 따른 대처방법에 대해 교육한다. 사회적 낙인이 존재하는 한 환자들이 뇌전증을 은폐하는 것은 불가피하며, 따라서 뇌전증이 노출되었을 때의 상황에 따른 대처방법을 교육하는 것은 적절한 개입방법이 될 수 있다. 청소년의 경우 상호작용을 긍정적인 방향으로 유도하기 위하여 문제해결 및 목표 지향적 대처기술훈련이 필요하다.

## 4. 뇌전증 환자에 대한 사회복지서비스 현황과 대책

### 1) 사회복지서비스의 발전 및 현황

뇌전증 환자들은 신체적 측면의 어려움 외에도 사회인식에서 비롯하는 다양한 심리사회적 장애를 경험하고 있어 뇌전증은 사회적 질병(social disease)으로 일컬어지고 있다. 따라서 사회복지전문가들의 많은 관심과 도움이 요구되지만, 이 분야에 대해 충분한 이해와 관심이 부족하다.

대부분의 환자들은 뇌전증에 대한 지식과 정보가 부족하고, 따라서 많은 환자들이 뇌전증에 대한 지식 및 정보의 획득, 그리고 다양한 형태의 정신적, 사회적 도움을 필요로 한다. 그러나 다른 환자들과 달리 병이 있다는 사실을 다른 사람에게 알리기 싫어하기 때문에 사회 내 서비스에 대한 접근을 주저하며, 이를 이용하는데 어려움을 가지고 있다. 이주화 등(2005)은 고혈압이나 당뇨병과 같은 다른 만성질환을 가진 사람들에 비해 뇌전증에 대한 낙인은 환자들이 적극적으로 자신의 병에 대한 교육을 받거나 서비스를 찾아 나서기 어렵게 한다고 지적하였다.

우리나라에서 뇌전증 환자에 대한 사회복지서비스는 1970년 대 부터 실시되었다. 강원지역의 뇌전증 환자들을 대상으로 한 지역사회보건 사업으로 원주기독병원에서 당시 사회복지사 김대훈, 그리고 뒤를 이은 송자경의 활동을 들 수 있다. 사회복지사는 강원지역 장미회 순회진료 등 진료 팀의 일원으로 참여하여 활동하는 한편, 상담 및 위기개입을 포함한 사례관리를 수행하였고, 장미회보를 발간하였으며, 빈곤한 환자에게 무료로 약을 지급하였다.

부산기독사회관 장미회에서는 사회복지협회 회장(김운초)을 비롯 사회복지사들이 협동하여 부산뇌전증협회를 조직하고 부산지역 의사들의 참여와 지원 하에 부산 및 인근지역에 거주하는 뇌전증 환자들을 진료하였다. 그리고 장미회 기금모금 자선음악회, 부산장미회보 발간, 사회재활 상담, 환자들의 모임과 집단상담, 그리고 빈곤가정의 자녀에게 학비를 보조하였다. 서울장미회(유재춘목사)에서는 사회복지사 이효금의 활동이 있었으며, 이외에도 대전기독사회관 등의 뇌전증 환자들에 대한 사회복지서비스와 활동이 잘 알려져 있다.

1990년대에는 병원 및 대학병원을 중심으로 보다 정교하게 마련된 사회복지프로그램이 수행되었다. 원주기독병원 사회사업실에서는 뇌전증을 처음 진단받게 된 환자 및 가족들을 대상으로 교육집단프로그램을 매달 1회 90분씩 실시하였다. 프로그램의 내용은 의료진에 의해 뇌전증의 원인, 진단, 항경련제의 사용 등 교육을 실시하였으며, 의사를 비롯한 사회복지사와의 팀으로 구성된 집단상담에서는 질병의 수용을 돕는 것과 일상생활에서의 대처방법 등을 주요내용으로 하였다.

서울대학병원 사회사업실에서는 가족스트레스 해소를 위한 뇌전증 환자 부모교육 프로그램을 실시하였다. 이 프로그램은 4주 동안 주 2회씩 90분 정도 실시하였는데, 프로그램 내용은 뇌전증에 대한 올바른 정보제공, 일상생활에서 당면하는 어려운 상황에 대한 대처방법을 모색하는 것, 스트레스에 대한 대처훈련 등이었다(김경희, 1996). 강경심(1998)은 성인 뇌전증 환자 7명을 대상으로 문제해결능력과 문제해결태도의 향상을 목표로 문제해결모델과 인지행동모델의 개념과 기법들을 중심으로 8회의 집단프로그램을 실시한 바 있다.

대구서문교회에서 2005년도에 개설한 뇌전증장애인 재활센터에서는 의료적 지원뿐만 아니라 다양한 심리적, 사회적, 정신적, 의료적 재활서비스 및 취업기술교육을 제공한다. 그리고 지역사회를 대상으로 뇌전증장애에 대한 편견을 해소하기 위한 계몽활동 및 정보를 제공한다.

재활교육프로그램은 자아성장훈련을 통하여 긍정적인 자아상 및 자신감 회복을 목적으로 실시하며, 사회적응과 대인관계기술훈련, 스트레스 관리프로그램을 실시한다. 원예프로그램을 통하여 심리정서적 안정을 유도하고, 의료적 지지프로그램을 통하여 의료지식 습득 및 자기관리 능력기술을 함양하도록 한다. 1박 2일 캠프를 실시하며, 연 1회 소아뇌전증 아동 및 부모를 대상으로 의료지지 및 가족상담 프로그램을 실시한다. 소아뇌전증에 대한 의료적 정보 및 자기관리 방법에 대한 정보교환 및 역할 심리극을 한다. 이외에도 무료진료와 투약 및 상담서비스, 뇌전증장애와 복지방향을 모색하는 강연회, 지역사회를 대상으로 뇌전증에 대한 편견해소, 대학교 순회 등 뇌전증장애인에 대한 인식개선사업을 한다(손은익, 2006).

### 2) 사회복지서비스의 문제점과 한계

우리나라 뇌전증 환자들에 대한 사회복지서비스의 문제점과 한계는 다음과 같다.

첫째, 뇌전증 환자들은 의료 및 사회서비스를 받는데 있어 주저하며, 자신의 질병이 노출되는 것을 매우 꺼려하는 경향을 갖는다. 이러한 사회서비스 이용 상의 문제와 특성을 고려할 때, 서비스를 적극적으로 홍보하며 찾아가는 서비스, 즉, 아웃리치(outreach service) 형태의 서비스 전략이 요구되지만 이러한 서비스는 매우 부족한 실정이다. 사회의 낙인은 뇌전증 환자로 하여금 정당한 사회서비스 및 혜택을 받도록 하는데도 영향을 미치고 있으므로 이러한 점들을 충분히 고려하여 사회복지서비스 및 접근방법을 모색해야 한다.

둘째, 환자들에 대한 정보제공과 교육은 발작의 감소 및 부작용 문제 등 뇌전증치료에 초점을 둔 의료적 서비스에 제한되어 있어(최미리 외, 2000), 교육은 삶의 다양한 주제들이 깊이 있게 다루어지지 못한다는 점이 한계로 지적되고 있다. 많은 경우 환자들에 대한 서비스는 병원세팅에서 수행되고 있는 의학적 치료와 투약 및 발작 관리 차원에 제한되고 있으며, 생활관리(life management) 차원의 서비스는 충분히 마련되어있지 않기 때문에 환자의 삶 전반의 어려움과 위기를 다루는데 있어서 한계를 지니고 있다. 뇌전증의 만성적인 경과의 특성상 생애전반에 걸친 변화와 위기에 적절히 대응해나갈수 있도록 사례관리(case management) 등 모색이 필요하다.

셋째, 우리나라에는 당뇨병 등 만성질환을 갖고 있는 사람들에 대한 서비스를 위해 당뇨병교육자 자격제도를 마련하고 이에 대한 교육과 훈련을 실시하고 있다. 그러나 뇌전증은 감추어진 장애로서 대다수의 의료인조차 뇌전증 환자들이 겪는 어려움과 문제에 대한 인식이 미흡하고, 사회복지사를 위한 전문적 지식이나 훈련을 위한 프로그램이나 제도 또한 마련되어 있지 못하다. 뇌전증에 대한 통합적 이해와 지식 및 기술, 그리고 경험 등 전문적 능력을 함양할 수 있는 재교육프로그램의 실시 등 뇌전증 분야 사회복지전문가의 양성이 필요하다.

마지막으로, 소수의 극히 제한된 병원, 또는 사회복지기관에서 사회복지서비스를 실시하고 있는 관계로, 전국의 대부분의 뇌전증 환자들은 이러한 복지서비스의 사각지대에 놓여있다고 할 수 있다. 우리나라에서 환자 및 가족에 대한 체계적인 사회복지서비스가 제공되기 위해서는 사회복지전문가들의 양성과 함께 관련 복지단체의 뇌전증 문제에 대한 사회적 역할을 확대하고, 그 활동영역을 넓혀 나가야 할 것이다.

### 3) 뇌전증 환자에 대한 사회복지서비스

#### (1) 사회복지 실천적 서비스

사회복지 실천적 서비스는 뇌전증 환자 개인에 초점을 맞춘 활동으로, 가족 등 미시적 환경과의 상호작용에 대한 이해와 함께 이에 대한 변화를 추구하여야 한다. 따라서 개입의 대상은 뇌전증을 갖고 있는 개인과 그 가족이 된다. 환자에 대한 실천적 서비스로서 개별상담, 사례관리, 자기관리교육프로그램, 자조집단, 그리고 가족교육프로그램에 대해 살펴본다.

## ‖ 뇌전증 환자에 대한 개별상담 ‖

뇌전증 환자의 치료는 뇌전증이 있음을 필요 이상의 불안이나 스트레스 없이 받아들이도록 하는 것에서 시작된다. 뇌전증 치료에 대한 충분한 이해와 함께 저항, 또는 부정으로 치료할 준비가 되어 있지 않는 환자에 대해서는 불안 및 공포를 완화시키고 장기적인 투약치료에 임할 수 있도록 마음의 준비를 시켜야 한다. 미국의 한 대학병원 의료센터에서는 처음 뇌전증으로 진단된 환자에게는 뇌전증에 대한 여러 종류의 책자들을 주고, 가족들과 함께 읽게 한 후 다음 방문 시 의사에게 질문하며, 함께 상의하도록 한다. 환자와 가족은 사회복지사에게 안내되는데, 관련된 사회심리적 관심사에 관하여 논의한다. 초점은 뇌전증은 다른 질병과 마찬가지로 하나의 질병이며, 적절한 투약으로 잘 조절할 수 있다는 신념을 갖도록 하는데 있다.

개별상담에서 사용하는 개입기술은 질병의 수용, 자아의 강화, 정서적 지지, 그리고 자기옹호(self-advocacy) 및 대처교육이다. 사회복지사는 장애에 대해 최소화하거나 과장하지 않도록 적절한 정보를 제공하며, 효과적인 자기옹호를 할 수 있도록 돕는다. 또한 사회적 낙인으로 인한 뇌전증의 은폐문제에서 뇌전증이 다른 사람들에게 노출되었을 때의 상황에 따른 대처방법을 교육하는 것이 적절한 개입방법이 될 수 있다. 직장 및 대인관계에서의 뇌전증 노출 등 다양한 상황에 따른 대처방법에 대해 교육한다.

### 사 례

본 사례는 뇌전증을 가진 28세의 남성 대상자로서 항경련제를 규칙적으로 사용하지 않았고, 이성과의 관계에서 어려움과 자신감 상실 및 자신의 상황에 대한 우울감을 갖고 있는 사례이다.

최경식(가명)은 15세부터 뇌전증발작이 시작되었다. 병원에서 치료하기 전 약방에서 히단토인을 복용해 본 적이 있다. 현재 공장에 다니고 있다. 17세에 아버지가 사망하였고, 이후 어머니가 재혼하였다. 군복무 중 뇌전증에 대한 비관으로 2번의 자살을 시도한 적이 있다. 뇌전증이 있으므로 술집여자나 착실한 여자가 있으면 결혼하겠다고 하며 불우한 가정환경과 뇌전증에 대한 열등의식을 갖고 있었다. 그동안 한 여자를 만나고 있었는데, 어느 날 불쑥 "××병이 있으면 있다고 할 것이지 왜 이야기를 안했느냐?"고 했다. 당시 여자가 "약을 안 먹을 수 있느냐?"고 물어 "안 먹어도 된다"고 대답했다. 그 당시의 생각으로 뇌전증이 낳았는지, 아니면 아직 잠재해 있는지 확인된 것이 아니기 때문이라고 하며 질병이 있음을 부정(deny)하였다.

그동안 고민하며 약을 복용하지 않고 술을 많이 마셔 본 결과 발작이 있었다. 직장에서 발작이 일어났을 경우 자신에게 발작했었음을 알려주면 분을 참지 못하기 때문에 알려주지 못한다고 하였다. 발작 후 매우 머리가 아프므로 스스로 자각 할 수 있는데, 직장에서 발작은 안 일어났었을 것이라고 하면서 불안해하였다. 만약 신혼여행가서 발작이 일어난다면 자살해 버릴 것이라고 한다. 그 후 그 여자와는 관계가 끊어졌는데 생각하면 자신이 그 여자보다는 더 낫다고 하면서 손상당한 자존심을 회복하고자 하였다. 그 동안 다른 여자와 다시 사귀다가 헤어졌는데 뇌전증과는 관련 없이 헤어졌어도 비관이 된다고 하였다.

본 사례는 항경련제를 지속적으로 복용할 경우 발작이 완전 조절되고 있지만, 자신에게 뇌전증이 있음을 부인하고 있으므로 투약치료가 제대로 안 되고 있다. 또한 불우한 가정환경과 함께 뇌전증에 대한 편견과 거부, 소외의식이 내면화(internalize)되어 깊은 열등의식을 갖고 있다.

따라서 사례에 대한 일차적인 개입목표는 뇌전증이 있음을 받아들이고, 규칙적인 투약치료에 임하게 하는 것과 자아의 강화(ego strength)에 초점을 두고 개입하였다. 정서적 지지(emotional support) 및 환기법(ventilation)으로 환자의 불안, 슬픔과 분노를 표현하도록 하였다.

상담이 진행됨에 따라 뇌전증을 수용(acceptance)하게 되었고, 약을 규칙적으로 복용하고, 술을 줄이며 적극적인 자기관리를 하게 되었으며, 자존감을 회복하게 되었다. 그러나 뇌전증을 갖고 있음은 열등감으로 작용하여 새로운 이성 친구나 애인을 만드는데 있어 관계상의 어려움으로 발전하고 있다.

따라서 이러한 문제들에 대한 사회복지 개입은 자기인식 및 통찰(insight)을 돕고, 이성 등 중요한 상대방에게 뇌전증을 갖고 있음에 대한 자기노출(self-disclosure) 및 자기옹호(self-advocate)와 관련된 대처교육이 요구된다.

## ‖ 사례관리 ‖

뇌전증 환자들은 장기적 투약에 대해 혐오와 권태를 갖기 쉽고, 투약을 중단하거나, 치료를 포기하는 일도 흔하게 일어난다. 이외에도 대인관계, 학업, 취업, 결혼 등 다양한 삶의 문제와 심리사회적 위기에 직면할 수 있으므로 전문가의 지원과 도움이 필요하다. 사례관리(case management)는 시간의 경과에 따른 삶의 변천 및 다양한 생활 사건들에 대한 예방적이고, 신속한 대처가 이루어질 수 있도록 하므로 효과적인 개입이 될 수 있다. 사례관리자는 환자와 가족을 정기적으로 만나고, 그들에게 발생하는 문제를 해결하기 위해 서비스를 재정비하며, 서비스가 제대로 전달되고 있는지를 지속적으로 점검하기 때문에 보호의 질에도 영향을 미친다. 사례관리에서 요구되는 개입기술은 사회적 지지망(social support network) 확립이다. 이것은 도움이 되는 기존의 사회적 유대를 강화하는 한편 소원해진 관계를 활성화시키고, 치료 및 재활에 유용한 새로운 사회적 망을 형성함으로서 지역사회의 지지적 능력을 강화시킨다. 가족들은 가정 내에 뇌전증 환자가 있다는 것을 숨기려하는 경향이 있어 사례의 초기개입과정에서 보다 정교한 개입을 요한다. 장애인 등록에 연계하는 활동을 포함하여 의료체계, 뇌전증 상담소, 장미회 등 구체적인 지역 자원체계와의 연계를 구축하는 것이 필요하다.

### ‖ 자기관리교육프로그램 ‖

환자들의 질병의 관리능력을 강화시켜 주는 뇌전증 자기관리(epilepsy self management)에 관한 교육이 필요하다. 뇌전증 환자들은 약물 및 발작에 관련된 정보, 그리고 심리적 요소에 대한 교육요구가 있으며, 교육은 의사, 간호사, 사회복지사 등 관계 전문가들의 팀 접근이 유익하다(Dilorio 외, 1993). 자기관리는 치료와 일상생활에서의 섭생을 통하여 적절한 건강을 유지할 수 있도록 하기 때문에 전반적인 삶의 질 향상에 도움이 된다. 투약 및 발작관리, 그리고 생활관리(life management) 측면에서 자기관리 수행능력을 향상할 수 있도록 하여야 한다. 환자 개개인에 대한 개별상담과 함께 집단상담, 동료집단 캠프(peer group camp) 등 자기관리교육프로그램을 마련하도록 한다.

### ‖ 자조집단 ‖

자조집단(self help group)은 뇌전증 환자의 발작형태나 투약종류에 관계없이 남녀 모두의 재활에 있어서 매우 긍정적이라고 보고된다. 자조집단은 의료전문가들의 환자에 대한 지지와 정보제공, 교육적, 치료적 측면을 강화시키고, 효율적이 되도록 한다. 또한 동료의식을 고취시키고, 뇌전증문제에 대한 공감대 형성, 정보의 교류, 상호지지 등으로 환자의 치료 및 재활에 바람직한 영향을 주며, 일탈자라는 낙인이 붙은 한 개인에 대해서 긍정적인 정체감을 재구성해 준다. 우리나라에서 뇌전증 환자들의 자조집단으로 한국뇌전증협회 산하로 2004년도에 조직된 자조모임인 '새날을 여는 사람들'(새날회)가 있으며, 매월 서울에 소재한 장미회 사무실을 이용하여 모임을 갖고 있다. 자조집단은 회원 간에 서로 여러 정보를 공유하는 장이 되고, 서로의 마음에 위로가 되어 주며, 다양한 사회참여를 돕는 치유의 장이 된다.

## (2) 사회복지 정책적 서비스

뇌전증 환자들의 심리사회적 문제의 원인은 개인적 문제만이 아닌 가족, 학교, 사회 환경의 복합적인 문제로 인식된다. 따라서 환자 개인만을 대상으로 한 접근으로 한계가 있으며, 사회적 불리(social handicap)를 가져오는 사회인식이나 불합리한 사회제도에 대한 사회적 변화를 추구하는 가운데 뇌전증 환자의 사회통합에 주력하여야 한다. 다음은 정책적 차원의 개입활동인 사회적 옹호, 학교교육 및 일반인에 대한 사회교육, 복지전문가 교육제도에 대해 살펴본다.

### ‖ 사회적 옹호 ‖

사회적 옹호(social advocacy)는 집단의 욕구를 충족시키고, 무력하다고 느끼는 사람들을 조직하며, 조직과 지역사회에서 계획된 변화를 추구하는 활동으로, 뇌전증 장애인들에 대한 사회의 부정적 인식타파와 불합리한 차별 등을 개선하도록 하는 사회적 차원에서의 제도적 접근이 요구된다. 구체적으로 뇌전증 장애인 판정기준 재조정, 의료보험지원 확대, 그리고 특수교육 지원 확대 등에 관하여 정부 및 정책에 건의하는 문제에 있어 사회적 옹호가 필요하다.

옹호 시 사회복지사는 환자, 또는 지역사회 일반인 등 다양한 수준에서 사회문제에 개입한다. 새로운 프로그램을 개발하고, 기관정책을 변화시키고, 대중을 교육시키며, 정책이나 법 개정에 영향을 주고, 사람들을 옹호한다. 옹호의 기술은 ① 지역사회의 각종 집단이나 조직에 있는 사람들을 알아나간다. ② 문제의 심각성이나 성격에 대해 조사하고 기록한다. ③ 가능한 해결책을 찾기 위해 관심 있는 사람들로 구성된 네트워크를 구성하거나 연합체를 형성한다. ④ 변화가 필요하다는 점과 지역사회의 입장을 알리기 위해 대중 매체를 활용하는 것이다.

### ‖ 학교교사 등 일반인에 대한 사회교육 ‖

사회교육의 일환으로서 학교교사들과 일반학생들을 대상으로 뇌전증에 대한 지식을 증가시킬 수 있는 교육이 필요하다. 네델란드 등 외국에서는 뇌전증에 대한 사전교육 후 교사들을 학교에 배치하여 뇌전증을 가진 학생들의 문제에 대해 보다 효과적으로 대처하고 있다. 일반학생들의 경우 뇌전증에 대한 지식의 부족과 편견을 갖고 있어 이러한 동료환경은 뇌전증을 가진 청소년들에게 스트레스로 작용하며, 적응을 어렵게 하는 요인이 된다. 학교교육 실시로 뇌전증에 대한 편견을 줄이며, 이에 대한 지식을 증가시켜야 한다. 구체적으로 뇌전증을 가진 친구의 발작에 대한 대처방법 등 교육프로그램 개발 및 사회교육이 제도적으로 정착되며, 체계적으로 이루어질 수 있도록 한다.

### ‖ 뇌전증관련 복지전문가 교육제도 확립 ‖

뇌전증 환자들은 사회적 낙인 등 다른 질병과는 다른 특수한 문제들을 지니고 있다. 따라서 환자 및 가족, 그리고 사회에 대한 전문적 지식과 경험 등을 갖고 상담, 집단프로그램 등을 실시하여야 하며, 지역사회를 대상으로 하는 옹호에 있어서도 전문적인 역할 수행이 필요하다. 우리나라에 당뇨병환자들에 의료적, 심리사회적 측면에 대한 전문가 양성 프로그램이 있듯이 효과적인 사회서비스를 수행할 수 있기 위해 관련 협회나 단체의 뇌전증관련 복지전문가 양성 프로그램이 필요하다. 또한 뇌전증복지실천 전문자격증 제도의 실시 등으로 뇌전증 분야에서 전문적 사회복지실천이 제도적으로 정착되도록 한다.

## >>참고문헌<<


강경심(1998). 간질환자의 문제해결능력과 문제해결태도 향상을 위한 집단프로그램의 효과성 연구. 서울대학교 대학원 석사학위논문.

김경희(1996). 간질 자녀를 둔 어머니의 스트레스 완화를 위한 집단 프로그램의 효과성에 관한 연구. 석사학위논문. 이화여자대학교.

김노은(2009). 간질아동 부모의 삶의 질에 관한 연구. 이화여자대학교 사회복지전문대학원 박사학위논문.

김문엽 · 송수식(1997). 간질환자의 삶의 질과 평가. 대한간질학회지, 1(1), 52-59.

김인정(2002). 3차 의료기관을 이용하는 간질환자의 자조집단 요구에 관한 연구. 한양대학교 대학원 간호학과 석사학위논문.

김지연(2007). 사회적지지 중재가 간질아동 어머니의 불확실성, 대응 및 삶의 질에 미치는 효과. 경북대학교 대학원 박사학위논문.

손은익(2006). 대구간질장애인 재활센터. 사단법인 장미회, 52, 18-21.

송자경(1982). 간질환자의 특성과 의료사회사업적 접근의 필요성에 대한 연구. 이화여자대학교 사회사업학과 석사학위논문.

송자경(2009). 간질환자의 우울에 대한 연구. 자기효능감 및 가족강인성과의 관계를 중심으로. 한국가족복지학, 27, 103-124.

신영희 · 박영숙 · 김명애 · 김준식 · 이주화(2004). 간질환아 부모들의 정보와 지지에 대한 요구조사. 기본간호학회지, 11(1), 74-81.

엄명용 · 김성천 · 오혜경 · 윤혜미(2007). 사회복지실천기술의 이해. 학지사.

이주화 · 이상도 · 조용원 · 임정근 · 손명자(2005). 간질에 대한 교육이 병에 대한 지식과 삶의 질에 미치는 영향. 대한간질학회지, 9(1), 65-71.

최미리 · 김연희 · 소연자 · 윤선무 · 이근숙 · 임상순 · 김금순 · 최스미(2000). 간질환자와 의료인이 인지하는 간질환자를 위한 교육요구도 비교조사. 대한간호학회지, 30(6), 1400-1410.

Austin, J. K. & Dunn, D. W. (2000). Children with epilepsy: quality of life and psychosocial needs In: J. J. Fitzaatrick & J. Goeppinger (eds). *Annu Rev Nurs Res*, 18, 26-47.

Baker, G. A. (1995). Health related quality of life issues: Optimizing patient outcomes. *Neurology*, 45(2), 529-534.

Baker, G. A., Jacoby, A. Buck, D., Stalgis, C, & Monnet, D. (1997). Quality of life of people with epilepsy: A European study. *Epilepsia*, 38(3), 353-362.

Brown, S. W. (1994). Quality of life: A view from the playground. *Seizure*, 3, 11-15.

Buck, D. (1996). Patients' experiences of and satisfaction with care for their epilepsy. *Epilepsia*, 37, 841-849.

Chaplin, J. E., Lasso, R, Y., Shorvon, S. D. & Floyd, M. (1992). National general practice study of epilepsy: the social and psychological effects of a recent diagnosis of epilepsy. *British Medical Journal,* 304, 1416-1418.

Chaplin, J. E., Wester, A. & Tomson T. (1998). The perceived rehabilitation needs of a hospital-based outpatient sample of people with epilepsy. *Seizure*, 7, 329-335.

Collings, J. A. (1990). Psychosocial well-being and epilepsy: An empirical study. *Epilepsia*, 31(4), 418-426.

De Boer, H. M. (1995). Epilepsy and society. *Epilepsia*, 36(1), 8-11

Dilorio, C., Faherty, B. & Manteuffel, B. (1993). Learning needs of persons with epilepsy: A comparison of perceptions of persons with epilepsy, Nurses and physicians. *Journal of Neuroscience Nursing* , 25(1), 22-29.

Germain, C. B. (1984). Social Work Practice in Health Care: An Ecological Perspective. *The Free Press.*

Goldstein, L. H., Michin, L., & Stubb, P. (1997). Are what people know about they want from an epilepsy service related? *Seizure*, 6, 435-442.

Hauser, W. A., & Annergers, J. F. (1993). *Epidemology*. In: A textbook of Epilepsy(Eds). J. Laidlaw, A. Richens, D. Chadwick. (pp. 23-45). Edinburgh, Churchill Livingstone.

Hoch, D. B., Norris, D., Lester, J. E. & Marcus, A. D. (1999). Information exchange in an epilepsy forum on the World Wide Web. *Seizure*, 8(1), 30-34.

McNelis, A., Muisick, B. M., Austin, J., Dunn, D. & Creasy, K. (1998). Psychosocial care needs of children with new-onset seizures. *Journal of Neuroscience Nursing*, 30, 161-165.

Mittan, R. J. & Locke, G. E. (1996). Fear of seizures: epilepsy' s forgotten symptom. *Urban Health*, 11, 30-32.

Saburi, G. L., Mapanga, K. G. & Mapanga, M. B. (2006). Perceived family reactions and quality of life of adults with epilepsy. *Journal of Neuroscience Nursing*, 38(3), 156-165.

Sander, J. W. A. S. (1993). Some aspects of prognosis in the epilepsies: review. *Epilepsia*, 34, 1007-1016.

Thompson, P. & Oxley, J. (1988). Socioeconomic accompaniments of severe epilepsy. *Epilepsia*, 29, 9-18.

# 제 10 장 뇌전증 장애인에 대한 사회복지정책

우리나라에서 뇌전증은 2003년 7월 1일부터 장애로 분류되어 장애인복지법에 의거하여 장애인등록이 가능해졌다. 뇌전증은 오랜 과거로부터 혐오스럽거나 저주스럽게 생각하는 인식이 지배적으로, 정신병, 불치의 병, 그리고 수치스러운 병으로 여김으로서 뇌전증 장애들에게 소외와 배척감을 경험하게 한다. 또한 사회 속에 잠재한 뇌전증에 대한 편견과 부정적 인식은 실제적으로 삶의 여러 상황에서 차별로 나타나고 있어 뇌전증 장애인들의 사회생활에 높은 장벽으로 인식되고 있다. 본 장에서는 뇌전증 장애의 개념과 함께 뇌전증 장애인의 취업, 운전, 결혼 등 법과 제도를 살펴보고, 뇌전증 장애인들의 삶과 복지를 증진하기 위한 사회복지의 정책을 제시하였다.

## 1. 장애의 개념과 뇌전증 장애

### 1) 장애의 개념

장애라고 하는 것은 한 사회가 어떠한 사람을 장애인이라고 정의하느냐에 따라 달라질 수 있는 상대적인 개념이다. 즉 장애의 개념은 사회의 문화적 기대에 따라 다르며, 환경에 의해서도 변화할 수 있다. 이것은 신체적 정신적 손상이 있다고 할지라도 주어진 환경에 잘 적응하고 사회생활에 지장이 없다면 장애인과 비장애인은 아무 차이가 없기 때문이다.

세계보건기구(WHO, 1990)는 장애분류모델인 ICIDH(International

Classification of Impairments, Disabilities, Handicaps)를 통하여 장애를 손상(impairment), 능력장애(disability) 및 사회적 불리(handicap)의 세 가지 단계로 분류하였다. 손상은 심신의 구조적 손상자체를 의미한다. 그리고 불능은 손상에 의한 개인적 차원에서 일상생활의 활동에 나타나는 이차적 장애를 의미한다. 또한 불리는 손상과 불능으로 인한 사회적 차원에서 경험하는 불이익으로서 편견, 차별 등을 의미한다.

이러한 분류는 장애의 부정적 측면을 강조한 것이라는 비판에 따라 2001년 WHO는 국제 기능, 장애, 건강분류인 ICF(International Classification of Functioning, disability and health)라는 새로운 분류체계를 제시했다.

ICF는 장애를 "신체적, 개인적, 사회적 수준에서의 기능적 어려움으로, 한 가지 이상 영역에서 개인에 의해 경험되는 것"으로 개념화하였다. 이 분류체계에 따르면, 심리사회적 어려움들은 장애로 간주된다. 여기에는 손상(impairment), 활동제한(activity limitation), 그리고 참여제약(participation restriction)을 포함하고 있다. 손상과 활동제한은 기능적 감소이며, 참여제약은 실제적 환경 속에서 개인적 활동수행, 임무들을 제한하는 건강상태를 의미한다.

우리나라도 서구 선진국의 장애개념을 수용하는 방향으로 장애인 정책이 전환되고 있는데, 1999년 개정된 장애인 복지법은 "장애인은 신체적 · 정신적 장애로 인하여 장기간에 걸쳐 일상생활 또는 사회생활에 상당한 제약을 받는 자로서 대통령령으로 정하는 기준에 해당하는 자를 말한다"라고 하여 장애의 개념을 폭넓게 확대시켰다. 그 결과 우리나라에서는 1999년까지 법정 장애인의 범주를 지체장애, 시각장애, 청각장애, 언어장애, 정신지체의 5가지 영역으로 제한하여 오다가 2000년 1월 1일부터 시행된 개정 장애인 복지법에 의해 뇌병변장애, 정신장애, 발달장애(자폐증), 신장장애, 심장장애 등을 장애 범주에 추가하여 포함시켰다. 그리고 2003년 7월 1일부터는 호흡기 장애, 간장애, 안면장애, 요루 및 장루장애, 뇌전증 장애를 추가하였다. 현재 우리나라에는 모두 15종의 장애유형이 법정 장애로 규정되어 있다〈표 1〉.

〈표 1〉 장애인복지법에 따른 법정장애 및 확대 예정범주

| 대분류 | 중분류 | 소분류 | 세분류 | 2단계 확대 범주장애 | 확대 예정 장애범주 |
|---|---|---|---|---|---|
| 신체적 장애 | 외부 신체 기능 장애 | 지체장애 | 절단장애, 관절장애, 지체기능장애, 변형등의 장애(1~6급) | 안면장애 | 피부질환 장애 |
| | | 뇌병변장애 | 중추신경의 손상으로 인한 복합적인 장애(1~6급) | | |
| | | 시각장애 | 시력장애, 시야결손장애(1~6급) | | |
| | | 청각장애 | 청력장애, 평형기능장애(2~6급) | | |
| | | 언어장애 | 언어장애, 음성장애, 구어장애(3~4급) | | |
| | | 안면장애 | 안면부의 추상, 함몰, 비후 등 변형으로 인한 장애(2~4급) | | |
| | 내부 기관 장애 | 신장장애 | 투석치료 중이거나 신장을 이식받은 경우(2급, 5급) | 호흡기장애, 간기능장애, 간질장애, 장루 및 요루장애 | 소화기장애, 비뇨기장애, 만성통증, 암 기타 신체장애 |
| | | 심장장애 | 일상생활이 현저히 제한되는 심장기능 이상(1~3급, 5급) | | |
| 정신적 장애 | 정신지체 | | 지능지수가 70이하인 경우(1~3급) | | |
| | 정신장애 | | 정신분열병, 분열형 정동장애, 양극성정동장애 반복성우울장애(1~3급) | | 만성알코올·약물중독 기질적 뇌증후군 치매 기타 정신장애 |
| | 발달장애 | | 자폐증 | | 기타 정신발달장애 |

## 2) 뇌전증 장애의 특성

뇌전증은 발작을 주된 증상으로 하는 병으로, 일시적으로 과도한 전기적 흥분 상태가 발생하여 뇌신경세포 기능에 장애가 오는 것이 뇌전증 발작이다.

유병율은 인구의 0.5~1%로서 우리나라의 경우 약 45만 명이 뇌전증을 갖고 있을 것으로 추산된다. 그리고 매년 약 3만 명 정도의 환자가 새로이 발생할 것으로 추정된다. 2011년 장애인 실태조사에서 현재의 장애인 등록기준에 부합되는 뇌전증 장

애인의 수는 약 15,000명으로 추정되는데, 2010년 말 현재 9,772명이 등록하였다.

뇌전증 장애의 원인은 전기적으로 이루어지는 뇌세포의 신경 전달체계에 이상을 초래하여 과도한 흥분상태를 일으킬 수 있는 병변이 있을 때 이 병변은 주위의 뇌조직을 자극하여 발작을 일으키게 된다. 이러한 병변을 뇌전증병소라고 한다. 이러한 병소는 대부분 뇌질환을 앓거나 뇌손상을 받은 후유증으로 생긴다. 뇌전증은 선천적인 경우(특발성 뇌전증)와 후천적인 경우(증후성 뇌전증)로 나눌 수 있는데, 뇌전증의 90%정도가 후천적인 원인을 가진다. 성인에서 증후성 뇌전증의 원인은 머리외상, 혈관성 질환(뇌경색, 뇌출혈, 고혈압성 뇌증, 동정맥 기형 등), 뇌종양, 뇌 감염(뇌염, 뇌막염, 뇌농양 등), 중독 등이 있다. 소아의 경우 분만시 뇌손상, 뇌출혈, 뇌염, 뇌막염 등이다.

뇌전증 발작은 뇌전증병소의 전기적 흥분상태에 의해 나타나므로 병변의 위치와 흥분상태가 주위의 뇌세포로 파급된 범위에 따라 다양한 양상의 발작형태가 있게 된다.

뇌전증 발작이 잘 조절되지 않을 때 일상생활이나 사회생활에 어려움을 주게 되는 요인은 다음과 같다.

첫째, 의식을 잃고 쓰러지면서 외상이 흔하고 사고의 위험이 있다. 둘째, 불수의적인 운동증상이라든가 이상행동 등의 증상은 주위 사람들에 대한 두려움이나 수치감으로 환자를 사회로부터 위축되게 한다. 셋째, 증상이 예측할 수 없이 갑자기 발생함으로써 직업이나 사회생활 등이 어려움이 있거나 어려울 것으로 낙인시 된다. 넷째, 질병에 대한 잘못된 오해로 인해 천벌이나 유전병으로 터부시되거나 정신, 신체능력이 떨어질 것으로 격하되는 점 등이다(변용찬, 2008).

뇌전증의 치료는 크게 약물치료와 수술치료로 나누어 볼 수 있다. 치료의 목표는 발작을 방지하거나 빈도와 강도를 감소시킴으로서 예측불허의 발작이 가져오는 갑작스러운 사태를 방지하고, 위험한 상태로부터 환자를 보호하며, 개인의 삶의 질을 높이기 위한 것이다. 일반적으로 약물치료가 가장 선행되는 중요한 치료이며, 항경련제의 사용만으로 뇌전증 환자의 60%는 발작 없이 생활할 수가 있고, 20%는 발작의 횟수와 강도가 줄어든다. 약물치료에 실패하는 20%의 난치성 뇌전증은 수술치료를 고려하게 된다.

뇌전증은 발병 초기에 치료를 시작해야 치료가 잘되는데, 치료를 일찍 시작하면 15~20년이 지나서 60~70%의 환자가 완치되지만, 병을 숨기고 치료를 늦게 시작하면 상당수는 치료가 되지 않게 되고, 반복되는 발작이 대뇌를 손상시켜서 지능저하, 인지기능 저하 등을 가져와서 장애가 더욱 심하게 될 수 있다.

뇌전증 장애는 원인과 발병부위의 복잡성으로 인하여 다양한 특징을 가지고 있다

(박미숙, 2010).

첫째, 뇌전증의 가장 큰 신체적 특징은 발작이다. 뇌전증 환자의 발작에 대한 부담감은 삶의 질을 가장 심하게 떨어뜨릴 수 있다. 발작장애에 대해 환자들이 느끼는 것은 신체적인 위험이고, 발작의 형태와 빈도는 행동기능과 인지기능을 악화시키므로 큰 부담이 된다. 어린나이에 시작된 뇌전증은 사회화에도 어려움을 주며 사회능력의 발달이 지연된다. 난치성 뇌전증에 의해 지적장애를 가진 환자에 대한 연구(Huber 외, 2008)에서 약물치료로 발작빈도는 감소하였으나 발작에서 완전히 자유로운 환자는 없었고, 체중증가, 졸림, 무력증, 혼란, 심한 정신적 느림, 일상생활 능력의 손실, 다른 환자에 대한 자동 공격의 증가 등의 역효과로 환자들을 위축하게 하였다. 발작은 고용의 저해요소로서, 뇌전증 장애인들이 고용되지 못하는 이유는 발작에 대한 공포와 작업장에서의 발작 때문이다(Nisa, 2007). 사망률은 많은 경우, 발작의 직접적인 결과로 일어나는 신체적 위험(골절, 화상, 폭력)에 기인한다(Hanneke 외, 2008).

둘째, 뇌전증 장애인에게 나타나는 사회심리적 특성인 우울과 분노는 삶에 부정적인 영향을 미친다(Ekinci 외, 2009). 소아 환자의 23~33%에서 우울증이 동반되며, 유병 기간, 발작 시작 연령은 우울의 발생과 관련이 있고, 잘 조절되지 않은 난치성 뇌전증이나 중증 발작, 정신병 가족력 등은 우울증 발생을 증가시킬 수 있다. 부모들의 아동에 대한 과잉통제는 우울증상과 행동문제를 발생시키며, 성인 장애인의 경우 과도한 스트레스를 가지는 가정환경과 가정에서의 불만족, 연령의 증가 등이 우울과 분노의 발생에 관련이 있다. 또한 유병기간이 길어짐에 따라 우울증상이 심해진다. 분노는 공황장애를 포함한 여러 형태를 보이는데, 앞으로 일어날 발작에 대한 과도한 두려움, 병의 부정적인 진행, 죽음에 대한 잠재의식과 관련되어 있다.

셋째, 뇌전증 장애인은 비정상적인 행동 · 심리학적 특징을 보인다. 뇌전증 아동의 경우 집중력 감소, 기분변동, 과잉행동, 공격성, 과민성 등 행동장애의 발생 위험이 높고, 정신과적 행동 및 정서상의 문제가 일반집단에 비해서 높았다(송현석 외, 2006; 왕희령 외, 2007). 이로 인해 학업성취와 사회적 행동양상에 문제가 발생하게 된다. 많은 학자들이 아동의 행동적 문제는 뇌전증 유형, 약물의 종류, 근원적인 신경적 질병, 가족환경, 양육행동, 인지적인 문제로 보고 있다(Sabbagh 외, 2006).

결론적으로 뇌전증 장애인들은 발작, 우울, 분노 등 정신과적 질병들을 복합적으로 갖고 있으며, 이러한 정신건강상의 문제들은 낙인과 함께 사회생활에도 많은 어려움을 갖게 한다.

## 2. 뇌전증 장애에 대한 법과 제도

### 1) 뇌전증 장애와 관련법

우리나라에서 장애인 복지제도는 1981년도 UN이 정한 세계장애인의 해를 계기로 획기적인 기반이 마련되었으며, 심신장애자 복지법을 제정하였다. 심신장애자 복지법 및 동법 시행령은 1989년 12월 30일 장애인 복지법 및 장애인 복지법 시행령(1990. 12. 1)으로 전면 개정되었으며, 장애인 고용촉진 등에 관한 법률(1990. 1. 13) 등 동법 시행령이 제정되었다. 우리나라는 뇌전증을 법적 장애로 인정하여 2003년 7월부터 장애인 복지법 시행령 및 시행규칙에 의해 혜택을 받도록 하고 있다.

그리고 2007년 4월에는 장애인 차별금지법이 제정되었으며, 이 법은 모든 생활영역에서 장애를 이유로 한 차별을 금지하고, 장애를 이유로 차별받은 사람의 권익을 효과적으로 구제함으로써 장애인의 사회참여와 평등권 실현을 통하여 인간으로서의 존엄과 가치를 구현함을 목적으로 한다. 장애와 관련한 우리나라의 현행법 중 '장애인 복지법', '특수교육진흥법', '장애인 고용촉진 및 직업재활법', '장애인 노인 임산부 등의 편의증진 보장에 관한 법률', '교통약자의 이동편의증진법령', '정보격차 해소에 관한 법률'은 가장 대표적인 법률이다. 이에는 의료 재활, 교육, 고용, 이동권, 접근권, 선거권 등에서 발생하는 장애인에 대한 차별행위에 관한 금지 조항이 포함되어 있다.

장애인차별금지법에서는 장애를 신체적 정신적 손상 및 기능 상실이 장기간에 걸쳐 일상 또는 사회생활에 상당한 제약을 초래하는 상태로 규정하여 장애를 사유로 한 차별을 폭넓게 금지할 수 있는 근거를 마련하고 있다. 또한 금지대상 차별행위를 직접차별, 간접차별, 정당한 편의제공 거부, 광고를 통한 차별로 규정하고, 장애아동의 보호자 또는 후견인, 기타 장애인을 돕기 위한 장애인 관련자와 장애인이 사용하는 보조견 및 장애인보조기구 등에 대한 부당한 처우도 차별에 해당하는 것으로 규정하고 있다.

### 2) 뇌전증 장애인 진단 및 판정

#### (1) 뇌전증 장애의 진단시기

뇌전증 장애의 진단은 원인 질환 등에 관하여 충분히 치료하여 장애가 고착되었을 때에 진단하며, 그 기준 시기는 현재의 상태와 관련하여 최초진단 이후 3년이 경과하고 2년 이상의 지속적이고 적극적인 치료를 받음에도 불구하고 호전의 기미가 거의 없을 정도로 장애가 고착되었을 때 장애를 진단한다.

장애인등록 이후 성인은 매 3년 마다, 18세 미만은 매 2년마다 장애등급을 재판정한다. 다만, 2회에 걸친 재판정에서 최초 판정 시와 동급판정(최초판정을 합하여 3회에 걸쳐 동급판정)을 받은 경우에는 이후의 의무적인 재판정에서 제외할 수 있다. 이 경우에도 장애진단을 하는 전문의의 판단에 의하여 장애 상태의 변화가 예상될 때에는 장애진단서에 재판정 시기와 필요성을 구체적으로 명시하여 최종 판정일로부터 2년 이후의 일정한 시기를 정하여 재판정을 받도록 할 수 있다.

### (2) 뇌전증 장애의 진단방법 및 판정기준

뇌에 발작파(epileptiform discharge)가 동반되는 발작이 특별한 유발요인(예를 들면, 고열, 뇌염, 약물남용 등)이 없이 장기간 반복적으로 발생할 때 뇌전증으로 진단된다. 따라서 정확한 진단을 위하여 담당의사가 시작부터 끝까지 발작의 양상, 발작하기 전, 하는 중, 끝난 후 환자의 상태, 발작이 발생했을 때의 주변환경이나 심신상태, 태어나기 전부터의 과거력, 약물복용 여부, 가족의 건강상태 등 모든 것을 알아야 한다. 필요한 검사로는 발작파의 발생여부를 확인하기 위하여 뇌파검사가 매우 중요하다. 또한 미세한 뇌손상이 있는지 알기 위하여 뇌 자기공명영상(brain MRI) 검사가 필요하다. 뇌자기공명영상에서 뇌손상이 확인되지 않는 경우에는 최신검사인 뇌 페트(brain PET) 검사가 도움이 될 수 있다. 그리고 진단을 하는 의사는 뇌전증과 유사한 증상을 보이는 여러 질환(가성뇌전증, 실신, 뇌허혈증, 자율신경계의 부전, 심장부정맥, 편두통, 저혈당 등)들에 대한 지식을 갖고 있어야 정확한 감별진단을 할 수 있다. 우리나라의 장애인복지법상 뇌전증 장애 등급기준은 다음과 같다〈표 2〉.

〈표 2〉 뇌전증 장애의 등급기준

| 장애등급 | 장애정도 |
|---|---|
| 2급 | 만성적인 간질에 대한 적극적인 치료에도 불구하고 월 8회 이상을 포함하여 연 6월 이상 중증 발작이 있고, 발작 시 유발된 호흡장애, 흡인성 폐렴, 심한 탈진, 두통, 구역, 인지기능의 장애 등으로 심각한 요양관리가 필요하며 일상생활 및 사회생활에 항상 타인의 지속적인 보호와 관리가 필요한 사람 |
| 3급 | 만성적인 간질에 대한 적극적인 치료에도 불구하고 월 5회 이상 중증 발작 또는 월 10회 이상 경증발작을 포함하여 연 6월 이상 발작이 있고, 발작 시 유발된 호흡장애, 흡인성 폐렴, 심한 탈진, 두통, 구역, 인지기능의 장애 등으로 요양 관리가 필요하며, 일상생활 및 사회생활에 수시로 보호와 관리가 필요한 사람 |
| 4급 | 만성적인 간질에 대한 적극적인 치료에도 불구하고 월 1회 이상 중증발작 또는 월 2회 이상 경증 발작을 포함하여 연 6개월 이상의 발작이 있고, 이로 인하여 협조적인 대인관계가 현저히 곤란한 사람 |

1급은 중복장애임

### 3) 장애인 등록

장애인 등록은 거주지의 읍, 면, 동사무소에서 장애인 등록 신청을 하면 담당 직원이 장애인진단 의뢰서를 발급해 주는데, 이를 담당 병원 주치의에게 제출하여 진단서를 받은 후 제출한다. 등록 신청 후 2주일 이내에 진단 결과로 장애인 수첩을 발급받아 장애인 등록을 한다. 장애인 등록은 특수학교 입학이나 복지관에서 실시하는 직업 훈련 프로그램을 받기 위해서 우선적으로 해야 하는 필수적인 과정이다.

‖ 장애등록 시 다음의 각종혜택이 있다. ‖

- 저소득 중증 장애인 자립지원 및 지원고용
- 소정의 자격요건 시 의료비, 교육비지원
- 철도(새마을호, 무궁화호, KTX)요금 50%할인
- 지하철 요금 100%할인
- 국내선 항공료 및 연안여객선 운임 20~50%할인
- 전화요금 50%할인, 핸드폰 35%할인
- 소정 요건 시 차량구입 후 세제혜택 및 LPG 사용가능
- 고속도로 통행료 50%할인, 공영주차장 주차요금할인
- 고궁, 국 · 공립 박물관 및 공원 무료입장

- 소득세, 상속세 인정공제, 증여세 추가 공제
- 재활보장구 구입혜택
- 장애인 자립자금 대여 및 장애등급에 따른 건강보험료 감면

‖ 의료비지원 ‖

2006년부터 뇌전증 장애인 중 '뇌전증지속상태(상병코드 G41)'로 진단받은 경우 아래의 절차를 통해 진료의 급여비용중 법정본인부담금을 지원받을 수 있다.

1) 주민등록지 보건소에서 의료비지원사업 대상자등록을 신청
2) 거주지 읍 · 면 · 동사무소 사회복지사가 소득 · 재산조사 실시
3) 소득 · 재산조사 결과에 따라 보건소에서 지원대상자를 등록
4) 등록된 지원대상자가 의료비지원을 신청
5) 지원 대상 의료비 여부를 판단한 후 보건소에서 지급이 이루어짐

단, 법정 기준에 의거하여 경제적인 어려움(부양의무자, 소유자산, 소득, 발생의료비용 등 기준 적용)이 인정되는 경우에 한하여 지원

## 3. 뇌전증 장애인의 직업, 운전 및 결혼

### 1) 뇌전증 장애인의 직업

뇌전증 장애인들의 고용은 삶에 있어 매우 중요한 요소로서 일반적인 임무와 요구, 보다 나은 교육, 혼자 여행하는 능력, 운전 능력 등은 고용과 깊은 관련이 있다(Nisa, 2007).

뇌전증 장애인이 작업의 능력 면에서 일반인에 비하여 뒤떨어지지 않는다는 사실은 일반적으로 잘 알려져 있다. 그러나 때때로 일어나는 발작 때문에 직업을 구하는데 두려움을 갖고 있으며, 직업을 갖고 있는 사람들조차도 적응을 하지 못하고 직장을 그만 두는 경우가 많다. 영국의 한 보고에서는 철강 산업에 근무하는 뇌전증 장애인 45명중 약 절반이 중등도 이상의 뇌전증으로 고생하고 있었으나 작업능력은 정상인과 동일하였음에도 불구하고 1/3이 뇌전증이라는 이유로 직장을 그만두거나 직업의 종류를 바꾸게 되었다.

Nisa(2007)는 일반인은 19%가 비고용되고 있음에 비하여 뇌전증 장애인은 58%가 비고용되고 있다고 하였다. 동반된 지적장애, 정신장애, 신체장애 등은 고용에 영향을 주는 요소들로서, 교육 및 언어훈련부족, 낮은 자존감, 사회고립, 정보부족, 고용주 차별, 낙인 등은 뇌전증 장애인들의 실업률을 높이고 일자리가 부족하게 된 원인들이다.

뇌전증 장애인의 취업가능성은 발작의 조절정도에 달려있는데(Mclellan, 1987), 경련이 완전히 조절 되었거나 밤 동안 수면 중에만 경련을 보이는 환자들의 경우는 거의 취업에 문제가 없다. 그리고 부당한 위험에 노출되는 직종만 아니라면 어떠한 직업도 가능하다. 한 연구에 따르면, 경련이 잘 조절된 장애인의 비고용율이 12%~25%정도에 불과하였지만, 빈번한 경련을 보이는 경우는 50%까지의 높은 비고용율을 보였다(Fraser, 1983).

국내 한 연구에서 뇌전증 장애인은 교육수준이 높을수록 직장 내의 위치도 보다 상위에 위치하게 되므로, 취업은 발작의 조절 못지않게 교육정도가 중요한 것으로 지적된다(변영주 외, 1994).

이외에도 뇌전증 발작에서 오는 무력감이나 자신을 통제하는 능력의 상실 등은 취업에서 불안정을 가져오는 중요한 이유이다. 상급자에 의해 비난과 차별대우를 받는 경우, 업무수행에 대한 적극성, 인내 등의 결여는 직업에서의 중요한 장애요인으로 간주된다. 특히 직업에 대한 자기거부는 고용의 큰 장애물로서, 차별대우 및 타인으로부터의 비난 이상으로 고용의 결정에 중요하게 작용한다(Scambler 외, 1980).

국제 기능, 장애, 건강분류인 ICF(International Classification of Functioning, disability and health) 모델의 구성요소인 참여, 환경요소, 신체기능과 구조, 그리고 개인요소에 의거하여 뇌전증 장애인의 고용은 다음과 같이 설명된다(Vivian, 2007).

첫째, 참여란 뇌전증 장애인의 고용상황을 말하는데, 실업과 일자리 부족은 뇌전증이 숨겨진 병이므로 정확한 고용비율을 안다는 것을 불가능하다.

둘째, 환경요소는 고용을 유지하고 찾는데 중요한 역할을 하는 낙인 및 사회적 차별과 관련된 것으로, 부정적인 사회인습에 의하여 뇌전증 장애인들은 무섭고 두려운 사람들로 간주된다.

셋째, 신체기능과 구조에서 발작은 예측 불가능하여 고용 및 삶의 질에 영향을 미치기 때문에 발작을 조절하는 것은 매우 중요하다.

넷째, 개인적 요소는 사회심리학적인 내적요소를 의미하는데, 뇌전증 장애인들의 고용과 관련된 자기능력 저하와 소극적인 대처는 고용에 있어 악순환을 낳게 된다. 자기능력 배양 및 신념, 능동적 대처는 고용기회를 강화하는데 매우 중요한 역할을 하게 되므로, 대처방식과 자기능력을 향상시키기 위한 특별한 훈련 개입이 필요하다.

### 2) 뇌전증 장애인의 운전

뇌전증 장애인의 일상생활에서의 당면하는 문제 가운데 하나가 운전면허를 취득할 수 있는 가에 관한 것으로, 운전은 중요한 관심사이며 걱정거리 중 하나이다.

최근 여러 조사에 따르면, 뇌전증 장애인의 운전 중 교통사고의 위험률이 일반인들에 높지 않다는 것이 밝혀지고 있다. 다만 알코올 중독, 약물중독, 다른 질환을 앓고 있는 경우, 발작이 자주 있는 환자 등 특정 상황에 있는 경우에는 교통사고 위험률이 일반인들에 비해 높은 것이 사실이다.

뇌전증 장애인의 운전사고의 위험도는 정상인의 약 2배에 이르지만 당뇨 등 운전에 제한을 받지 않는 만성질환과 유사하며, 정신질환 등에 비하면 낮은 수치이다. 한 학자는 알코올중독자가 뇌전증환자에 비해 교통사고 유발위험이 최소한 1,000배 정도 더 높을 것으로 추측하였다(Masland, 1985).

운전 중의 발작을 방지하기 위해 국가들마다 뇌전증 환자의 운전에 관한 어느 정도의 제약을 두고 있다. 뇌전증 장애인의 운전면허는 경련이 충분히 조절되는 상황에서 허가되어야 한다는 점이 전 세계 전문가들의 일치된 견해로서, 이에 관한 법과 정책들은 나라마다 아주 다양하다. 운전면허 발급기준 등을 중심으로 미국, 영국, 유럽 및 아시아 여러 나라의 예를 살펴보면 다음과 같다.

#### (1) 미국

미국의 경우는 운전면허가 시작된 이래 대부분 뇌전증 장애인의 운전을 제한하였으나 1940년대의 뇌전증의 진단과 치료의 발전으로 위스콘신주(1949)를 선두로 여러 주에서 운전을 부분적으로 허용하게 되었다. 이러한 변화는 1970년대 초에 이르러 성공적으로 평가되었으며 법적으로도 뇌전증이 잘 조절되는 경우 운전이 가능하게 되었다. 미국의 경우 운전면허는 면허담당 행정국에서 결정하며, 필요한 경우에만 의사의 진단서를 제출하도록 하고 있다. 이 경우 발작 없이 지낸 기간의 정도보다 의사의 소견에 더 큰 비중을 두고 있다. 미국은 각 주마다 차량운전 규제법규가 다르게 적용되고 있는데, 최종 발작이후 발작 없이 지낸 기간이 주로 6개월에서 1년을 기준으로 하고 있는데, 유타, 위스콘신, 네브라스카, 아리조나 주 등은 발작 없이 지낸 기간이 3개월이면 운전면허 응시 자격을 주기도 한다. 그리고 운전면허를 획득한 후 5년 동안 매년 검사를 통해 면허를 갱신 받아야 하는 주도 있고, 이러한 정기검사의 기준이 없는 주도 있다. 캘리포니아, 코네티컷, 델라웨어, 인디아나, 네바다, 뉴저지, 오래곤의 7개주에서는 뇌전증 장애인을 치료하는 의사는 의무적으로 보고해야 하며 이를 법으로 정하고 있다.

### (2) 영국

영국에서는 뇌전증이 있는 사람이 운전면허 시험에 응시하려면 운전면허가 유효하게 되는 날짜로부터 적어도 과거 2년 이상 발작이 없어야 한다. 수면시에만 뇌전증 발작이 일어나는 경우에는 적어도 과거 3년 동안 수면시에만 발작이 있었다는 조건을 법률로 규정하고 있다. 운전면허를 갖고 있는 사람이 발작을 일으키면 면허과에 의무적으로 보고해야 한다. 한번 발작을 일으키면 1년간, 뇌전증으로 발전한 경우에는 2년간 면허가 취소된다. 환자는 이 기간이 경과되면 운전면허시험에 다시 응시할 수 있다. 운전면허를 다시 취득한 경우에도 일 년 후에 면허를 재검토 받아야 하며, 그 이후에는 매 1년마다 받아야 한다.

### (3) 유럽 및 아시아

프랑스의 경우는 신경과 전문의에게 의뢰하여 허가가 날 경우 운전면허 응시자격이 주어진다. 그리고 운전면허를 획득하였을 경우 5년 동안 수시로 또는 6개월 마다 의학적 진단을 받아야 한다. 독일의 경우는 2가지 이하의 항경련제 투여로 5년 동안 발작이 없거나, 잠 잘 때만 발작이 있고 뇌파가 정상일 경우에 운전면허 자격이 주어진다.

벨기에, 덴마아크, 아일랜드, 핀란드, 프랑스, 네덜란드, 헝가리, 룩셈부르크, 노르웨이, 스웨덴, 스위스, 독일, 그리고 캐나다에서는 발작이 2년 동안 없을 경우 운전면허를 허가하고 있다. 그러나 오스트레일리아, 불가리아, 체코, 슬로바키아, 그리스, 이태리, 스페인, 터어키는 뇌전증 장애인이 운전하는 것을 허용하지 않고 있다. 그리고 인도, 파키스탄 및 일본 등의 국가에서도 뇌전증 장애인에게 운전을 허용해 주지 않고 있다.

우리나라 차량운전면허 허용과 규제의 모법은 1961년 12월 31일 법률 제 941호 제정된 도로교통법이다. 도로교통법에서는 초기 법 제정 때부터 차량운전면허 응시자격에 뇌전증은 결격사유로 법률상 명시하고 있다. 뇌전증 환자의 운전면허에 대한 내용은 1999년 4월 30일 개정 및 신설하였는데, 현재 도로교통법(1992.12.8 제정) 제 7장 운전면허에 관한 법률 제 70조 운전면허의 결격 사유 제 2항을 마련하여 운전이 가능하다는 의사의 진단서가 있는 경우 운전을 허용하고 있다. 이와 같은 규정으로 인해, 한국에서는 의사의 의견이 뇌전증 환자의 운전가능 여부를 결정하는데 절대적인 영향을 미친다.

최근 대한뇌전증학회 사회위원회(2010)의 의사들을 대상으로 실시한 조사에서 의사들은 만성뇌전증 장애인의 운전면허증 교부를 위한 무발작 기간을 최소 2년 이상으로 보는 견해가 우세하였다. 대한뇌전증학회에서는 잠정적으로 2년간 발작이 없고 뇌파검사가 정상인 경우 운전이 가능하다는 진단서를 발급해 주도록 권고하고 있다. 그러나 이는 전적으로 담당의사의 소견에 따라야 함은 물론이다. 또 이 진단서를 이용하여 운전면허를 취득한 경우에도 매 1년 단위로 수시 적성검사가 시행되는 것이 보통이다. 뇌전증에 있어 의학적 소견이란 전형적으로 발작의 빈도, 증세, 발작의 심한 정도, 발작 직후기의 증세, 그리고 항경련제의 부작용 등을 말한다.

우리나라에서 뇌전증 환자들은 뇌전증 발작과 상관없이 발생한 교통사고에 대해서는 보험혜택을 받지 못하는 불이익이 있다. 뇌전증 장애인들은 운전면허와 보험에의 제약 때문에 운전면허를 따지 않거나 운전면허를 따고도 운전을 하지 않는 경우가 많다. 또 뇌전증이라는 사실을 숨기고 불법운전을 하기도 한다(고성호 외, 2001).

### 3) 뇌전증 장애인의 결혼

우리나라의 뇌전증 장애인의 결혼률은 일반인에 비해 매우 낮다(은헌정, 2004; 송자경, 2009; Yoo 외, 2009; Kim 외, 2010). 결혼은 직업이 있는 경우 결혼할 가능성이 높은데 비해 뇌전증 장애인의 경우 직업을 갖고 유지하기기 쉽지 않으므로 낮은 결혼율을 보인다. 여성의 경우 임신문제에 앞서 발작하는 추한 모습을 보이고 싶지 않아서 모두 혼자 살고 있는 점이 두드러진다. 뇌전증 장애인들은 일상생활에 지장이 없다면 결혼이 가능하다고 생각하는데, 뇌전증 장애인 남녀에게서 성적 각성의 장애와 성적 충동의 저하가 결혼에 부정적 영향을 미칠 수 있다(박미숙, 2010). 뇌전증 장애인들은 질병이 있음을 알릴 경우 파혼을 두려워하여 숨기게 되고, 이로 인해 결혼 후에도 불안과 두려움, 죄책감 속에서 자신에게 뇌전증이 있음을 배우자에게 숨기고 사는 경우가 많다. 뇌전증이 있은 이후 결혼한 사람 중 1/3은 그의 미래의 배우자에게 자신의 상태에 대해 알리지 않았다(Scambler 외, 1986).

뇌전증을 가진 부모의 자녀출산과 관련된 유전문제는 어머니가 뇌전증 환자일 경우 자식에서 열성경련이 있을 누적 위험률은 3.7%, 뇌전증 발작이 있을 누적 위험률은 8.7%로 보고된다. 아버지가 뇌전증 환자일 경우 누적위험률은 각각 2.1% 및 2.4%이다. 일반인에서는 열성경련이 있을 경우 누적 위험률은 1.5%, 그리고 뇌전증 발작이 있을 누적 위험률은 2.3%이다. 따라서 결혼을 할 때 뇌전증이 없는 배우자를 선택하는 것이 안전도가 높겠지만, 부모 중 한 쪽이 뇌전증이 있는 경우 태어난 자식에서 뇌전증의 발생 위험성이 일반인에 비해 높다는 것이며, 정상일 확률이 90% 이상으로 훨씬 더 크다(황경태, 2006).

뇌전증 장애인의 결혼문제를 법적 측면에서 살펴보면, 우리나라 민법 840조 제 6호는 '기타 혼인을 계속하기 어려운 중대한 사유가 있을 때'를 재판상 이혼사유의 하나로 규정하고 있다. 따라서 뇌전증 증세가 과연 이에 해당하는지가 판단기준이 된다. 문제는 결혼 당시 뇌전증이 있다는 사실을 고의로 숨긴 것이 문제가 될 수가 있다. 그러나 이 경우에도 증세가 매우 경증인 경우에는 배우자가 보통의 질병으로 생각하고 이해하면서 치료를 해나가면 충분히 부부생활을 원만하게 유지할 수 있기 때문에 혼인을 계속 하기 어려운 중대한 사유에 해당한다고 볼 수 없다. 또 중증의 뇌전증 장애인이라 하더라도 치료로서 상태가 호전되어 간다거나 배우자가 최선을 다하여 도와나가면 혼인생활이 가능 할 경우 부부간의 부양의무의 범주에 포함되는 것으로 보아 이혼사유로 보아서는 안 될 것이다(최석완, 1999).

## 4. 뇌전증 장애인에 대한 사회복지정책

우리나라는 뇌전증을 법적 장애로 인정하여 2003년 7월부터 장애인 복지법 시행령 및 시행규칙에 의해 혜택을 받도록 하고 있다. 그러나 뇌전증 장애인에 대한 국가의 복지정책은 전체 장애인 복지제도의 틀 내에서 다루어지고 있어 뇌전증 장애인들 만이 갖는 특수한 의료적 및 사회적 욕구를 반영한 사회복지정책 및 서비스는 현재 실시되고 있지 못한 실정이다. 심각한 중증의 환자를 제외한 뇌전증 장애인들은 장애등록시 수혜대상자에서 제외되어 국가의 혜택을 받을 수 없다. 또한 대다수의 뇌전증 장애인은 사회에서 편견과 불이익을 경험하고, 대인관계, 취업 및 결혼에 있어 여러 가지 어려움과 곤경에 처하기도 하며, 각종 사회적 차별에 노출되어 있어 이로 인하여 생활이 어려운 경우가 많다.

우리나라 보건복지부의 뇌전증 장애인에 대한 사회복지정책의 기본방향은 다음과 같다(변용찬, 2008).

첫째, 근로활동이 가능한 뇌전증 장애인은 사회보험 및 고용 및 직업재활정책을 통해 소득보장을 실현하고, 근로활동이 불가능한 뇌전증 장애인에 대해서는 국민기초생활보장제도와 각종 수당 제도를 통해서 소득보장을 구현하도록 한다.

둘째, 근로능력의 손실이 매우 큰 중증 뇌전증 장애인을 위하여 소득보장 수준은 장애인이 인간다운 삶을 영위할 수 있을 정도로 충분한 수준이 되어야 하며, 이를 위해 급여의 적정화를 기하여야 한다.

셋째, 뇌전증 장애인에 대한 장애판정 등급기준에 대한 검토가 필요하다.

넷째, 지난 4월 통과된 장애인 차별금지법과 국제연합(UN)이 주도하고 있는 국제장애인권리협약의 원리에 따라 뇌전증 장애인에 대한 차별이 금지 되도록 하는 것이다.

뇌전증 장애인에 대한 사회복지를 증진하기위해 사회제도 및 정책적 차원에서 다음과 같은 대안들이 검토되어야 한다. 즉, 소득보장체계 구축 및 급여의 적정화, 장애의 판정등급 기준 재검토, 운전면허 취득 기준 마련, 뇌전증 장애인 관련 시설: 보호시설 및 보호작업장, 사회적 낙인 해소를 위한 전문기구 등이다. 이를 구체적으로 살펴보면 다음과 같다.

### 1) 소득보장체계 구축 및 급여의 적정화

근로능력이 있는 장애인은 취업 및 사회보험을 통해서 소득보장을 실현하고 근로활동이 불가능한 장애인에 대해서는 국민기초생활보장제도와 각종 수당 제도를 통해서 소득보장을 구현한다. 장애인에 대한 정의가 현재의 의학적인 정의 뿐만 아니라 직업적인 근로능력을 반영한 정의가 동시에 고려되어야 하며, 이러한 정의에 따라 근로능력이 있는 경우 장애인 고용 및 직업재활 정책을 강화하여야 한다. 또한 근로능력이 낮다고 판단될 경우에는 국민기초생활보장제도와 수당제도의 확대가 필요하다. 우리나라의 경우 대부분의 OECD 국가가 제공하는 수준의 소득보장이 이루어지지 못하고 있어 장애급여의 적정화가 요구된다. 일례로 장애인 가구의 소득은 OECD국가의 경우 비장애인 가구에 비해 평균 85% 정도의 수준이나 우리나라의 경우 62%정도의 수준에 있다. 다양한 장애수당제도의 개발과 장애연금 제도의 개선 등이 필요하다.

### 2) 뇌전증 장애의 판정등급 기준 재검토

우리나라에서 현재 2~4급까지 주어지는 뇌전증 장애인에 관한 장애 판정 기준은 다른 장애에 비해 매우 엄격하고 제한적이어서 중증, 난치성 뇌전증 증세를 가져야만 장애인 등록이 가능하다. 장애의 판정은 선진국의 경우 단순 신체의 손상에 의한 판정방법 외에 보다 개호 욕구에 의한 판정방법, 그리고 경제적 손실 감안 방법 등이 시도되고 있다. 따라서 우리나라에서 의료적인 측면이 강조되는 장애에 대한 정의를 직업적 측면, 또는 소득획득 능력의 측면이 강조되는 직업적 장애의 정의의 도입을 검토할 필요가 있다. 김흥동(2012)은 뇌전증 장애인들에 대한 뇌전증 장애 6급의 추가적 확대가 필요하다고 하였다.

### 3) 운전면허 취득 기준 마련

자동차운전은 현대사회를 살아가는 사람들에게 필수적인 것으로, 중요한 이동수단인 뇌전증 장애인들의 운전에 대한 현행 정책의 개선방안 모색이 요구된다. 현재 뇌전증 장애인의 운전이 불법으로 규정되어 있으나 예외규정으로 주치의가 2년간 경련발작이 잘 조절되고 있어 운전을 해도 무방하다는 소견서를 제출하면 운전면허 취득이 가능하다. 그러나 정확한 규정이 있어도 의사나 시험관에 따라 각기 다른 적용을 하고 있다. 현행법상 모든 뇌전증 장애인의 운전이 불법으로 규정되어 있기 때문에 뇌전증 발작과 상관없이 생긴 교통사고에 대해서도 환자들은 보험혜택을 받지 못하는 등 불이익이 있다. 이에 대한 조사연구와 함께 공청회 등 충분한 논의를 통해 뇌전증 장애인의 운전에 대한 현실적인 대안과 기준이 마련되어야 한다.

### 4) 뇌전증 장애인 관련 시설: 보호시설 및 보호작업장

정신적 장애가 수반되었거나 빈번한 발작을 하는 난치성 환자들은 집에서 적절한 치료와 보호를 받기 어렵고, 따라서 환자는 물론 가족들의 스트레스와 고통은 매우 심각하다. 난치성 뇌전증 장애인들의 경우 적적한 의료적 치료와 보호를 위해 수용기관 치료가 더 적절할 수 있기 때문에 보호시설(institutional care)의 마련이 필요하다. 네델란드 등 일부 국가에서는 일반인들과 경쟁적으로 일하기 어려운 뇌전증 장애인들을 대상으로 보호작업장(sheltered workshop)을 운영하고 있다. 우리나라에는 이러한 시설이 미비하고 따라서 뇌전증 장애인들의 직업재활이 충분히 이루어지고 있지 못하다. 지역규모에 따라 일정한 비율의 보호작업장의 마련으로 일반인들과 경쟁적으로 일하기 어려운 뇌전증 장애인들을 위한 일터로서 확대되어야한다.

### 5) 사회적 낙인 해소를 위한 전문기구 마련

사회적 낙인의 문제는 뇌전증 장애인 뿐만 아니라 가족의 사회생활면에도 매우 광범위하고 다양한 영역에서 영향을 미치고 있음으로 그 파급력이 상당히 크다고 할 수 있다. 뇌전증에 대한 오해와 편견의 사회의 부정적 압력은 개인뿐만 아니라 가족의 적응에도 부정적 영향을 미칠 수 있으므로 사회 내 잠재한 낙인의 문제를 해소하기 위한 사회전반의 변화를 위한 구체적인 노력이 필요하다. 이를 위해 국가 차원에서의 전문기구를 마련하고, 민간부문의 자원봉사 등 자발적인 참여와 노력을 결집하여 낙인의 문제를 다루어나갈 수 있어야 한다. 미국 질병관리통제센터의 뇌전증 프로그램은 돌봄 증진, 의사소통 및 사회적 낙인과의 싸움, 자기관리, 감시 및 예방 연구 활동, 대중의 인식과 지식 증진, 그리고 협력관계 강화 등 다양한 영역에서 이루어지고 있다.

## >>참고문헌<<


고성호 · 정 부 · 김현영 · 김주한 · 김승현 · 김희태 · 김명호 · 이규용 · 이영주 · 유현정 · 노학재(2001). 간질과 운전. 대한간질학회지, 5, 70-74.

김홍동(2012). 뇌전증의 사회적 인식 개선과 정책적 지원을 위한 기자간담회. 대한뇌전증학회. http://media.daum. net/ culture/health/newsview?newsid

대한간질학회 사회위원회(2010). 간질환자의 운전: 의사의 관점. 대한간질학회지, 14(1), 1-5.

박미숙(2010). 간질(뇌전증)장애인의 사회참여경험. 전북대학교 대학원 박사학위논문.

변영주 · 김욱년 · 박미영(1994). 간질환자의 직업 현황에 대한 연구. 대한신경과학회지, 12(1), 51-59.

변용찬(2008). 간질 인을 위한 사회복지정책의 현황과 방향. 대한간질학회 제 13차 학술대회 초록집. 대한간질학회, 81-107.

송자경(2009). 간질환자의 우울에 대한 연구. 자기효능감 및 가족강인성과의 관계를 중심으로. 한국가족복지학, 27, 103-124.

송현석 · 김보실 · 이정화 · 강희진 · 김희진 · 정은정 · 김의정 · 이향운(2006). 소아 청소년 간질환자 및 그 가족의 삶의 질. 대한간질학회지, 10(2), 125-132.

왕희령 · 유한익 · 염미선 · 고태성(2007). 소아간질환아에서 동반된 정신 병리의 양상과 위험인자. 대한간질학회지, 11(1), 40-49.

은헌정 · 최관호 · 이선미 · 김태형 · 최말례(2004). 간질환자의 인구학적 특성, 임상 특성, 정신병리 및 대처방식과 심리사회적 적응과의 관계. 대한간질학회지 8(1), 31-40.

최석완(1999). 간질환자의 법적지위. 장미회보, 36, 15-16.

황경태(2006). 간질의 모든 것. 서울, 최신의학사.

Ekinci, O., Titus, J. B., Rodopman, A. A., Berkem, M., & Trevathan, E. (2009). Depression and anxiety in children and adolescents with epilepsy: Prevalence risk factors, and treatment. *Epilepsy & Behavior*, 14(1), 8-18.

Fraser, R. T., Clemmons, D. & Trejo, W. (1983). Program evaluation in epilepsy rehabilitation. *Epilepsia*, 24, 734-746.

Gilliams, F., Kuziniecky, R., Faught, E., Black, L., Carperter, G., & Schroudt, R. (1997). Patient-validated content of epilepsy-specific quality of life measurement. *Epilepsia*, 38(2), 233-236.

Hanneke, M. de Boer, sarco Mula, & Josemir W, Sander. (2008). The global burden and stigma of epilepsy. *Epilepsy & Behavior*, 12, 540-546.

Huber, B., Bocchicchio, M., Feuerbaum, E., May, T., Meinert, T., Robertson, E. Schorlemmer, H., Wagner, W., Wilking, E. & Seidel, M. (2008). Efficacy and tolerability of pregabalin in patients with difficult-to-treat epilepsy and intellectual disability. *Epilepsy & Behavior*, 3, 397-401.

Kim, Myeong-kyu., Kwon, Oh-Young., Cho, Yong-Won., Kim, Yosik., Kim, Sung-Eun., Kim Hoo-won., Lee Sang Kun., Jung, Ki-Young & Lee Il Keun. (2010). Marital status of people with epilepsy in Korea. *Seizure*, 19, 573-579.

Masland, R. L. (1985). Psychological aspects of epilepsy. In Poster RJ, Morslli PL., eds. *The Epilepsies*, London, Butterworths, 356-380.

Mclellan, D. L. (1987). Epilepsy and employment. *J. Soc Occup. Med.* 37, 94-99.

Nisa, P. Varma, Padmavathy, N. Sylaja., Lincy George, P. Sankara Sarma., & Kurupath Radhakrishnan. (2007). Employment concerns of people with epilepsy in Kerala, south India. *Epilepsy & Behavior*, 10, 250-254.

Sabbagh, S. EI., Soria, C., Escolano, S., Bulteau, C., & Dellatolas, G. (2006). Impact of epilepsy characteristics and behavioral problems on school placement in children, *Epilepsy & Behavior*, 9(4), 573-578.

Scambler, G. & Hopkins, A. (1980). Social class, epileptic activity, and disadvantage at work. *Journal of epidemiology and community health*, 34, 129-133.

Vickrey, B. G., Hays, R. D., Hermann, B. P., Bladin, P. F. & Batzel, L. W. (1993). *Outcomes with respect to quality of life*. Surgical treatment of the epilepsies. New York: Raven Press, 623-635.

Vivian, M. J. Smeets, Brigitte A. G. van Lierop, Jos P. G. Vanhoutvin, Albert P. Aldenkamp. & Frans J. N. Nijhuis. (2007). Epilepsy and employment : literature review. *Epilepsy & Behavior*, 10, 354-

362.

Yoo, Jae-Kook., Jung, Ki-Young, Park, Kun-Woo. Lee, Dae-Hie., Lee, Sang Kun., Lee, Il Keun., Cho, Yong Won., & Kim, Myeong-Kyu. (2009). Familiarity with, understanding of, and attitudes toward epilepsy among people with epilepsy and healthy controls in south Korea. *Epilepsy & Behavior,* 16, 260-267.

# 부 록

1. 장애인 권리선언
2. 우리나라 장애인 복지사업
3. 뇌전증 장애 관련 단체

# 부록 1 장애인 권리선언

(UN총회 결의 3447 제 30차 1975년 12월 9일 채택)

1. "장애인"이라 함은 선천적이든 후천적이든 간에, 신체적, 정신적 능력의 불완전으로 인하여 일상의 개인적 또는 사회적 생활에서 필요한 것을 확보하는데 자기 자신으로서는 완전하게 또는 부분적으로 할 수 없는 사람을 의미한다.
2. 장애인은 본 선언에 제시된 모든 권리를 누린다. 이들의 권리는 어떠한 예외도 없이, 인종, 피부색, 언어, 종교, 정치 혹은 기타의 의견, 국가 또는 사회적 신분, 빈부, 출생, 장애인 자신이나 그 가족이 처해 있는 상황에 따라 차별 없이 모든 장애인에게 인정된다.
3. 장애인은 인간으로서의 존엄이 존중되는 권리를 출생하면서부터 갖고 있다. 장애인은 그들 장애의 원인, 특질, 정도에 관계없이, 같은 연령의 시민과 동등한 기본적 권리를 가진다. 이는 맨 먼저(first and foremost) 가능한 통상적이고 만족스러운 일상생활을 할 수 있는 권리를 의미한다.
4. 장애인은 다른 시민들과 동등한 시민권 및 정치적 권리를 가진다. 「정신지체인의 권리선언」 제7조는 이와 같은 권리의 어떠한 제한이나 배제에도 적용된다.
5. 장애인은 가능한 한 그들이 자립(self-reliant)할 수 있도록 계획된 여러 시책을 누릴 자격이 있다.
6. 장애인은 보장구를 포함한 의료적, 심리적, 기능적 치료와 의료적, 사회적 재활, 교육, 직업교육, 훈련 및 재활 원조, 상담, 직업알선 및 기타 장애인의 능력과 기술을 최대한으로 개발하고 사회통합 또는 재통합의 과정을 촉진시킬 수 있는 서비스 받을 권리가 있다.
7. 장애인은 경제적, 사회적 보장 및 상당한 수준의 생활을 누릴 권리를 가진다. 장애인은 그 능력에 따라 보장을 받고, 고용되어, 유익하고 생산적이며 보수를 받

는 직업에 종사하고, 노동조합에 참여할 권리를 가진다.

8. 장애인은 경제 · 사회계획의 모든 단계에 있어서 그들의 특별한 요구가 고려되도록 할 자격이 있다.

9. 장애인은 그들 가족이나 위탁부모와 함께 생활하고, 모든 사회적, 창조적 활동이나 여가활동에 참여할 권리를 가진다. 장애인은 그의 주거와 관련하여, 그 상태로 인하여 그가 필요하다든지 혹은 그 주거상태개선을 요구할 경우 이외에는 차별대우를 받지 않는다. 만일 장애인이 특수한 시설에 입소하는 것이 절대로 필요할 때에도 그곳의 환경이나 생활조건은 동 연령 사람의 통상적 생활과 가능한 유사한 것이라야 한다.

10. 장애인은 차별적, 모욕적 또는 천박한 모든 착취와 모든 규칙, 그리고 모든 취급으로부터 보호되어야 한다.

11. 장애인은 그의 인격과 재산의 보호를 위하여 적절한 법적인 원조가 필요한 때에는 그러한 것을 제공받을 수 있어야 한다. 만일 장애인에 대해 사법적인 소송절차가 있을 경우에, 그것에 적용되는 법적 수속은 장애인들의 신체적, 정신적 상태를 충분히 고려하여야 한다.

12. 장애인 단체들은 장애인의 권리에 관한 모든 사항에 대하여 유효하게 협의할 수 있어야 한다.

13. 장애인과 그 가족 및 지역사회는 모든 적절한 방법에 의하여, 본 선언에 포함된 권리에 대해 충분히 주지하여야 한다.

(한국생명윤리학회 http://www.koreabioethics.net/code/code21.htm)

# 부록2 우리나라 장애인 복지사업

## 1. 보건복지부에서 시행하는 사업

| 주요사업명 | 지원대상 | 지원내용 | 비고 |
|---|---|---|---|
| 1. 장애 수당 지급 | • 국민기초생활보장법에 의한 수급자 및 차상위 계층(120% 이하)의 18세 이상 등록 장애인(보장시설 장애인은 연령에 상관없이 장애수당만 지급)<br>–중증장애인: 장애등급이 1,2급 인자 (다른 장애가 중복된 3급 정신지체인 및 발달장애인 포함)<br>경증장애인: 장애등급이 3~6급 인자 (*특례수급 장애인이 차상위 계층에 해당시 장애수당 지급) | • 기초 중증: 1인당 월 130천원<br>• 차상위 중증: 1인당 월 120천원<br>• 기초 및 차상위 경증: 1인당 월 30천원<br>• 보장시설 장애인<br>–기초 및 차상위 중증: 1인당 월 70천원<br>–기초 및 차상위 경증: 1인당 월 20천원 | 읍 · 면 · 동에 신청 |
| 2. 장애 아동 부양 수당 지급 | • 국민기초생활보장법에 의한 수급자 및 차상위 계층(120% 이하)의 18세 미만 재가 장애아동보호자(보호자가 없는 경우 장애아동 당사자)<br>–중증장애인: 장애등급이 1,2급인자 (다른 장애가 중복된 3급 정신지체인 및 발달장애인 포함)<br>–경증장애인: 장애등급이 3~6급인자<br>*특례수급자 중 장애아동보호자(보호자가 없는 경우 장애아동 당사자)가 차상위 계층에 해당시 장애아동부양수당 지급 | • 기초 중증: 1인당 월 200천원<br>• 차상위 중증: 1인당 월 150천원<br>• 기초 및 차상위 경증: 1인당 월 100천원 | 읍 · 면 · 동에 신청 |

| | | | |
|---|---|---|---|
| 3. 장애인 자녀 교육비 지원 | • 소득인정액이 일정금액 이하인 가구의 1~3급 장애인인 중 · 고등학생 및 1~3급 장애인의 중 · 고등학생 자녀<br>• 소득인정액 기준(가구원/월)<br>· 1인: 566,697원 이하<br>· 2인: 954,736원 이하<br>· 3인: 1,264,726원 이하<br>· 4인: 1,567,196원 이하<br>· 5인: 1,827,036원 이하<br>· 6인: 2,092,519원 이하<br>· 7인 이상 가구는 1인 증가시마다 265,483원씩 증가 | • 고등학생의 입학금 및 수업료 전액<br>• 고등학생의 교과서 대 10만원(연1회)<br>• 중학생의 부교재비 32천원(연1회)<br>• 중학생, 고등학생의 학용품비 44천원(학기당 22천원씩 연2회) | 읍 · 면 · 동에 신청 |
| 4. 장애인 자립자금대여 | • 저소득 가구의 장애인가구주 또는 가구주의 배우자인 장애인<br>• 국민기초생활보장법상의 수급자 및 차상위 계층은 생업자금을 대여함으로 자립자급대여 대상에서 제회 | • 대여한도: 가구당 2,000만원<br>• 대여이자: 3%(고정금리)<br>• 상환방법: 5년 거치 5년 분할 상환 | 읍 · 면 · 동에 신청 |
| 5. 장애인 의료비 지원 | • 의료급여법에 의한 의료급여 2종 수급권자인 장애인 | • 1차 의료급여기관 진료<br>-본인부담급 1,000만원중 750원 지원(의약분업 적용)<br>-본인부담급 1,500원중 750원 지원(의약분업 예외)<br>• 2차, 3차 의료급여기관 및 국 · 공립결핵병원 진료<br>-의료급여수가적용 본인부담진료비 15%) 전액을 지원하되 본인부담금 식대 20%는 지원하지 않음<br>• 의료급여 적용 보장구 구입시 상한액 범위내에서 본인부담급(15%) 전액 | 의료급여증과 장애인 등록증을 제시 |

<table>
<tr><td colspan="2">6. 장애인 등록 진단비 제공</td><td>• 국민기초생활보장법상의 수급자로서 신규등록 장애인 및 직권에 의한 등급 재조정 대상 장애인</td><td>• 진단서 발급비용지원<br>–정신지체 및 발달장애 : 4만원<br>–기타 일반장애 : 1만 5천원<br>• 장애판정을 위한 검사비용은 본인부담</td><td>시 · 군 · 구에서 의료기관에 직접 지급</td></tr>
<tr><td colspan="2">7. 장애인 재활 보조 기구 무료 교부</td><td>• 국민기초생활보장법상의 수급자 및 차상위계층으로서 등록 장애인중 교부품목자</td><td>• 품목<br>–욕창방지용 매트: 1~2급 지체 · 뇌병변 · 심장장애인<br>–음향신호기의 리모콘과 음성탁상시계: 시각장애인<br>–휴대용 무선신호기: 청각장애인<br>–자세보조용구: 뇌병변 장애인, 근육병 등<br>지체장애인 1~2급</td><td>읍 · 면 · 동에 신청</td></tr>
<tr><td rowspan="3">8. 건강보험지역가입자의 보험료 경감</td><td>자동차분건강보험료 전액 면제</td><td>• 장애인복지법 규정에 의해 등록한 장애인 소유자동차<br>• 지방세법에 의하여 장애인을 위하여 사용하는 자동차로서 지자체가 자동차세를 면제하는 자동차</td><td>건강보험료 책정시 자동차분 건강보험료 전액 면제</td><td>국민건강보험공단지사에 신청</td></tr>
<tr><td>생활수준 및 경제활동 참가율 등급별 점수 산정시 특례 적용</td><td>• 등록장애인</td><td>건강보험료 책정시 지역가입자의 연령 · 성별에 상관없이 기본구간(1구간)을 적용하고, 자동차분건강보험료를 면제받는 장애인용자동차에 대하여 모두 기본구간(1구간)을 적용하여 보험료를 낮게 책정</td><td>국민건강보험공단지사에 신청</td></tr>
<tr><td>산출 보험료 경감</td><td>• 지역가입자 중 등록장애인이 있는 세대로 소득이 없어야 하고, 동시에 과표 계산이 5,000만원 이하이어야 함.</td><td>• 장애등급 1~2급인 경우: 30% 감면<br>• 장애등급 3~4급인 경우: 20% 감면<br>• 장애등급 5~6급인 경우: 10% 감면</td><td>국민건강보험공단지사에 신청</td></tr>
</table>

<table>
<tr>
<td>9.<br>장애인<br>생산품<br>판매시<br>설(공판<br>장)운영</td>
<td>• 장애인 직업 재활시설 등에서 물품을 생산하는 장애인</td>
<td>• 장애인들이 생산한 물품의 판로 확보로 장애인 취업 확대 및 소득 보장<br>• 설치지역: 시 · 도당 1개소(16개 지역)</td>
<td>인근 장애인 생산품 판매시설에 의뢰<br>문의: 장애인 복지시설협회<br>02-718-9363</td>
</tr>
<tr>
<td>10.<br>장애인<br>직업재활<br>기금사업<br>수행기관<br>운영</td>
<td>• 등록장애인</td>
<td>• 장애인이 취업을 통하여 안정된 생활을 할 수 있도록 직업상담, 직업평가, 직업적응훈련, 취업알선, 지원고용, 취업 후 지동 등 취업과 관련된 종합적인 서비스 제공</td>
<td>사업수행기관(장애인복지관, 장애인단체, 직업재활시설 등) 내방, 전화 등으로 이용 신청</td>
</tr>
<tr>
<td>11.<br>보장구건<br>강보험급<br>여(의료<br>급여)<br>실시</td>
<td>• 등록장애인<br>-「보장구급여비 지급청구서」 제출시 첨부서류<br>1. 의사발행보장구 처방전 및 보장구 검수확인서 각 1부<br>2. 요양기관 또는 보장구 제작 판매자 발행 영수증 1부<br>* 지팡이 목발 휠체어(2회 이상 신청시)및 흰 지팡이의 경우는 위 1호 서류 첨부생략<br>-「보장구 급여비지급청구서」 제출기관<br>1. 건강보험: 공단<br>2. 의료급여: 시군구청</td>
<td>• 건강보험대상지: 적용대상 품목의 기준액 범위내에서 구입비용의 80%를 공단에서 부담<br>• 의료급여수급권자: 적용 대상품목의 기준액 범위내에서 전부(1종)또는 85%(2종)를 기금에서 부담<br>〈적용대상 보장구 및 기준액〉
<table>
<tr><td>분류</td><td>기준액</td><td>내구연한</td></tr>
<tr><td>지체 장애인용 지팡이</td><td>20,000</td><td>2</td></tr>
<tr><td>목발</td><td>15,600</td><td>2</td></tr>
<tr><td>휠체어</td><td>480,000</td><td>5</td></tr>
<tr><td>의지 보조기</td><td>유형별로 상이</td><td>유형별로 상이</td></tr>
<tr><td>시각장애용</td><td></td><td></td></tr>
<tr><td>저시력 보조기<br>-안경<br>-돋보기<br>-망원경<br>-콘택트렌즈<br>-의안</td><td><br>100,000<br>100,000<br>100,000<br>80,000<br>300,000</td><td><br>5<br>4<br>4<br>3<br>5</td></tr>
<tr><td>흰지팡이</td><td>14,000</td><td>0.5</td></tr>
<tr><td>보청기</td><td>240,000</td><td>5</td></tr>
<tr><td>체외용인공후두</td><td>500,000</td><td>5</td></tr>
<tr><td>전동휠체어</td><td>2,090,000</td><td>6</td></tr>
<tr><td>전동스쿠터</td><td>1,670,000</td><td>6</td></tr>
<tr><td>정형외과구두</td><td>220,000</td><td>2</td></tr>
</table>
</td>
<td>신청기관<br>-건당보험: 공단<br>-의료급여: 시군구청</td>
</tr>
</table>

| | | | |
|---|---|---|---|
| 12. 장애인 자동차 표지 발급 | • 장애인 또는 장애인과 세대별주민등록표상 같이 기재되어 있는 배우자, 직계존 · 비속, 직계비속의 배우자, 형제, 자매명의로 등록하여 장애인이 주로 사용하는 자동차 1대<br>• 국내거소신고를 한 재외동표와 외국인등록을 한 외국인으로서 보행장애가 있는 사람 명의로 등록한 자동차 1대 | • 장애인전용주차구역 이용(일부에 한함), 10부제 적용 제외, 지방자치단체별 조례에 의거 공영주차장 주차요금 감면 등<br>*장애인의 보행상 장애여부에 따라 장애인전용 주차구역을 이용할 수 있는 표지가 발급되며, 장애인이 탑승한 경우에만 표지의 효력을 인정 | 읍 · 면 · 동에 신청 |
| 13. 장애인 결연 사업 | • 장애인복지시설 및 단체 명의의 자동차<br>• 시설 입소 장애인 및 재가 저소득장애인 | • 결연을 통하여 장애인에게 후원금품지원, 자원봉사활동, 취업 알선<br>• 신청기관<br>–시설생활 장애인: 한국장애인복지시설협회(T.718-9363-4)<br>–재가장애인: 한국복지재단(T.777-9121-4) | |
| 14. 장애인용 LPG연료세금인상액지원 | • 복지(구입)카드 또는 보호자카드로 수용용 LPG를 이용하는 장애인용 LPG 승용차 소지자 | • 지원대상<br>–1~3급 장애인(2009.12.31까지)<br>• 지원금액<br>–월 2501 한도(리터당 240원 지원) | 읍 · 면 · 동에 신청 |
| 15. 농어촌 재가장애인 주택 개조사업 | • 기초생활보장수급자 및 차상위계층 중 등록장애인으로 자가소유자 및 임대주택 거주자 | • 가구당 3,800천원 (1,000가구 지원) | 읍 · 면 · 동에 신청 |
| 16. 실비 장애인 생활시설 입소 이용료 지원 | • 아래의 소득조건을 만족하여 실비장애인 생활시설에 입소한 장애인<br>• 소득조건<br>–등록 장애인이 속한 가국의 가구원수로 나눈 월 평균소득액이 통계청장이 통계법시행령 제3조의 규정에 의하여 고시하는 '06년도의 도시근로자가구 월평균소득액 이하인 가구의 등록장애인 | • 실비장애인생활시설 입소시 입소비용 중 매원 27만원 지원 | 국고에서 시 · 도로 지원하며, 시 · 군 · 구에서 해당시설에 지원 |

## 2. 기타 중앙행정기관에서 시행하는 사업

| 주요사업명 | 지원대상 | 지원내용 | 비고 |
|---|---|---|---|
| 17. 승용자동차에 대한 특별소비세 면제 | • 1-3급 장애인 본인 명의 또는 장애인과 주민등록표상 생계를 같이 하는 배우자 직계존속·직계비속·직계비속의 배우자 형제 자매중 1인과 공동명의로 등록한 승용자동차 1대 | • 특별소비세 및 교육세 전액 면세 | 자동차판매인에게 상담<br>국세청소관관할세무서 |
| 18. 승용자동차 LPG 연료 사용 허용 | • 장애인 또는 장애인과 주민등록표상 거주를 같이하는 배우자, 직계존·비속, 형제·자매로 등록한 승용자동차 1대 | • LPG 연료사용 허용(LPG연료사용차량을 구입하여 등록 또는 휘발유 사용차량을 구입하여 구조변경)<br>• LPG승용차를 사용하던 장애인이 사망한 경우는 동 승용차를 상속받은 자에게도 사용 허용 | 시·군·구 차령등록기관에 신청 |
| 19. 차량구입시 도시철도채권 구입면제 | • 장애인명의 또는 장애인과 주민등록상 같이 거주하는 보호자 1인과 공동명의로 등록한 보철용의 아래 차량 중 1대<br>-비사업용 승용자동차<br>-15인승 이하 승합차<br>-소형화물차(2.5톤미만) | • 도시철도채권 구입의무 면제(지하철공사가 진행되고 있는 특별시와 광역시에 해당) | 관할 시·군·구청 차량등록기관에 신청(자동차판매사영업사원에게 문의) |
| 20. 소득세 인적 공제 | • 등록장애인 | • 소득금액에서 장애인 1인당 연 200만원 추가 공제<br>• 부양가족(직계존·비속, 형제·자매 등) 공제시 장애인인 경우 연령제한 미적용 | 연말정산 또는 종합소득 신고시 공제신청 |
| 21. 장애인 의료비 공제 | • 등록장애인 | • 당해년도 의료비 전액 | 연말정산 또는 종합소득 신고시 공제신청, 세무서 문의 |

| 22.<br>상속세<br>인적 공제 | • 등록장애인<br>–상속인과 피상속인이 사실상 부양하고 있던 직계존 · 비속, 형제, 자매 | • 장애인에 대한 상속세 인적 공제<br>–공제금액=500만원×(75세–상속당시 나이) | 관할 세무서에 신청 |
|---|---|---|---|
| 23.<br>장애인 특수 교육비 소득공제 | • 등록장애인 | • 사회복지시설이나 보건복지부장관으로부터 장애인 재활교육시설로 인정받은 비영리법인에 지급하는 특수교육비 전액 | 연말정산 또는 종합소득 신고시 공제신청 |
| 24.<br>증여세<br>면제 | • 등록장애인<br>–장애인을 수익자로 하며, 신탁기간을 장애인의 사망시까지로 하여 신탁회사에 신탁한 부동산, 금전, 유가증권 | • 장애인이 생존기간 동안 증여받은 재산가액의 합계액에 대하여 최고 5억원까지 증여세과세가액에 불산입<br>중도에 신탁계약을 해지하는 경우 해지시점에서 세금 납부 | 관할세무서에 신청 |
| 25.<br>장애인<br>보장구<br>부가가치<br>세 영세<br>율 적용 | • 등록장애인 | • 부가가치세 감면<br>–의수족, 휠체어, 보청기, 보조기, 지체자애인용 지팡이 및 목발, 시각장애인용 흰지팡이, 청각장애인용 인공달팽이관시스템, 성인용 보행기, 욕창예방용 매트리스 · 쿠션침대, 인공후두, 장애인용기저귀, 점자판과 점필, 시각장애인용 점자정보단말기, 시각장애인용 점자프린트, 청각장애인용 골도전화기, 시각장애인용으로 특수 제작된 화면낭독 소프트웨어, 지체장애인용으로 특수 제작된 키보드 및 마우스 청각장애인용 음향표시장식 | 별도신청 없음<br>텔레비전 자막 수신기(국가 · 지방 · 자치단체 · 한국농아인협회의 구매시) |
| 26.<br>장애인용<br>수입 물품관세<br>감면 | • 등록장애인 | • 장애인용 물품으로 관세법시행규칙 별표2에서 정한 101종의 수입물품에 대하여 관세면제<br>• 재활병원 등에서 사용하는 지체 · 시각등 장애인 진료용구에 대하여 관세면제 | 통관지 세관에서 수입신고서에 관세면제 신청 |

| | | | |
|---|---|---|---|
| 27.<br>장애인<br>의무고용 | • 등록장애인 | • 국가 · 지방자치단체: 소속 공무원 정원의 2% 이상 의무 고용<br>• 50인이상 고용사업주: 상시 근로자의 2%이상 의무고용<br>-부담금 부과 단계적 확대<br>200~299인 2006부터<br>100~199인 2007부터<br>100~299인 사업장 최초 5년간 부담금 50% 감면 | 노동부 소관 |
| 28.<br>특허<br>출연료<br>또는 기술<br>평가<br>청구료<br>등의 감면 | • 등록장애인 | • 특허 출원시 출원료, 심사청구료, 1~3년차 등록료, 기술평가 청구료 면제<br>• 특허 실용신안원 또는 의장권에 대한 적극적인 권리범위 확인심판시 그 심판청구료의 70% 할인 | • 출원, 심사청구, 기술평가청구, 심판청구시 또는 등록시 특허청에 감면신청 |

## 3. 자방자치단체에서 조례에 의거 시행하는 사업

| 주요사업명 | 지원대상 | 지원내용 | 비 고 |
|---|---|---|---|
| 29. 장애인용차량에 대한 등록세 · 취득세 · 차동차세 면제 | • 차량 명의를 1~3급(시각은 4급 포함)의 장애인 본인이나 그 배우자 또는 주민등록표상 장애인과 함께 거주하는 직계존 · 비속, 직계비속의 배우자, 형제, 자매 중 1인과 공동명의<br>-배기량 2000cc이햐 승용차<br>-승차정원 156인승 이하 승합자, 적재정량 1톤이하인 화물차, 이륜자동차 중 1대 | • 등록세 · 취득세 · 자동차세 면세 | 시 군 구청(세무과)에 신청 |
| 30. 차량구입시 지역개발공채 구입면제 | • 지방자치단체별 조례에서 규정하는 장애인용차량 | • 지방자치단체별 조례에 의거 장애인차량에 대한 지역개발공채 구입 의무 면제 | 시 · 군 · 구청 차량등록기관에 신청(자동차 판매사 영업사원에 문의) |
| 31. 고궁, 능원 국 공립박물관 및 미술관, 국 공립 공원, 국공립 공연장, 공공 체육시설 요금 감면 | • 등록장애인 및 1~3급 장애인과 동행하는 보호자 1인<br>-국공립 공연장중 대관공연은 할인에서 제외 | • 입장요금무료<br>국 공립 공연장(대관공연 제회) 공공체육시설 요금은 50% 할인 | 장애인등록증(복지카드)제시 |
| 32. 공영주차장 주차요금 감면 | • 등록장애인<br>-장애인 자가 운전 차량<br>-장애인이 승차한 차량 | • 지방자치단체의 조례에 의거 할인혜택부여<br>* 대부분 50% 할인 혜택이 부여되나 각 자치단체별로 상이 | 장애인등록증(복지카드)제시 |

## 4. 민간기관에서 자체운영규정에 의하여 실시하는 사업

| 주요사업명 | 지원대상 | 지원내용 | 비 고 |
|---|---|---|---|
| 33.<br>철도 · 도시 철도 요금감면 | • 등록장애인 | -등록장애인중 중증장애인(1~3급)과 동행하는 보호자 1인 KTX, 새마을호, 무궁화, 통근열차 : 50% 할인<br>KTX, 새마을호: 30%할인(법정공휴일을 제외한 주중에 한하여)<br>무궁화, 통근열차: 50% 할인<br>-도시철도(지하철, 전철): 100% | 장애인등록증(복지카드)제시 |
| 34.<br>전화요금 할인 | • 장애인 명의의 전화1대<br>• 장애인단체, 복지시설 및 특수학교 전화2대<br>(청각 · 언어장애인 시설 및 학교는 FAX전용전화 1대 추가 가능) | • 시내통화료 50% 할인<br>• 시외통화는 월 3만원의 사용한도 내에서 50% 할인<br>• 이동전화에 걸은 요금: 월 1만원의 사용한도 이내에서 30% 할인<br>• 114 안내요금 면제 | 관할 전신전화국에 신청 |
| 35.<br>시청각장애인 TV수신료 면제 | • 시각 · 청각 장애인이 있는 가정<br>• 사회복지시설에 입소한 장애인을 위하여 설치한 텔레비젼 수상기 | • TV수신료 전액 면제<br>• 시 청각장애인 가정의 수신료 면제는 주거 전용의 주택 안에 설치된 수상기에 한함. | KBS사업소 또는 관할 한전지점에 신청 |
| 36.<br>공동주택특별분양알선 | • 등록장애인인 무주택 세대주(정신지체 또는 정신 및 제 3급 이상의 뇌병변장애인의 경우 그 배우자 포함) | • 청약저축에 상관없이 전용면적 85제곱미터 이하의 공공분양 및 공공임대주택 분양 알선 | 시 · 도에 문의 및 읍 · 면 · 동에 신청 |
| 37.<br>무료 법률구조제도실시 | • 등록장애인<br>-법률구조공단에서 심의하여 무료법률구조를 결정한 사건에 한함 | • 소송시 법원에 소요되는 일체의 비용(인지대, 송달료, 변호사 비용 등)을 무료로 법률구조서비스 제공<br>-무료 법률 상담 | 대한법률구조공단 관할 지부에 유선 또는 방문상담 무료전화 132 |

| | | | |
|---|---|---|---|
| | | -무료 민사 · 가사사건 소송 대리(승소가액이 2억원 초과시 실비 상환)<br>-무료 형사변호(단, 보석보증금 또는 보석보증보험수수료 본인 부담) | www.Klac.or.kr |
| 38. 항공요금 할인 | • 등록장애인 | • 대한항공(1-4급), 아시아나항공 국내선 요금 50% 할인(1-3급 장애인은 동행하는 보호자 1인 포함)<br>• 대한항공(5-6급) 국내선 30% 할인<br>* 대한항공은 2006년부터 사전예약제(Booking Class 관리시스템)실시로 주말, 성수시, 명절연후 등 고객선호도가 높은 항공편(제주노선부터 실시)의 경우 사전예약이 안되면 항공요금 감면 등 구입이 안될 수 있으므로 동 시기에는 사전예약 요망 | 장애인등록증(복지카드)제시 |
| 39. 연안여객선 여객운임 할인 | • 등록장애인 | • 연안여객선 여객운임 50% 할인(1-3급 장애인 및 1급 장애인 보호자 1인)<br>• 연안여객선 여객운임 20%할인(4-6급 장애인) | 장애인등록증(복지카드)제시 |
| 40. 이동통신 요금할인 | • 등록장애인, 장애인단체<br>* 모든 이동통신 사업자 중 개인은 1회선, 단체는 2회선에 한함 | • 이동전화<br>-신규가입비 면제<br>-기본요금 및 국내통화 35% 할인<br>• 무선호출기<br>-기본요금 30% 할인 | 해당회사에 신청<br>*전 이동통신회사 모든 이동통신회사들 |

| 41. 초고속 인터넷할인 | • 등록장애인 | • 기본정보이용료 30-40%할인<br>-PC통신 사업자에 따라 할인대상요금과 할인율이 상이함 | 해당회사에 신청 |
|---|---|---|---|
| 42. 고속도로 통행료 50% 할인 | • 장애인 또는 장애인과 함께 거주하는 배우자 직계존속 직계비속 직계비속의 배우자 · 형제 · 자매 명의로 등록한 보철요의 아래 차량중 1대(장애인자동차표지 부착)에 승차한 등록장애인<br>-배기량 2,000cc이하의 승용자동차<br>-승차정원 6-10인승 승용자동차<br>-승차정원12인승이하 승합차<br>-적재정량 1톤이하 화물차<br>* 경차와 영업용차량(노란색 번호판의 차량)은 제외 | • 고속도로 통행료 50% 할인<br>-요금정산소에서 통행권과 할인카드를 함께 제시하면 요금 할인 | 할인카드 발급 신청: 읍 · 면 · 동 사무소 한국도로공사 문의 |
| 43. 전기요금 할인 | • 중증장애인(3급 이상) | • 전기요금의 20% 감면<br>* 구비서류 : 장애인등록증, 주민등록등본, 전기요금영수증 각 1부<br>-문의전화 : 국번없이 123<br>-인터넷 : www. kepco.co.kr | -한국전력 관할지사 지점에 신청(방문, 전화) |

## 5. 지방이양 사업

| 주요사업명 | 지원대상 | 지원내용 | 비 고 |
|---|---|---|---|
| 44. 청각장애아동 인공달팽이관 수술비 지원 | • 인공달팽이관 수술로 청력회복이 가능한 저소득 청각장애 아동 | • 인공달팽이관 수술비 지원 | 읍 · 면 · 동 사무소에 신청 |
| 45. 장애인생활 시설 운영 | • 등록장애인<br>-국민기초생활보장법상의 수급자 우선 입소 | • 생활시설 입소 보호<br>-의식주 제공<br>-재활서비스 제공(사회심리 재활, 교육재활, 직업재활, 의료재활) | 시 · 군 · 구에 신청 |
| 46. 장애인복지 시설치과 유니트지원 | • 치과치료 기본장비가 필요한 장애인 복지시설 | • 통원치료가 곤란한 시설 입소 장애인에 대해 치과치료 기본 장비인 유니트 설치 지원 | |
| 47. 장애인 직업 재활시설 운영 | • 등록장애인 | • 일반사업장 취업이 어려운 저소득 중증장애인에게 자신의 능력과 적성에 맞는 직업생활을 할 수 있도록 보호고용실시 | 시 · 군 · 구에 상담 |
| 48. 재활 · 병의원 운영 | • 등록장애인 | • 지원내용<br>-장애의 진단 및 치료<br>-보장구 제작 및 수리<br>-장애인 심리검사 및 평가<br>• 국민기초생활보장법상의 수급자는 무료, 그 외의 자는 실비 부담 | 의료급여증과 장애인 등록증(복지카드)을 제시 |
| 49. 장애인 심부름센터 운영 | • 등록장애인 | • 사업내용<br>-민원업무 대행, 직장 출 퇴근, 장보기, 이사짐 운반, 가사돕기, 취업안내 등<br>• 이용요금 : 실비<br>• 사업주체 : 한국시각장애인연합회 | 해당지역 장애인심부름센터에 필요한 서비스를 요청문의:한국시각장애인 연 합 회 02-950-0114 |

| | | | |
|---|---|---|---|
| 50.<br>수화통역<br>센터 운영 | • 청각 · 언어장애인 | • 출장수화통역<br>-관공서 · 법률관련 기관 방문, 의료기관 진료 등의 경우에 수화통역 필요시 출장통역 실시<br>• 일반인에 대한 수화교육<br>• 청각 · 언어장애인에 대한 고충상담 | 해당지역수화통역센터에 필요한 서비스를요청문의:한국농아인협회 02-871-4857 |
| 51.<br>장애인<br>복지관 운영 | • 등록장애인 및 가족 | • 장애인에 대한 상담, 의료재활, 직업재활, 사회생활적응지도, 사회교육 및 계몽사업 등 | 해당지역복지관 내방 및 전화 등으로 이용신청 |
| 52.<br>장애인공동<br>생활가정<br>운영 | • 등록장애인 | • 가정과 같은 주거환경에 거주하면서 독립적인 생활에 필요한 재활서비스 지원 | 해당지역 공동생활가정에 이용신청 |
| 53.<br>주간 · 단기<br>보호시설<br>운영 | • 등록장애인 | • 재가장애인 낮동안 보호 또는 장애인보호자가 출장, 여행 등의 경우 일시적으로 보호<br>• 국민기초생활보장법상의 수급자는 무료, 그 외의 자는 실비부담 | 해당지역복지관, 주간단기보호시설 등을 내방 이용 |
| 54.<br>장애인체육<br>시설운영 | • 등록장애인 | • 장애인의 체력증진 및 신체 기능회복활동 지원<br>• 국민기초생활보장법상의 수급자는 무료, 그 외의 자는 시설별 산정이용료 부담 | 해당지역 장애인체육시설 등으로 이용신청 |
| 55.<br>장애인 재활<br>자원센터<br>운영 | • 등록장애인 및 가족 | • 장애인에게 재활정보 제공으로 사회참여 확대 및 복지증진<br>• 사업주체: 한국장애인재활협회 (13개 시 · 도협회)<br>• 사업내용 | 인터넷서비스 www.freeget.net ARS서비스 |

| | | | |
|---|---|---|---|
| | | 정부사업, 서비스 등 재활 전문 데이터베이스 운영 온라인 상담 및 정보제공 등 재활지원<br>장애인복지 정책개발을 위한 조사 연구 | 미 복지사업 상담<br>02-835-6456 |
| 56.<br>장애인 재가 복지 봉사 센터 운영 | • 등록장애인 | • 장애인복지관에 재가복지봉사센터를 부설하여 운영<br>-재가장애인을 방문, 상담, 의료 · 교육 재활, 직업재활 등의 서비스 제공 | 해당복지관에 이용 신청 |
| 57.<br>정신지체인 자립지원 센타운영 | • 등록 정신지체장애인과 가족 | • 정신지체인에 대한 상담지원<br>• 정신지체인의 사회활동 수행보호를 위한 도우미서비스제공<br>• 정신지체인 자립지원프로그램 개발 · 보급 등 | 문의:(사)한국정신지체인애호협회 (02-5923-4) |
| 58.<br>장애인 특별 운송사업 운영 | • 이동에 장애를 가진자 (보호자 포함) | • 리프트가 장착된 특장차운영<br>-셔틀 및 콜 운행 병용 | 시 · 도지사 운영 |
| 59.<br>편의시설 설치시민촉 진단 운영 | • 시 · 도지사가 선정한 장애인단체 | • 주요업무기능<br>-편의시설 설치 홍보 및 안내<br>-편의시설 실태조사 지원<br>-시설주관기관에 의견제시 등 | |
| 60.<br>자체장애인 편의시설지 원센터운영 | • 한국지체장애인협회 16개 시 · 도협회 | • 주요업무기능<br>-편의시설 설치 관련 자문 · 기술적 지원<br>-기술 및 매뉴얼 개발 등 | |
| 61.<br>여성장애인 가사도우미 파견사업 | • 저소득 가정의 등록 여성장애인 | • 여성장애인의 임신 · 출산 · 육아 및 가사활동 지원을 위한<br>-가사도우미 파견<br>-산후조리, 자녀양육, 가사활동 지원<br>해당지역 시 · 도립장애인복지관에 신청 | 해 당 지 역 시 · 도립 장애인 복지관에 신청 |

(변용찬. 간질인을 위한 사회복지정책의 현황과 방향, 2008년도 대한간질학회 제 13차 학술대회 초록집, 101-107)

# 부록3 뇌전증 장애 관련 주요 단체

| 1. 정부 및 공공기관 |
|---|
| 보건복지가족부 http://www. mohw.go.kr<br>질병관리본부 http://www. cds.or.kr<br>한국보건사회연구원 http://www.kihasa.re.kr |
| **2. 학회** |
| 대한뇌전증학회 http://www.kes.or.kr |
| **3. 협회** |
| 한국뇌전증협회 http://www.epiworld.co.kr |
| **4. 뇌전증 클리닉** |
| 카톨릭대학교 성모병원 뇌전증클리닉 http://www.cmcseoul.or.kr/<br>계명대학교 동산의료원 뇌전증클리닉 http://epilepsy.epilia.net/<br>고려대학교 안암병원 뇌전증클리닉 http://kumc.or.kr/<br>삼성의료원 뇌전증클리닉 http://epilepsy.amc.seoul.kr/<br>서울대학교 뇌전증클리닉 http://www.snuh.org/<br>서울아산병원 뇌전증클리닉 http://epilepsy.amc.seoul.kr/<br>인제대학교 상계백병원 뇌전증클리닉 http://www.paik.ac.kr/<br>인제대학교 일산백병원 소아 뇌전증클리닉 http://www.paik.ac.kr/ |
| **5. 모임 및 관련 단체** |
| 대한신경과학회 http://www.neuro.or.kr/<br>장미회 http://www.roseclub.or.kr |

시저프리 http://www.seizure.co.kr/classes/classes.html

에필리아 http://www.epilia.net

장애인복지종합정보망 http://www.freeget.net/

엄마의 일기 http://www.ihuman.co.kr

Daum카페 쪽지에 담은 아름다운 세상 http://cafe. daum.net/epilepsylove

Daum카페 한국뇌전증학회 새날회 & 따사모 http://cafe.daum.net/KEA1004

한울타리(뇌전증 환우 어머니회) http://carecamp.com/community/club/

간질후원회 http://my.dreamwiz.com/

Daum카페 아름다운 삶 http://cafe.daum.net/epilepsy

## 6. 해외 뇌전증장애 관련 기관 및 단체

미국뇌전증협회(AES) http://www.aesnet.org

소아뇌전증정보(증례중심: 영문) http://www.webring.org

Epilepsy Action(영국) http://www.epilepsy.org.uk/info/what-is-epilepsy

Epilepsy Foundation About US http://www.epilepsyfoundation.org

International League Against Epilepsy http://www.ilae.org

Epilepsy Brain & Mepping Program http://www.epipro.com/index.html

# 찾 아 보 기

# 찾아보기

## G



## H



## I



## J



## K



## L



## M



## N



## O



## P

## ㅅ



## ㅇ

## ㅈ



## ㅊ



## ㅋ



## ㅌ



## ㅍ

## ㅎ

*Epilepsy and Social Welfare*

# 뇌전증 장애인과 사회복지

인쇄일 | 2013년 6월 15일
발행일 | 2013년 6월 20일

지은이 | 송자경
발행인 | 엄　철
발행처 | 최신의학사
등　록 | 1995년 8월 7일 제 2-2019호
주　소 | 서울특별시 중구 장충동 2가 187-30 최신빌딩
전　화 | 02-2263-4723
팩　스 | 02-2263-4726
e-mail: newmedj@korea.com

ISBN: 978-89-88159-93-4
값: 20,000원

* 잘못된 책은 교환해 드립니다 *